미국 정치가 국제 이슈를 만날 때

– 정쟁은 외교 앞에서 사라지는가, 시작하는가?

When American Politics Meeting International Relations

Does Politics Stop or Start at the Water's Edge?

서정건

서울대학교 정치학과를 졸업한 후 미국 텍사스 오스틴 대학교에서 미국 의회–정당 정치와 외교 정책을 주제로 박사 학위를 받았다. 미국 노스캐롤라이나 주립대학교(윌밍턴) 교수와 우드로우 윌슨 센터 풀브라이트 펠로우를 지냈고 현재 경희대학교 정치외교학과 교수로 재직 중이다. 공저로 〈미국 정치와 동아시아 외교정책〉 등이 있고 "The China Card: Playing Politics with Sino–American Relations," "Wedge Issue Dynamics and Party Position Shifts: Chinese Exclusion Debates in the post–Reconstruction U.S. Congress, 1879–1882," "미국 국내 정치와 북한 비핵화 이슈," "트럼프 행정부와 미국 외교의 잭슨주의 전환" 등 다수의 연구를 출간하였다.

서강학술총서
120

미국 정치가 국제 이슈를 만날 때

– 정쟁은 외교 앞에서 사라지는가 아니면 시작하는가?

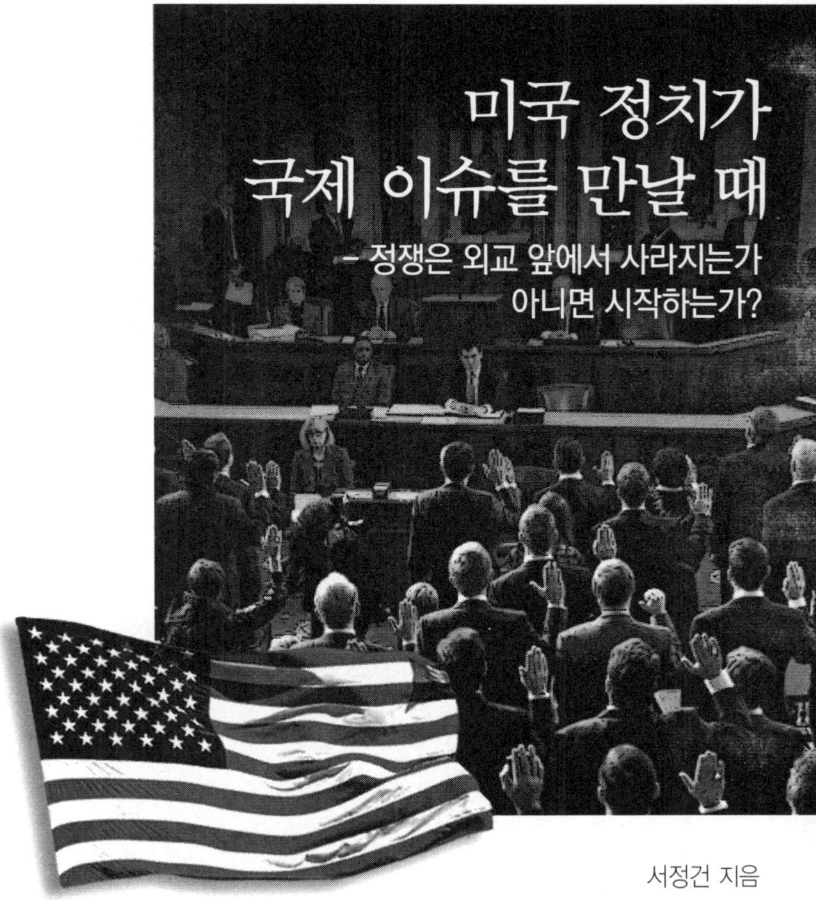

서정건 지음

서강대학교출판부

서강학술총서 120

미국 정치가 국제 이슈를 만날 때:
– 정쟁은 외교 앞에서 사라지는가, 시작하는가?

초판 1쇄 발행 | 2019년 11월 20일
2쇄 발행 | 2025년 8월 20일

지 은 이 | 서정건
발 행 인 | 심종혁
편 집 인 | 하상응
발 행 처 | 서강대학교출판부
등록 번호 | 제2002-000170호

주 소 | 서울특별시 마포구 백범로 35(신수동)
전 화 | (02) 705-8212
팩 스 | (02) 705-8612

ISBN 978-89-7273-359-1 94340
ISBN 978-89-7273-139-9 (세트)

값 26,000원

* 잘못된 책은 구입하신 곳에서 바꿔드립니다.

* '서강학술총서'는 SK SUPEX 기금의 후원으로 제작됩니다.

책머리에

민주주의는 바람직한 외교 정책을 위한 토대일까 아니면 대외 정책 실패의 온상일까? 미국은 세계 최초이자 가장 오래 된 민주주의 국가로 알려져 있다. 건국 이후 예외 없이 대통령과 의회 선거를 치러왔고 이를 통해 견제와 균형의 정치를 시행하고 있다. 정당 경쟁, 사법부 독립, 언론 자유 등 민주주의의 기본 원칙도 변함없이 지켜지고 있다. 하지만 국내 정치가 민주적이라고 해서 국제 관계도 성공적이라는 보장은 없다. 민주주의 시스템 안에서의 경쟁적 이해득실 추구로 인해 오히려 국가 전체의 이익을 조율하는데 실패한 사례도 적지 않다. 이 책은 미국의 정치와 외교를 사례로 삼아 민주주의와 외교정책 간의 상호작용을 살펴보려는 시도다.

국제 사회의 리더이자 민주주의 선구자인 미국이 분석 대상이지만 정치의 본질은 크게 다르지 않다. 정치인의 야심(ambition)은 개혁의 원동력이다. 훌륭한 지도자는 자신의 정치적 꿈을 국민과 더불어 대의(大義)로 승화시킴으로써 개혁 성공을 주도한다. 전쟁, 무역, 금융, 이민, 환경 등 국제 이슈를 둘러싼 미국의 국내적 갈등 상황에서 기성 정치의 한계가 드러나기도 하고 개혁을 원하는 국민적 요구가 거세지기도 한다. 이 때 미국을 변화시킬 새로운 정치 리더십이 등장하기도 한다. 주로 우리는 강대국 미국이 국제 질서에 미치는 영향에 대해 궁금해 한다. 거꾸로 대외 이슈가 미국 정치를 뒤바꾸어 놓은 경우도 적지 않다. 미국 정치와 국제 정치의 상호 작용 속에서 미국의 정치와 정치인이 무엇을 어떻게 바꾸어 왔을까?

따라서 이 책의 주요 무대는 미국의 정치 역사라고 할 수 있다. 미국은 유럽이나 아시아 국가들에 비해 역사가 짧기 때문에 시대적 분석은 의미가 없거나 재미가 부족할 거라 생각하기 쉽다. 그런데 미국처럼 같은 정치 주제를 놓고 끊임없이 논쟁을 반복하고 있는 나라도 드물다. 미국 대통령의 권한과 연방 정부의 역할에 대한 논란이 그 대표적 예다. 정부는 적극적이어야 할까 소극적이어야 할까에 대해 여전히 다투고 있다. 미국이 국제 문제에 개입해야 하는지에 대한 찬반도 건국 이래 여전하다. 국내 문제에만 집중해야 할까 국제 리더십을 발휘해야 할까를 놓고 냉전 종식 이후 답을 정하지 못하고 있다. 현재 미국이 겪고 있는 대부분의 외교적 논란은 과거 미국 역사가 이미 경험한 바 있다고 봐도 크게 틀리지 않는다. 미국 정치와 외교는 주기성(periodicity)과 규칙성(regularity)의 가능성을 제시하는 정치학과 역사학의 융·복합 연구 대상이라 할 만하다.

이 책의 내용을 대략 소개하면 다음과 같다. 1부 서론에 이어 2부는 국내 정치–대외 정책의 연관성 파악을 위해 미국의 정치 이념, 정치 과정, 정치 제도 전반에 대해 설명한다. 역사상 가장 오래된 민주주의 국가 미국의 외교 이념 전통은 과연 무엇일까? 2년마다 선거를 치르는 선거 나라 미국의 유권자와 여론은 대외 정책에 관해 얼마나 구체적인 관심을 가지고 있을까? 세계에서 가장 강력한 권한을 가진 대통령과 의회로 대표되는 미국의 제도 정치는 어떤 방식으로 외교 정책을 결정할까?

3부의 초점은 국제 관계를 둘러싼 미국 정당 정치다. 정부 차원, 유권자 차원, 조직 차원에 걸쳐 미국의 정당은 대외 정책 형성과 집행 관련 광범위하고 중요한 역할을 해 왔다. 특히 미국 정치의 주요 특징인 양당제(兩黨制) 정당 정치는 국내 정치-외교 정책 상호 작용에 독특한 역동성을 제공하여 왔다. 다수당 내부의 이탈파와 대통령에 반대하는 소수 정파가 연합하여 특정 국제 문제를 새로운 이슈 차원에서 제기한 후 정책과 정치의 변화를 이끌어 내는 경우가 그 예다. 이러한 외교 정책 분열 이슈(foreign policy wedge issue) 현상은 국제 이슈가 국내 정치로 전환되는 미국 정치화(Americanization) 과정과도 매우 밀접하다. 1880년대 중국인 노동자 이슈, 1950년대 중국 공산화 책임론, 1990년대 중국 무역 자유화를 역사적 사례 분석 대상으로 다룬다.

4부는 미국 정치가 북한 문제를 이해하고 접근하는 방식에 대해 집중적으로 점검하였다. 대외적 합의와 국내적 이행이라는 국제 관계-국내 정치 사이의 중요한 연결 고리를 이해하는 작업이기도 하다. 구체적으로 1994년 10월 미국이 중간 선거 직전 북한과 체결한 제네바 협정은 현재 진행 중인 북한 비핵화 논쟁에 단서를 제공한다. 북한과의 합의에 성공한 이후 미국의 국내 정치적 요인으로 이행에 난항을 겪는 문제를 드러냈기 때문이다. 소련과의 이념 대결이 끝난 냉전 이후 미국은 현재 경제 제재 중심 외교에 치중하고 있다. 실제로 제재 정책의 경우 의회가 방향과 목표를 먼저 규정하고 행정부가 재량적으로 이를 이행한다는 점에서 과거 북미 합의와는 과정상 그 순서가 반대라고 볼 수 있다. 한편 쿠바 제재 사례는 미국 국내 정치 변수들이 제재 강화 혹은 완화에 어떤 영향을 미치는가를 잘 보여준다.

5부는 트럼프 시대 미국 정치 변화를 핵심 주제로 다룬다. 잘 알려진 대로 트럼프 대통령의 특이점은 한둘이 아니다. 공화당 대통령임에도 불구하고 중국과의 보호 무역 전면전을 치르고 있다. 북한의 독재자와 비핵화 협상을 위해 정상회담도 주저하지 않는다. 거의 모든 미국 국민이 혐오하는 러시아 푸틴 대통령에 대한 옹호 발언도 서슴지 않는다. 언론을 국민의 적(敵)이라 선포하고 자신을 비판하면 가짜 뉴스라고 몰아붙인다. 이러한 트럼프 시대를 체계적으로 이해하기 위해 먼저 우파 포퓰리즘(populism)에 대해 알아본다. 그리고 정치 양극화 현상에 대해 역사적이고 제도적인 맥락에서 정리하여 살펴본다. 행정 명령 중심으로 운영되는 트럼프 정치의 특징과 한계 또한 탐색한다. 정당 양극화 시대에도 양당 내부를 모두 분열시키는 외교 정책 이슈가 존재함을 설명한 후 정책 변화가 아닌 입장 표명 위주의 정치가 전개된다는 논지를 편다. 마지막으로 2017년 이후 미국 정치화 단계에 접어들었다고 볼 수 있는 트럼프 시대 북미 관계 현황을 점검해 본다.

6부는 결론을 대신하여 현재의 미국 대외 정책 변화가 일시적 현상인지 혹은 근본적 전환인지 여부를 탐색한다. 국민 전체 여론 추이, 대선 경합주 선호 여부, 미국 행정부 주도권이라는 세 가지 국내 정치적 시각을 원용한다. 정치 과정 및 제도 정치 분석을 토대로 미국 외교 정책 변화에 대한 분석틀을 제시하는 작업이다. 주지하다시피 트럼프 당시의 미국 못지않게 트럼프 이후의 미국에 대해 관심을 기울이는 것이 중요하다. 트럼프 시대의 미국 정치와 외교를 보다 긴 안목에서 관찰해 볼 필요가 커지고 있다.

대학원 박사 과정에서 미국 정치 수업을 따라가며 외국인으로서 느꼈던 부담감은 무척 컸다. 만일 텍사스 주립대(오스틴) 선생님들의 가르침과 격려가 없었다면 이 책은 만들어질 수 없었을 것이다. 미국 정치사 연구의 대가인 버냄(Walter Dean Burnham) 교수님은 엉성했던 내 페이퍼를 '일급(first-rate)'이라며 칭찬해 주셨다. 일부러 주신 후한 평가라는 사실을 알게 되었지만 감격은 그대로였다. 미국 대통령제 연구자 뷰캐넌(Bruce Buchanan) 교수님은 학위 논문으로 승부하면 된다는 응원에 그치지 않고 미국 학부 학생들을 가르치는 기회까지 일부러 만들어 주셨다. 트루보위츠(Peter Trubowitz) 교수님은 국방 예산 관련 미국 정당의 입장 변화를 연구해 보자고 먼저 제안하셨고 이는 나중에 박사 논문 주제로 발전되었다. 미국 의회 전문가인 떼리올트(Sean Theriault) 교수님은 의회 연구와 강의의 흥미와 의미를 깨닫게 해주셨고 지금은 가족 안부를 묻는 좋은 친구가 되어 주셨다. 이제는 나도 정치학을 가르치는 선생이 된 지 10년이 훌쩍 넘었다. 선생님들을 떠올릴 때마다 제자들에게 부끄러운 마음뿐이다.

이 책은 2007년 미국 노스캐롤라이나 주립대(윌밍턴)에서 강의를 시작하고 2012년부터는 경희대학교에서 교편을 잡게 된 이후 처음으로 보내게 된 연구년 기간 동안 집필하였다. 2019년 상반기 6개월 동안 워싱턴 DC에 위치한 우드로우 윌슨 센터(Woodrow Wilson Center)에서 풀브라이트 펠로우(Fulbright Fellow)로 지내며 책 작업에 집중할 수 있었다. 즐거운 직장을 만들기 위해 늘 서로 배려하시는 경희대학교 정치외교학과 선후배 교수님들, 정치학도의 길을 열어 주시고 여전히 격려를 보내 주시는 서울대학교 정치외교학부 선생님들, 발표와 토론의 기회를 통해 학문적 부족함을 일깨워 주시는 한국정치학회, 한국정당학회, 미국정치연구회 여러 선생님들, 풀브라이트 펠로우십에 선정해 준 한미교육위원단, 워싱턴 체류 기간 동안 전폭적인 지지를 보내 준 윌슨 센터 Jean Lee 소장과 주미 한국대사관 외교관들, 이 책의 출간이 가능하도록 도움을 준 서강학술총서 관계자들, 교정 작업을 위해 애써 준 경희대학교 김민준 석사과정생과 윌슨 센터의 전혜린, 김현지 인턴 등 모든 분들에게 깊은 감사의 말씀을 드린다.

돌이켜 보면 석사부터 박사, 교수까지 미국에서 보낸 15년과 고국에 돌아와 강의를 시작한 6년을 합친 세월 동안 나의 가족은 내 삶과 공부의 원동력이 되어 주었다. 영원한 나의 동반자 경선, 사랑하는 두 딸 나현, 재현과 함께였기에 어디에 살든 행복했고 감사하다. 존경하는 부모님의 변함없는 성원이 아니었다면 나의 현재는 불가능했다. 실천과 자립을 가르쳐 주신 아버지, 늘 아들 편인 어머니께 이 책을 바친다. 한반도를 둘러싼 주변 국제 정세는 변함없이 변화중이다. 혼돈의 질서 가운데 대한민국이 풀어야 할 숙제가 만만치 않다. 각자 자기의 위치에서 최선의 노력을 다한다면 위기를 기회로 바꿀 지혜를 함께 모을 수 있다고 믿는다. 언제나 결정과 결말은 우리 모두의 공동 책임이라는 사실을 잊지 말자. 미국의 정치와 외교 연구라는 나에게 주어진 숙제를 풀기 위해 앞으로도 최선을 다하리라 다짐해 본다.

2019년 11월

서 정 건

목 차

제1부
서 론

제1부
서 론

2019년 2월말 베트남 하노이에서 개최된 트럼프 대통령과 김정은 위원장 간 제 2차 북미 정상회담은 예상과 달리 결렬되었다. 오찬 일정을 전격 취소한 트럼프는 기자 회견을 열고 "종종 회담장을 박차고 나와야 할 때가 있는데 이번이 그 때였다"는 속내까지 털어놓았다. 국내외 많은 언론과 전문가들이 회담 실패의 원인에 대한 분석을 쏟아냈다. 이후 트럼프 대통령이 직접 밝힌 대로 핵시설 폐기 범위와 관련하여 북한과 미국이 합의에 이르지 못한 점이 합의 실패의 주된 이유로 추정되고 있다. 그런데 새로운 시각에 기초한 원인 분석이 등장하여 이목을 끌었다. 하노이 협상 당시 미국 워싱턴에서 열렸던 코헨(Cohen) 청문회가 회담 결렬을 초래했다는 주장이 그 것이다. 개인 변호사였던 코헨의 폭탄 발언 가능성에 불안했던 트럼프가 회담을 대충 끝내고 서둘러 귀국 길에 올랐다는 지적이다. 또한 코헨 증언으로 정치적 위기에 몰린 트럼프 대통령이 영변 핵시설 폐기만으로는 국내 지지를 얻을 수 없다고 판단하여 결국 '노딜(no deal)'을 선언했다는 주장이기도 하다. 다시 말해 워싱턴에서 벌어진 미국의 국내 정쟁(政爭)으로 인해 하노이에서 열린 비핵화 정상회담이 좌초되었다는 분석이다.

과연 사실일까? 코헨 청문회가 하노이 회담 당시 미국 내부적으로 큰 관심사였던 것은 틀림없다. 트럼프에 우호적인 폭스 뉴스(Fox News Channel)도 코헨 증언을 생중계할 정도였다. 트럼프 대통령을 협잡꾼이자 인종 차별주의자로 몰아세운 코헨 발언은 미국 대통령의 권위를 실추시키기에 충분하였다. 그런데 하노이 회담과 코헨 청문회의 연관성에 대해서는 보다 세밀한 관찰이 필요하다. 우선 청문회는 평일 오전과 오후 미국 국민들의 일과 시간에 진행되었다. 그나마 사흘간의 청문회 중 첫 날을 제외하고는 전부 비공개였다. 결국 코헨 청문회를 직접 시청한 유권자는 적었고 이미 양극화된 미국 언론과 방송의 반(反)트럼프–친(親)트럼프 성향 해설만이 뒤따랐다. 더구나 트럼프가 중시하는 보수 유권자들의 코헨에 대한 반응은 냉담 그 자체였다. 그들에게 코헨은 몇 달 후 감옥행이 이미 정해져 있는 범법자였다. 고객의 과거 허물을 공개 폭로하는 나쁜 변호사를 주인공으로 하여 펠로시(Pelosi)가 연출한 배신의 무대가 코헨 청문회였다. 주거니 받거니 하며 대통령 비난에 궁합이 척척 맞는 민주당 의원들과 코헨의 모습 또한 예상한 그대로였다. 특히 트럼프를 옹호하는 보수 미디어는 중대한 안보 문제를 다루는 대통령의 외유 중에 벌어진 반(反)미국적 행위라며 코헨 청문회에 대해 맹공을 퍼부었다. 과연 트럼프 대통령은 코헨 청문회로 인해 정치적 위기에 빠졌던 것일까? 워싱턴 청문회가 하노이 회담을 결렬시킨 주된 요인이었을까? 이에 대한 분석은 매우 중요하다. 결론에 따라 한국 정부가 취할 향후 북한 비핵화 전략에 영향을 미칠 수도 있다.

최근 들어 미국 국내 정치와 외교 정책의 연관성에 대한 관심이 부쩍 높아지고 있다. 트럼프 변수가 큰 역할을 하였음은 물론이다. 하지만 단순히 트럼프 대통령이 대외 정책 또한 자신의 국내 정치를 위한 전략 차원에서 다루고 있기 때문만은 아닌 것으로 보인다. 미국은 냉전 당시 50여년 가까이 소련과 벌인 이념 경쟁에서 승리했지만 21세기 들어 이라크 전쟁 실패와 대규모 경제 위기를 겪게 된다. 냉전 시대 미국 외교 정책 기조였던 자유주의적 국제주의(liberal internationalism) 개념을 대체할 새로운 정책 방향과 내용에 대해 지금까지도 논쟁이 분분하다. 물론 두말할 필요도 없이 미국 외교 정책을 미국 국내 정치 변수로만 설명할 수는 없다. 예를 들어 2001년 9/11 사태 직후 미국이 단행한 보복적 성격의 아프가니스탄 침공은 부시(Bush) 대통령이 아닌 고어(Gore) 대통령이었더라도 감행하였을 것이라는 지적에 이견이 없다. 그럼에도 불구하고 미국의 대외 정책–국내 정치 상호 작용을 제대로 분석해야 할 필요성이 커지고 있음 또한 분명하다. 한미자유무역협정 재협상, 주한미군 방위비 분담금 증액 등 미국의 한국 관련 정책 변화가 미국의 국내 정치 전개와 무관하지 않다. 이 책은 미국 민주주의 발전과 위기가 미국 외교 정책 결정에 '왜, 어떻게' 영향을 미치는지에 대해 탐색하는 것을 목표로 한다. 아울러 이념 전통, 정치 과정, 제도 정치, 정당 경쟁 등 다양한 미국의 국내 정치적 상황이 북한 문제라는 특정 국제 이슈와 연결되는 맥락 또한 짚어 보기로 한다.

1장
미국 정치 연구는 왜 필요한가?

첫째, 미국 정치 분석은 지역 연구다. 정치, 역사 그리고 사회 그 자체를 살펴봄으로써 미국이라는 나라는 어떤 나라인지 알아보는 과정이다. 1789년 초대 워싱턴 대통령 이후 지속되는 미국 정치의 특징은 다양하다. 건국 헌법은 시행된 지 230여년이 지났지만 여전히 현실 정치에 미치는 영향이 크다. 반복되는 개선 요구에도 불구하고 미국 특유의 주(州) 중심 대통령 선거인단 제도에는 변함이 없다. 상원은 본회의 표결을 통해 대통령이 정한 장관 지명자를 낙마시킬 수 있다. 하원은 대통령 탄핵 기소 권한을 가지고 있다. 그리고 대통령 4년 임기 중간에 치러지는 중간 선거는 미국 건국 이후 한 번도 중단된 적이 없다.

소선거구 제도와 정당 일체감(party identification) 중심 양당제 정당 정치도 그대로다. 연방파(Federalists)와 반(反)연방파(Anti-Federalists) 구도가 큰 틀에서 유지되고 있다. 대통령 권한 및 연방 정부 역할을 둘러싼 논쟁은 정책 분야 전반에 걸쳐 있다. 1787년 제퍼슨(Jefferson)은 "신문이 사라진 정부보다는 차라리 정부 없는 신문이 낫다"고 한 적이 있다. 그런데 현재 미국 미디어(media)는 정치 양극화를 부채질하는 성향을 보인다. 또한 미국은 냉전 이후 국제 질서를 주도해 온 글로벌 리더십 국가이다. 하지만 미국 역사 전체로 보면 고립주의 경향 역시 뚜렷하다. 미국 정치를 헌법, 역사, 제도 등 다각도에서 살펴보는 지역 연구는 그 자체로 의미가 크다.

둘째, 미국 정치는 국제 관계 연구의 주요 주제다. 국제 질서를 이끌어 온 미국의 성공과 실패는 국제 정치학 분야의 핵심 분석 대상이다. 1823년 먼로(Monroe) 독트린 선포부터 1941년 진주만(Pearl Harbor) 피습 때까지 미국은 대체로 유럽의 세력 균형 위주 질서와는 거리를 두어 왔다. 2차 대전 종료 후 모든 것이 변한다. 냉전 시대 소련과 이념 경쟁을 벌이게 된 미국은 자유주의, 민주주의, 시장경제를 기치로 내걸고 국제 사회의 리더십 국가로 부상한다. 특히 반공주의 이념은 미국 사회의 가치 문화와 합쳐졌다. 정치 동원 및 연합 형성에도 막대한 영향을 미치고 대통령 및 의회 제도 정치뿐만 아니라 민주당–공화당의 정당 경쟁까지 좌지 우지하게 되었다.

가까운 예를 들어 보자. 새로운 국제 통상 질서 수립을 목표로 한 환태평양동반자협정(Trans–Pacific Partnership) 논의가 본격화된 것은 최근이었다. 미국 국내적으로는 공화당 의회가 민주당 오바마 대통령에게 무역촉진권한을 부여한 2015년 이후다. 그런데 2017년 1월 말 트럼프 대통령은 취임하자마자 TPP 탈퇴를 선언함으로써 TPP 자체를 유명무실하게 만들었다. 새로 등장한 미국 대통령이 기존의 행정 합의를 번복한 결과이다. 반대로 국제 관계 변화가 미국 국내 정치를 바꾼 적도 적지 않다. 2차 대전이 끝나고 미국은 또 다시 전통적 비(非)개입주의로 되돌아가려 했지만 이를 막은 것은 급격한 국제 정세의 흐름이었다. 소련 공산주의 영향력의 확대, 중국 본토의 공산화, 한국 전쟁의 발발 등 연이은 외부 충격이 미국 국내 정치 반응과 방향을 바꾸어 버렸다.

셋째, 미국 정치와 외교는 비교 정치학의 주제이기도 하다. 립셋(Lipset 1996)은 비교 정치 연구 의의를 잘 설명한 적이 있다. "한 나라에 대해서만 알고 있다면 그 나라에 대해 안다고 말할 수 없다(A person who knows only one country knows no countries)." 다른 나라 정치 과정 및 제도에 대한 이해는 우리 정치의 현실과 미래에 대한 체계적인 안목을 가지도록 돕기도 한다. 미국은 순수한 대통령제 국가이고 한국은 대통령 중심제 나라다. 어떤 점이 같고 어떤 점이 다를까? 예를 들어 대통령 연임 여부는 미국과 한국의 대통령 제도를 둘러싼 가장 큰 차이점 중 하나다. 미국 경우 1951년 수정 헌법 22조를 통해 대통령은 4년 임기를 한 번만 더 채울 수 있도록 규정하고 있다. 한국은 1987년 헌법에 의해 대통령 단임제(single-term)를 유지하고 있다. 현직 대통령에게 있어 다음 선거를 치러야 하느냐 여부는 매우 중요한 사안이다. 국정 운영 전반에 큰 영향을 미칠 수밖에 없다. 미국 대통령은 첫 4년 동안 다음 대선 승리를 주로 생각한다. 재선에 성공하는 경우 두 번째이자 마지막인 4년 동안 자신의 정치적 유산(legacy)에 집중한다. 한국 대통령은 5년 임기가 처음이자 마지막이다. 다음 선거를 고려해야 하는 부담감에서 벗어나 정치 개혁에 집중할 수 있다. 반대로 다음 선거가 없기 때문에 과다한 권력을 남용할 소지 또한 있다.

미국과 한국의 대통령 제도에는 유사점도 적지 않다. 양국 모두 대통령은 국가 원수(元首)이자 군(軍)통수권자이다. 의회 견제가 미치지 않는 사면권을 가진다. 탄핵으로 지위를 박탈당할 수 있다. 거부권을 행사할 수 있지만 의회를 해산할 권한은 없다. 전통적으로 한국과 미국 대통령 모두 임기 후반에 국민들의 지지도가 약화되어 왔다. 미국 경우 아이젠하워, 레이건, 클린턴 등 박수 받으며 퇴임하는 연임(連任) 대통령들도 있었다. 대부분은 인기가 하락하고 임기 말에는 충성파 당원들 정도만 지지 세력으로 남는다. 한국 경우에는 잘 알려져 있듯이 지지가 줄어드는 정도로 임기를 마치면 그나마 다행일 정도다. 양국에 공통적으로 나타나는 대통령 지지율의 임기 후반 하락 현상은 개혁 정치 시점에 대한 전략적 고민과 관련이 깊다. 대통령의 임기 초반에 국정 개혁 드라이브가 필요하다는 주장이 나오는 이유다.

물론 한국은 미국과는 매우 다른 정치 제도사적 맥락을 가지고 있을 뿐만 아니라 정치적 동학도 다르다(정진민 2008, 전진영 2015, 민희, 윤성이 2016). 미국의 경우 대통령 권력에 대한 불안과 의심을 배경으로 건국 당시부터 의회 중심의 정치 체제가 자리 잡았다. 한국에서는 독립 이후 권력 균형과 제도 정치가 제대로 정착되기도 전에 대통령 독재와 군사 쿠데타가 발생하였다. 의회의 역할과 권한에 대한 토론과 논쟁을 제대로 벌일 기회조차 없었다(장훈 2010, 강원택 2018). 국가 건설 시기가 강력한 대통령 등장과 궤를 같이 하였고 어느새 경제 성장률이 권력의 정통성이 되어 버렸다. 1987년 민주화 운동 이후 제도적 의미에서의 민주화는 어느 정도 정착되었지만 청와대를 중심으로 한 대통령의 막강한 권한은 여전히 한국 정치를 지배하고 있다. 한편 민주화 이후 정치 개혁을 위해서는 법률 개정이 필수적인 상황으로 변하고 있다. 여야 협치(協治)에 대한 요구가 높아지고 있는 배경이다. 그런데 '입법 중심 정치(law-making politics)'에 대한 경험과 전략은 우리에게 여전히 부족하다. 따라서 대통령의 리더십과 관련하여 '무엇을 위한' 협치인가에 대해 더욱 숙고해야 할 시점이다. 대통령과 야당 지도자 간 공개 만남 자체가 목적인 협치로는 아무 것도 바꿀 수 없다. 개혁 입법을 둘러싼 대화와 타협이 정치의 본령(本領)으로 등장할 때 협치라 부를 수 있다.

미국도 사정이 크게 다르지는 않다. 의회 입법 정치의 비효율성이 커진지 오래 되었고 그에 따른 논란도 끊이지 않고 있다(임성호 2002, 이소영 2008, 류재성 2009, 유성진 2012, 김준석 2017, 손병권 2018). 대통령의 권한 비대화를 둘러싼 격론 또한 여전하다. 다만 역사적으로 볼 때 주요 입법을 통해 미국 정치와 사회가 변화를 거듭해 온 점 또한 사실이다. 1964년 인권법(Civil Rights Act), 1970년 깨끗한 공기법(Clean Air Act), 1986년 이민 개혁법(Immigration Reform and Control Act), 1993년 가족 및 의료 휴가법(Family and Medical Leave Act), 2001년 애국법(Patriot Act), 2009년 의료개혁법(Affordable Care Act) 등 그 예는 적지 않다. 미국 정치도 한국과 마찬가지로 진보와 보수 간 심각한 갈등을 겪고 있는 중이다. 의회와 대통령은 여전히 균형을 위한 견제 중이다. 그럼에도 불구하고 미국 정치가 우여곡절 끝에 이끌어낸 개혁 성공 사례들이 존재한다. 비교정치학 시각에서 체계적으로 분석해 본다면 우리 정치를 변화시킬 단초를 발견할 수 있지 않을까?

2장

미국 외교 정책은 국내 정치와 어떻게 연결되어 있는가?

"오직 닉슨(Nixon)이기에 중국에 갈 수 있었다(Only Nixon could go to China)." 미국 국내 정치와 외교 정책의 상관성을 상징적으로 보여주는 대표적 문구다. 냉전이 한창이던 당시 전 세계를 놀라게 한 미국 외교 정책의 대전환 배경에는 닉슨이라는 지도자의 특성이 자리 잡고 있었다.[1] 닉슨이 누구인가? 캘리포니아 오렌지 카운티 출신 보수 공화당원으로 1946년 현역 민주당 의원을 공산주의자로 몰아세우며 낙선시킨 젊은 정치인이었다. 그는 반(反)미국 행위 조사위원회(House Un-American Activities Committee; HUAC) 활동 당시 초선 의원이었지만 매

1 이 표현의 유래에 대해서는 1971년 당시 민주당 상원 지도자였던 맨스필드(Mike Mansfield) 의원이 유에스 뉴스(US News & World Report)와의 인터뷰에서 닉슨 같은 공화당 지도자만이 돌파구를 열 수 있다고 주장했다는 설명이 있다. 1991년 영화 스타트렉에서 스포크(Spock)가 커크 선장에게 한 대사라는 지적도 있다.

우 적극적이었다. 국무부 고위 관료 출신 히스(Alger Hiss)를 공산주의자 간첩으로 기소하는데도 주도적 역할을 맡았다. 4년 뒤에는 캘리포니아 연방 상원 선거에 나선다. 경쟁자 민주당 여성 후보를 "핑크 레이디(Pink Lady)"라 부르며 색깔론(red-scare) 선거 전략을 여지없이 동원한다. 1952년 대통령 선거 과정에서는 불법 정치 자금 수수 의혹도 정면 돌파하였다. 마침내 당내의 강력한 지지를 기반으로 부통령 후보에까지 오르게 된다. 1952년 대선 결과 루스벨트 이후 20년 만에 공화당이 민주당으로부터 대권을 되찾아 왔다. 이 과정에서 국민 영웅 아이젠하워의 젊은 러닝메이트로 닉슨은 전국적 명성을 얻게 된다.

닉슨은 반공주의 정치인 중 미국 정치 역사상 타의 추종을 불허한다. 그런 그가 하루아침에 중국 공산주의자들과 손잡고 미-중 화해를 선언한 셈이다. 재선을 치러야 하는 1972년 2월 닉슨 대통령은 북경을 전격 방문하였다. 1949년 중국 공산화 이후 단절된 관계 회복을 위해서다. 영접 나온 쩌언라이와의 악수를 통해 양국 관계 회복 시작을 널리 알렸다. 흥미로운 점은 닉슨의 행보에 대해 미국 국내에서 그 어느 누구도 시비를 걸 수 없었다는 사실이다. 닉슨 대통령이 결정한 마오쩌둥과의 정상 회담에 대한 국내 비판은 거의 대두되지 않았다. 철저한 반공주의자 닉슨이 결정하여 추진한 일이었기 때문이다. 닉슨만이 공산주의를 제대로 다룰 수 있다는 공화당 지지자들의 신뢰감이 있었다. 군비 경쟁 완화를 바라는 민주당 진보 진영의 현실 인식도 작용했다. 그 결과 미국은 냉전 시기 "중국 카드(China Card)"를 활용하여 소련과의 데탕트를 포함한 새로운 국제 질서를 개척하게 된다. 결국 대통령 개인의 정치적 자산과 전략적 선택이 중요한 배경이었다. 이로써 냉전 시대 국제 관계는 대전환을 맞이하게 된다.

미국 국내 정치와 외교 정책은 불가분 관계다. 한 국가의 국내 정치와 대외 관계가 밀접한 연관성을 가진다는 주장은 어쩌면 당연한 말로 들린다. 현재 모든 국가는 지구촌이라 불리는 국제 환경에 둘러싸여 있다. 경제, 정치, 사회 분야 국내 정책들이 대외 관계와 분리되기 어렵다. 미국을 비롯한 모든 현대 민주주의 국가는 선거 경쟁을 통해 행정부를 구성한다. 행정부와 집권당이 정치적 고려를 통해 외교 정책을 결정한다. 이러한 상황에서 미국 민주주의와 외교 정책 사이의 상관성을 새삼 강조해야 하는 이유는 도대체 무엇인가? 이를 이해하기 위해서는 미국 정치와 미국 정치학 두 가지 차원을 모두 살펴볼 필요가 있다. 국내 정치와 대외 관계를 분리해서 다루고자 하는 역사적 전통과 이론적 논의에 대한 점검이 선행되어야 한다.

첫째, 미국 외교 정책은 국내 정치와 분리되어 수립되어야 한다는 당위론적 합의가 존재해 왔다.[2] 우선 적극적인 대외 정책 자체에 대해 미국은 상당 기간 부정적이었다. 1801년 제퍼슨 대통령은 취임 연설에서 "동맹 불필요(entangling alliances with none)" 원칙을 천명한다.[3] 1916

2 초대 워싱턴 대통령은 이미 1796년 고별 연설(Farewell Address)에서 "지나친 정당 경쟁(excessive political party spirit)"에 대해 경고한 적이 있다. George Washington. *1796. Farewell Address.* (New York: New York Public Library, 1935).

3 제퍼슨 대통령의 1801년 3월 4일 취임식 연설 관련 부분은 "equal and exact justice to all men, of whatever state or persuasion, religious or political; peace, commerce, and honest friendship with all nations, entangling alliances with none"이며 다음의 출처에서 전문을 찾아 볼 수 있다. http://avalon.law.yale.edu/19th_century/jefinau1.asp 물론 국제 문제 불개입 원칙을 제시했던 제퍼슨 대통령도 1803년 나폴레옹으로부터 루이지애나를 매입함으로써 미국 영토를 두 배 가까이 확장시킨 적이 있다. 윌슨 대통령 또한 1916년 가까스로 재선에 성공한 이후 공약과 달리 취임 한 달 만에 독일에 대한 전쟁 선포를 의회에 요청한 바 있다.

년 윌슨(Woodrow Wilson) 대통령은 재선 운동 기간 "1차 대전 불개입(He Kept Us Out of War)" 공약에 집중했다. 1823년 애덤스(John Quincy Adams) 국무장관이 선도한 먼로 독트린 또한 유럽 열강의 아메리카 대륙 영향력을 차단하는 것이 목표였다. 1904년 씨어도어 루스벨트 방침("Roosevelt Corollary")은 남미 개입에 대한 정당화 시도였지만 프랭클린 루스벨트가 내건 1933년 '선린 정치(Good Neighbor policy)'에 의해 그 취지가 무색해진다.

국제 이슈를 국내 정쟁(政爭)에서 제외하자는 보다 적극적인 주장은 2차 대전 종료 직후 등장하게 된다. 미국이 본격적으로 국제 사회 리더십 역할을 담당하기 시작한 시기다. 1차 세계 대전이 끝나고 민주당 현직 대통령 윌슨과 공화당 상원 지도자(Henry Cabot Lodge)는 정치적이자 개인적인 갈등 관계에 휩싸인다. 그 결과 미국은 대외 관계 역할 설정에 혼란을 겪게 된다. 2차 대전이 끝난 후에도 비슷한 상황이 다시 재연될 것으로 보였다. 루스벨트는 1944년 11월 선거에서 4번째로 대통령에 당선된다. 하지만 이듬해인 1945년 2월 얄타 회담을 마치고 귀국 후 4월에 뇌출혈로 결국 사망하게 된다. 갑작스럽게 대통령 직무를 승계하게 된 부통령 트루먼(Truman)은 정치적으로 무명에 가까웠다. 트루먼은 그 해 8월 2차 대전을 승리로 마무리한다. 동시에 소련 스탈린 정권에 의한 공산주의 세력 확장 시도는 미국과 소련 간 냉전의 서막을 알리게 된다. 다음 해 1946년 11월 중간 선거에서 공화당은 무려 14년 만에 선거 승리를 거두며 상하원 다수당으로 자리 잡았다. 결과적으로 냉전 초기 대외 정책을 주도하던 트루먼 민주당 행정부와 의회 공화당 사이 갈등 혹은 협력 여부가 또 다시 전 세계의 관심사로 떠

올랐다.

1947년 1월 80대 의회(1947–1949)가 개원한 후 상원 외교위원회 위원장 자리는 반덴버그(Arthur Vandenberg) 공화당 의원이 맡게 되었다. 그는 대외 정책 관련 초당파 접근을 제시한다. 반덴버그 의원 본인도 중서부 고립주의 성향을 포기하고 국제주의자로 공개 변신한지 얼마 안 된 시점이었다. 미시건 출신 반덴버그 의원은 "정파 간 다툼은 국내 경계선에서 멈춰야 한다(Politics should stop at the water's edge)"라는 유명한 발언을 남긴다. 이후 국내 정치와 대외 정책 분리 인식에 큰 영향을 미치게 된 주장이다.[4] 냉전 초기 미국은 대외 정책 관련 중요한 결정들을 연이어 취하게 된다. 트루먼 독트린 선포, 국가 안보법 통과, 마샬 플랜 승인, 베를린 공수(空輸) 조치, 북대서양조약기구 창설 등이 줄줄이 이어졌다. 반덴버그가 주도한 '냉전 합의' 기초 위에서 가능한 조치들이었다(Hogan 1987, Fordham 1998, Johnson 2006). 대외 정책에 대해서는 정파적 이해를 넘어서는 합리적 대응이 가능하리라는 기대가 생겼다. 외교 정책 결정에서 국내 정치 영향을 최소화하려던 냉전 초기 경험이 결정적이었던 셈이다.

둘째, 미국 국내 정치와 외교 정책의 분리와 관련하여 이론적 차원에서는 국제정치 학자들의 역할이 중요했다. 특히 왈츠(Kenneth Waltz)의 구조적 현실주의(structural realism) 이론이 선도적 위치에 섰다. 미국

4 1945년 1월 10일 30분간의 상원 연설을 통해 반덴버그는 스탈린의 공산주의 야욕을 물리치기 위한 방편은 동맹과 조약 밖에 없음을 천명한다. 미시간(Michigan) 출신 공화당 고립주의 대표 주자에서 상대당 대통령 트루먼의 외교 정책을 지지하는 국제주의자로 변신하게 된다. 미국 외교사에서 대외 정책 관련 주요 정치인의 전면적 입장 변화는 사이밍턴(Stuart Symington, D–MO)과 풀브라이트(J. William Fulbright, D–AR) 등을 꼽을 수 있다.

외교 정책을 이해하는데 있어 국내 정치적 접근을 배제하게 된다. 1979년 『Theory of International Politics』 출판을 통해 왈츠는 기존 국제 정치 이론들을 모두 '환원주의적 접근(reductionist approach)'에 불과하다고 비판한다. 국제 정치를 설명해야 할 이론들이 다시 국내 정치 수준과 변수로 돌아간다는 것이다. 부분 및 부분의 상호 작용으로 전체를 설명하려는 시도는 결국 환원주의적 오류에 빠진다는 주장이다. 왈츠는 국가와 국가 관계로 국제정치를 이해하려는 시도가 이에 해당된다고 보았다. 투키디데스(Thucydides)는 『펠로폰네소스 전쟁사』 저술을 통해 국제 정치 연구의 시조로 일컬어진다. 아테네와 스파르타 충돌 원인을 도시 국가 정치 체제 차이에서 찾았다. 그런데 왈츠에 따르면 환원주의적 모순에 불과하다. 모겐소(Hans Morgenthau)는 1948년 저작 『Politics Among Nations』에서 인간 본성과 권력 관계를 전제로 논의를 이끌어냈다. 국가의 영토, 인구, 군사력, 경제력 등을 국제 정치 이해의 핵심 요소로 파악하였다. 왈츠 시각으로 보자면 역시 환원주의적 사고의 결과물이다.

왈츠는 개별 국가 차원을 넘어서야 국제 정치의 이론 정립이 가능하다고 주장한다. 국제 질서 시스템과 구조 차원에만 나타나는 특질이 존재하며 이를 통해 시스템 구성원인 개별 국가 행태와 전략을 설명할 수 있다는 지적이다. 국제정치 이론이 이론으로서의 가치를 가지게 되는 경로이기도 하다. 왈츠가 정의한 국제 시스템 특징은 바로 세계 정부의 부재 즉 무정부 상태(anarchy)를 가리킨다. 예를 들어 이윤 극대화 추구는 시장 시스템의 특질인데 이를 통해 개별 기업의 행태와 전략을 설명할 수 있다. 국제정치도 마찬가지다. 무정부 상태의 국제 질서 속에서 개별 국가는 생존 혹은 주권을 목표로 삼는다. 개별 국가의 외교 정책은 국내적 차원으로 환원될 수 없고 그럴 필요도 없다. 시장 이론의 경우 개별 기업과 관련된 별도 이론이 필요 없고 국제정치 이론 경우도 개별 국가에 대한 설명을 요구하지 않는다. 이것이 왈츠 이론의 핵심 주장이다(1979, 71–72).[5]

잘 알려져 있는 대로 이후 국제 정치학은 왈츠에 의해 이론적 대변혁을 겪게 된다. 1979년 왈츠의 저작 이후 국제 관계 현상에 대한 국내 정치적 설명은 크게 위축되기 시작한다. 동시에 미국 정치학계는 '행태주의 혁명(Behavioral Revolution)'을 겪는다. 경제학의 가정과 방법을 주로 수용하게 되었다. 합리적 선택 이론에 따라 국가는 합리적 행위자라는 가정이 도입되었고 국제 정치에 관한 주류 이론으로 자리 잡게 된다. 신(新)현실주의와 신(新)자유주의 이론도 등장한다. 두 이론 간 차이는 국가를 단일한(unitary) 행위자로 전제하는지 여부다. 결론적으로 국제 시스템은 무정부 상태라는 구조적 특질을 가지며 합리적 행위자인 국가의 선택은 국내적 차이 혹은 동기와 크게 상관이 없다. 국내 정치 배제 경향이 국제 정치 이론화 작업의 대세가 되었다.

그렇다고 해서 국내 정치 접근 방식이 국제정치 학계에서 완전히 무시되어 온 것은 아니다. 1990년대 이후 등장한 신고전주의(neoclassical) 현실주의 이론은 국내 정치 변수를 고려하여 세력 균형과 대전략 등 기존 현실주의 패러다임을 재분석한다. 체계적인(systemic)

---

5 왈츠에 따르면 외교 정책은 독립적 영역이라 볼 수 없으므로 이론 구축이 불가능하다. 오직 '분석(analyses)' 혹은 '설명(accounts)' 정도만 가능할 뿐이라고 주장한다. Kenneth Waltz. 1996. "International Politics Is Not Foreign Policy," *Security Studies* 6: 54–55.

이론이나 국내적(domestic) 접근 어느 한 가지만으로는 설명이 불충분하다는 입장이다. 대표적 연구자로 스나이더(Snyder 1991), 크리스텐슨(Christensen 1996), 자카리아(Zakaria 1999), 슈웰러(Schweller 2008), 듀엑(Dueck 2008) 등을 꼽을 수 있다. 경제학 방법론을 토대로 한 '신제도주의(new institutionalism)' 또한 안보, 무역, 금융, 이민 이슈 등을 국내 정치 제도적 차원에서 다룬다. 이해 당사자들의 선호가 어떠한 상호 작용으로 연결되는지에 초점을 맞춘다. 한편 경제 위기나 분점 정부 같은 국내 정치 상황으로 인한 전쟁 발발 혹은 종료 가능성을 분석하는 연구도 대두되었다. 그리고 리더십, 의회, 선거, 여론, 정당, 미디어 등 민주주의 시스템의 국내 정치적 요소를 중심으로 한 연구도 최근 들어 활발하다.

주목할 점은 국내 정치와 대외 정책 상관성을 파헤친 연구들은 역사와 정치를 함께 다루는 경우가 많다는 사실이다. '역사적 제도주의(historical institutionalism)'와 '미국 정치발전(American Political Development)' 학풍을 그 예로 들 수 있다.[6] 실증 분석이 지배적인 현대 미국 정치학계에서 독특한 현상이라고 할 수 있다. 미국 대전략(American grand strategy)과 관련하여 미국이 언제 무슨 이유로 팽창적인 대외 정책을 선택하는지에 대한 역사적 연구도 많아지고 있다.[7] 심지어

6 미국 외교사를 정치학 관점에서 체계적으로 분석한 국내 연구로는 권용립(2010)이 대표적이다.

7 Snyder, Jack. 1991. *Myths of Empire: Domestic Politics and International Ambition.* (Ithaca: Cornell University Press); Zakaria, Fareed. 1999. *From Wealth to Power: The Unusual Origins of America's World Role.* (Princeton: Princeton University Press); Trubowitz, Peter. 2011. *Politics and Strategy: Partisan Ambition and American Statecraft.* (Princeton: Princeton University Press)

미국은 단일한 국익 자체를 가지고 있지 않다는 접근법도 나타났다. 프라이(Fry 2002)는 남부 정치와 정당 경쟁을 토대로 미국 국익과의 상관성을 분석하였는데 미국 남부에 팽배한 애국주의 정서와 미국의 전통적 반(反)국가주의는 종종 충돌한다는 것이 핵심 주장이다. 이로 인해 미국 국익을 정의하는데 있어 역사적 불규칙성이 생겨나기도 한다는 문제 제기다.[8]

미국의 국가 이익과 관련된 체계적 연구는 트루보위츠(Trubowitz 1998)에 의해 발전된다. 미국의 지역 경제는 정당 재편성과 맞물려 있고 이는 미국 국익을 주기적으로 재(再)정의한다는 것이 주된 논지다. 남부 백인 유권자들은 민주당 존슨 대통령이 인권법(Civil Rights Act of 1964)을 통과시킨데 대해 배신감을 느끼게 되었고 민주당에 등을 돌리게 되었다. 이들을 회유하려는 정책이 닉슨(Nixon) 대통령의 '남부 전략(southern strategy)'이었다. 남부 전략 중 대표적인 것이 북동부 지역에 몰려 있던 군사 기지들을 남부로 이전한 것인데 이는 경제적으로 낙후되어 있던 남부 지역 발전에 큰 혜택으로 작용하였다. 남부 군사주의-애국주의 전통과도 잘 부합되었음은 물론이다. 닉슨의 남부 정책은 이후 레이건 시대의 기독교 세력 연합과 더불어 남부를 공화당 텃밭으로 재편하는데 결정적 역할을 한다.[9] 멜로우(Mellow 2008) 역시 미국 정당 정치의 지역주의 기반에 대해 연구를 하였다. '안보 국가(national security state)'로서의 미국 정치가 어떻게 형성되고 정치 기반 변화에 어떠한 영

8 Fry, Joseph A. 2002. *Dixie Looks Abroad: The South and U.S. Foreign Relations, 1789-1973.* (Baton Rouge, LA: Louisiana State University Press)

9 Peter Trubowitz, 1998. *Defining the National Interest: Conflict and Change in American Foreign Policy* (Chicago: University of Chicago Press)

향을 미쳤는지를 다루었다.[10]

이 책은 미국 국내 정치와 외교 정책의 상관성을 다루고 있다. 역사적 사례 분석이자 이론화 시도이다. 1945년 2차 대전 승리로부터 1991년 냉전 승리에 이르기까지 미국의 국제 질서 리더십은 국내적 가치 합의에 기반 하였고 특히 반공주의가 그 주축이었다. 그렇다면 냉전 이후의 미국 외교 정책은 어디로 가고 있는가? 역시 국내 정치와의 상호 작용을 살펴보아야 한다. 잘 알려진 것처럼 트럼프 대통령의 슬로건은 "미국을 다시 위대하게(Make America Great Again)"이다. 이는 자유주의적 국제주의 포기를 뜻하는 것일까? 일방주의적 고립주의를 표방하는 새로운 변화일까? 안보와 통상 등 거의 모든 분야에 있어 미국의 변화는 우리의 관심사다. 미국을 최대한 이용하고 적절하게 관리해야 하기 때문이다. 따라서 미국에 대한 제대로 된 이해는 선택이 아닌 필수다. 사실 "미국은 우리에게 무엇인가?"는 무척 고전적인 질문이다. 그런데 정답은 시대에 따라 달라진다. 이미 국내 여러 훌륭한 연구자들이 여러 중요한 성과를 냈고 본 연구는 이에 기초하였다. 미국 외교 정책이 국내 정치와 밀접하게 관련 있다는 사실은 이미 잘 알려져 있다. '왜 언제 어떻게'를 체계적으로 분석하는 것이 이 책의 목표다. 미국 민주주의와 외교 정책 결정에 대한 정치학 연구다. 한반도 평화와 번영을 위한 우리 외교 전략 수립을 위해서도 필수적인 작업이라 믿는다.

10 Nicole Mellow. 2008. *The State of Disunion: Regional Sources of Modern American Partisanship*. (Baltimore: Johns Hopkins University Press)

3장

미국 정치는 북한 이슈를 어떻게 다루는가?

미국 정치와 북한 이슈를 분석할 때 나타나는 두 가지 특징이 있다. 첫째, 북한 이슈를 포함한 대부분의 국제 문제에 대해 미국 국민들이 잘 모른다는 점이다. "출혈(出血)이 있으면 보도가 된다(If it bleeds, it leads)"는 표현이 있다. 미국 언론의 대외 이슈 보도 행태가 전쟁이나 테러 등 대규모 안보 위기에만 치우쳐있다는 뜻이다. 국제 문제와 관련된 미디어 역할은 어느 나라를 막론하고 중요하다. 미국 언론은 미국 국민들이 원하는 대로 경제 문제, 복지 이슈, 의료 개혁 등을 주로 다룬다. 대외 관계 이슈는 대부분 피상적 수준으로 보도한다. 국제 이슈 배경과 해법, 영향 등에 대해 체계적인 리포트가 부족하다. 이러한 미디어 환경에서 미국 국민들의 국제 문제 이해도는 떨어지기 마련이다. 두 번째 특징은 이와 반대다. 물론 미국 외교 정책은 워싱턴 결정자들의 정치적 이해와 정책적 판단에 따라 결정된다. 대통령과 행정부가 주도하는 대외 정책이 언론 보도나 여론 동향에 따라 그 때 그 때 만들어지는 것은 아니다. 그런데 미국 대외 정책이 궁극적으로 국민들의 관심 및 이해와 동떨어질 수는 없다는 사실은 중요하다. 미국 국민들이 국제 문제에 대해 구체적인 정보는 가지고 있지 않지만 외교 정책의 대체적인 방향에 대해서는 높은 이해력과 관심도를 가지고 있기 때문이다(서정건, 유성진, 이재욱 2017).

〈그림 1〉 세계 지도 위치 차이와 국제 문제 인식 차이

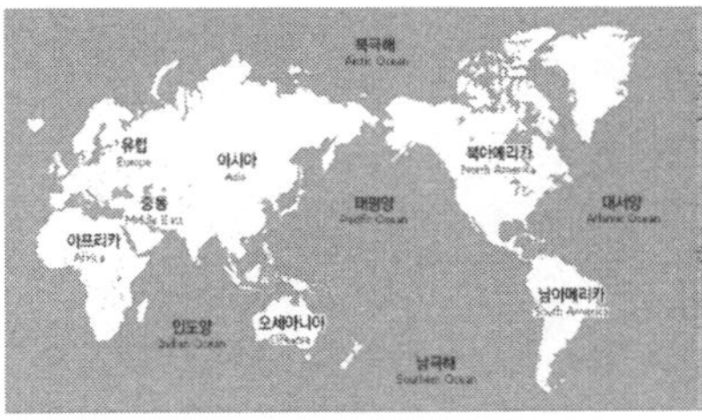

출처: 네이버(NAVER)

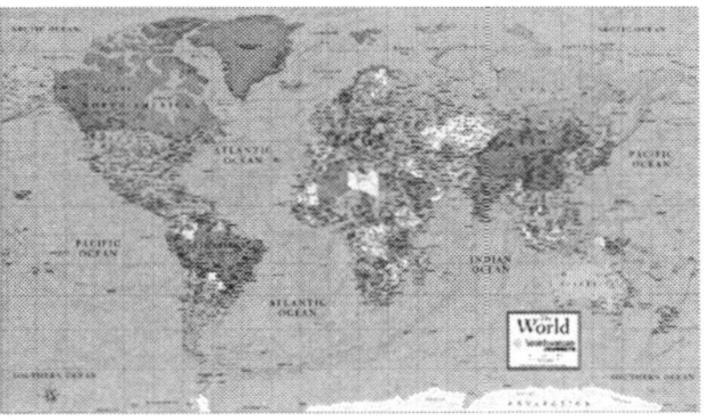

출처: 구글(Google)

북한 문제에 대해 미국 국민들은 얼마나 알고 있을까? 미국이 사용하는 세계 지도가 다르다는 점부터 살펴보자. 〈그림 1〉 왼쪽은 한국과 일본에서 주로 통용되는 세계 지도이다. 우리에게 익숙한 세계 지도인데 태평양이 가운데 위치해 있다. 오른쪽은 그 외 거의 모든 세계 국가들이 사용하는 세계 지도이다. 북한이 대륙간탄도미사일(Inter-Continental Ballistic Missile)을 발사하는 경우 미국에 도달하는 궤적이 분명하게 보이는 지도는 우리가 사용하는 지도다. 그런데 초등학교 시절부터 미국 국민들이 접하고 있는 오른쪽 세계 지도와 대조해 보자. 대서양이 중앙에 자리 잡고 있다. 한반도는 지도의 오른쪽 맨 끝 즉 극동(極東, Far East)에 위치하고 있다. 우리를 극동이라 부르는 이유다. 미

국 국민들이 지도를 통해 관념적으로 이해하는 북한 미사일이나 핵 관련 실질적 궤적 즉 위협 정도가 우리 생각과는 다소 다를 수 있다. 결국 북한이 너무 멀리 위치해 있고 북한 미사일은 소련, 유럽, 그리고 대서양을 지나야 미국 본토에 도달할 수 있는 것처럼 보일 수 있다.

〈그림 2〉 북한 위치에 대한 미국 국민들 설문 조사 결과

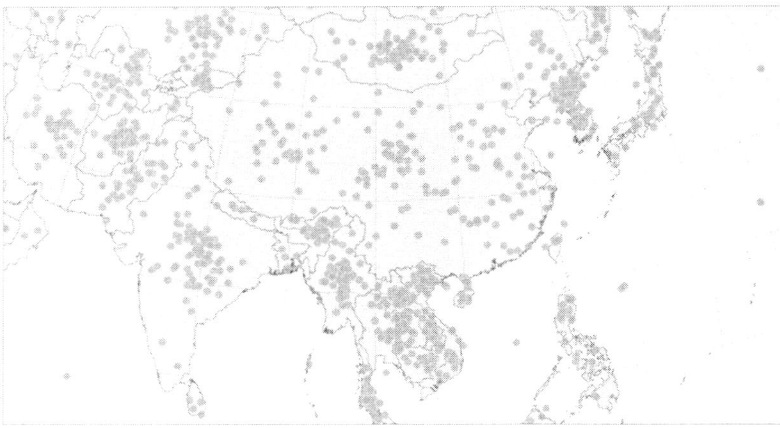

출처: 2017년 7월 5일, The New York Times

한편 〈그림 2〉는 2017년 7월 뉴욕타임스 조사 결과인데 미국 성인 남녀 1,746명에게 북한 위치를 점으로 찍어 보라고 설문하였다. 정답을 알고 있는 비율은 대체로 36 퍼센트 정도였다. 나머지 즉 절반 이상인 64 퍼센트는 북한이 어디에 있는지 알지 못하는 것으로 나타났다. 2017년 북핵(北核) 위기가 한참 고조되어 있던 시기에 이루어졌던 조사 결과여서 다소 의외다. 만일 북한이 세계의 어디에 위치하는지 제대로 알지 못한다면 북한 핵과 미사일 위협에 대해 제대로 인지하지 못한다고 생각해 볼 수도 있다. 당시 트럼프 행정부가 공공연히 내세웠던 북한에 대한 무력 공격 해법의 경우 사안이 더욱 심각하다. 그 참담한

폐해에 대해 미국 국민들이 우리 우려와는 사뭇 다른 인식을 가질 수 있다.

그렇다고 미국 국민들이 미국 외교 정책에 완전히 무관심하다거나 안보 문제에 둔감하다고 결론짓는 것은 성급하다. 자세한 정보에 대해서 잘 알지 못한다 하더라도 국제 정세 흐름과 외교 정책 방향에 대해서는 나름의 인식과 판단을 하고 있는 것으로 보이기 때문이다. 〈표 1〉을 살펴보면 북한에 대한 무력 공격 가능성을 둘러싸고 미국 국민들의 선호가 상황 변화에 따라 달라지고 있음을 엿볼 수 있다. 만일 국제 문제에 대해 전혀 관심과 지식이 없다면 미국 국민들은 늘 유사한 정책 선호를 유지할 것으로 예상된다. 하지만 북한의 핵무기 위협이 커짐에 따라 미국 국민들의 정책 입장은 확실히 달라짐을 알 수 있다.

〈표 1〉 북한 핵 위기 해법에 대한 미국 국민들 설문 조사 결과

Americans Support for Military Action Against North Korea
If the United States does not accomplish its goals regarding North Korea with economic and diplomatic efforts, would you favor or oppose using military action against North Korea?

	Favor %	Oppose %	No opinion %
Sep 6–10, 2017			
U.S. adults	58	39	4
Republicans	82	16	3
Independents	56	40	4
Democrats	37	61	3
Jan 3–5, 2003			
U.S. adults	47	48	5
Republicans	59	35	6
Independents	41	54	5
Democrats	41	54	5

출처: Gallup

자세하게 살펴보자. 북한 핵 위기가 아직 첨예하지 않았던 2003년 시점의 미국 여론은 북한에 대한 군사 공격을 놓고 찬반이 비슷했다. 당시에도 강경 대응을 선호하는 공화당원들이 민주당원들에 비해 북한 공격을 더 지지하였지만 그 차이가 크지는 않았다. 북한의 대륙간탄도미사일 실험 발사와 6차 핵실험 소식이 알려진 후 긴장이 한껏 고조되었던 2017년 시점은 어떨까? 북한에 대한 군사 공격을 찬성하는 여론이 비등해졌다. 안보에 민감한 공화당 지지자들은 82 퍼센트 가까운 찬성 비율을 보이기도 하였다. 2003년 당시에는 회의적 시각을 보였던 무당파(중도파) 유권자들도 2017년 위기 때에는 군사 공격 찬성 쪽으로 기울어졌다. 반대로 민주당 지지자들은 이전보다 더 강하게 군사 작전에 반대하게 되었다는 것을 알 수 있다. 이처럼 국제 정세 변화에 따라 미국 국민들은 다른 반응을 보이고 있음을 알 수 있다.

제2부

미국 국내 정치와 외교 정책

이념 전통, 정치 과정, 제도 정치

제2부
미국 국내 정치와 외교 정책: 이념 전통, 정치 과정, 제도 정치

2부에서는 정치 이념, 정치 과정, 정치 제도 차원에서 미국 국내 정치와 외교 정책의 상관성을 체계적으로 살펴보자. 그에 앞서 국제 정치 이론 기초 위에 국내 정치 중요성을 모색한 피어론(James Fearon)의 논지를 먼저 검토해 본다. 피어론(1998)은 1987년부터 1996년까지 국제정치학계의 대표적 저널인 *International Organization*에 게재된 논문들을 조사하였다. 거의 1/3에 해당하는 연구들이 국내 정치적 요소를 외교 정책 설명의 독립 변수로 다루고 있음을 발견하였다. 피어론은 왈츠(1979)의 이론적 영향력을 기반으로 하여 국내 정치 관련성 논의를 전개하였다. 시스템 이론을 두 가지 부류로 구분하는데 제 1시스템(S1) 이론은 국가의 단일성 및 합리성을 전제로 한다. 제 2시스템(S2) 이론은 단일 국가의 개별적 특성까지도 인정하지 않는 가정을 포함한다. 피어론(1998, 298–302)은 이러한 두 가지 시스템 이론(S1, S2)과 대비되는 두 가지 국내 정치 차원을 설명한다.

첫째, 단일하며 합리적인 국가를 가정하는 시스템 이론(S1)과 대조되는 차원에서의 국내 정치 이론(D1)에 따르면 국가 내부가 단일하지 않다. 국내 제도 간의 상호 작용을 인정한다. 그 결과 최선이 아닌 차선의 외교 정책(sub-optimal foreign policy)이 만들어진다.[11] 대의 민주주의에 대한 설명 준거 틀로 잘 알려진 대리인 이론(principal–agent theory)이 이를 설명하는데 유용하다. 본인 즉 국민(principal)이 이상적으로 여기는 정책은 대리인 즉 정치인(agent)에 의해 수정 혹은 변형되는 경우가 있다. 소비자가 부담해야 하는 비용이 노동자에게 돌아가는 혜택보다 큰 보호무역 정책이 그 예다. 평화가 최선의 결정임에도 불구하고 군부의 영향력 혹은 관료주의적 행태, 그리고 외부 위협에 대한 심리적 편향성이나 국내 세력 간 결탁 등으로 인해 전쟁이라는 차선의 선택을 하게 되는 경우도 있다(Fearon 1998, 302).

둘째, 제 2시스템 이론(S2)은 개별 국가의 특성까지도 배제한다. 왈츠 이론을 더욱 철저히 반영한 내용이다. S2 이론과 연결된 D2 설명은 특히 '국가 성격(state characteristics)'을 주목한다. 개별 국가의 제도, 역사, 문화, 경제 구조, 혹은 지도자 목표 등은 국제 구조와 거의 관련이

11 후쿠야마(Francis Fukuyama 2014)가 제시하는 외교 정책 "할인율(discount rate)" 개념도 국내 정치 제약을 고려한다는 점에서 유사하다. 외교 정책 결정과 실행 과정에서 중국처럼 권력 집중 정치 상황에서는 할인율이 비교적 낮다. 미국 경우 냉전 종식 이후 국내 정치 할인율이 증대하고 있으므로 사용 가능 권력(usable power)이 잠재 능력(potential capacity)에 비해 점점 더 작아진다는 주장이다. Francis Fukuyama, 2014. "The Domestic Basis of American Power," *Lawfare*, March 9, 2014.

없다. 상이한 국가 성격이 만들어내는 국제 관계 혹은 외교 정책에 관한 설명 예로는 민주평화론(democratic peace)이 있다(Fearon 1998, 303). 국가의 민주화 정도에 따라 상대 국가와의 전쟁 가능성이 달라진다는 주장이다. 민주주의 국가 간 전쟁이 거의 없었다는 역사적 사례도 제시된다. 민주주의의 어떤 요소가 전쟁을 억지하는가에 대한 논의도 활발하다.[12] 미국 경우 분점 정부(divided government) 상황일 때 무역 정책에 관한 권한이 대통령에 위임될 가능성이 낮아진다는 설명이 D2에 속하는 사례다. 결과적으로 보호 무역 정책에 대한 선택 가능성이 높아지는 것인데 국가 성격에 근거한 설명이라고 볼 수 있다. 피어론의 분석은 국내 정치가 외교 정책과 "어떻게, 얼마나" 상관성을 맺고 있는지 체계적으로 분석하는데 도움을 준다. 왈츠 패러다임을 원용하면서 동시에 외교 정책 연구의 중요성도 부각시켰다는 점에서 의의가 크다.

시야를 넓혀서 국내-대외 연결 고리에 대한 다른 연구들을 살펴보자. 주로 대외 정책 이슈가 가지는 성격에 방점을 둔 연구들이 많다. 상위 정치(high politics)와 하위 정치(low politics) 구분법이 대표적이다. 안보와 군사 문제 등 상위 정치 영역에 속하는 이슈들은 상대적으로 국내 정치적 영향을 덜 받는다고 본다. 대신 경제, 기술, 환경, 문화 등 하위 정치 사안들은 국내 정치 및 사회 구도와 밀접한 관계를 가진다는 구분이다. 그리고 분배 정치적 접근법도 흥미롭다. 경제적 승자와 패자를

12 맨스필드(Mansfield)와 스나이더(Snyder)는 불완전한 제도화 단계의 민주주의 이행 국가들 경우 오히려 전쟁에 휘말리거나 전쟁을 부추길 가능성이 더 높아진다고 분석한다. Edward D. Mansfield and Jack Snyder. 2002. "Democratic Transitions, Institutional Strength, and War," *International Organization*, 56(2): 297-337.

초래하는 외교 정책 이슈가 상대적으로 의회, 선거, 로비 등 국내 정치와 더욱 큰 연관성을 가진다고 보는 접근법이다. 무역 거래와 금융 관계가 국가 간에 긴밀해지는 지구촌 시대의 대외 경제 정책은 이익을 얻는 쪽과 손해를 보는 쪽을 만들어 낸다. 양 집단 모두 국내 정치적 맥락에서 각자의 이해관계를 유지 혹은 변화시키려고 할 것이다. 대외 정책과 국내 정치 간 연관성이 증대되는 맥락이다.[13]

안보 이슈는 다소 다른 특징을 가진다. 환경 보호를 위해 세금을 내지 않았다고 이미 제공된 맑은 공기를 못 마시게 할 수 없는 사례와 비슷하다. 다시 말해 공급에 대한 기여(예: 군 복무)를 회피하였다는 이유로 혜택(예: 전쟁 중 안전 보호)으로부터 배제할 수는 없다. 이처럼 안보 공급의 경우 비(非)배제성(non-excludibility)을 띤 공공재(public goods)적 성격을 가지고 있기 때문에 무임 승차자(free-riders) 문제가 생긴다. 그 결과 시장 혹은 민간이 최적의 수준으로 "안보"라는 재화를 공급하기 쉽지 않다. 정부의 주도적 개입과 역할이 정당화되며 국내 정치적 이해관계 형성 및 갈등은 최소화되는 경향을 보인다. 통상적으로 안보 이슈는 국가 간 무력 충돌 여부와 안전 보장에 관련된 내용을 주로 담고 있다. 국내 정치적 요소들이 상대적으로 덜 중시된다. 한편 안보 문제가 국방 예산과 같은 정치적 선택 사안으로 전환되는 경우 문제는 달라진다. 국방비 관련 규모와 용도에 대한 찬성과 반대는 분배적 성격을

13 외교 정책의 이슈 성격에 초점을 맞춘 최근 연구로는 밀너와 팅글리(Milner and Tingley 2015)가 있다. 이들은 외교 정책 이슈의 분배적 성격, 이념적 성격, 그리고 대체가능성(substitutability) 여부에 따라 외교 정책 관련 대통령의 권한 범위가 달라진다는 주장을 제기한다. Helen Milner and Dustin Tingley. 2015. *Sailing the Water's Edge: The Domestic Politics of American Foreign Policy*. (Princeton: Princeton University Press)

가지기 때문이다. 정치적 균열을 만들어 내고 국내 정치와 연결점이 생성된다.

이처럼 대외 정책 형성과 집행은 국내 정치의 다양한 차원과 연결된다. 인과 관계 혹은 선후 관계를 분별하기 어려울 때도 많다. 외교 정책에 영향을 미치는 국내 정치 자체를 잘 구분하여 상호 작용의 출발점을 이해해야 한다. 미국 국내 정치는 민주주의 절차와 제도로 구성되어 있다. 미국 민주주의를 세분화하는 방법으로 기존에 정해져 있는 것은 없다. 여기서는 미국 외교 정책에 영향을 미치는 국내 정치를 세 가지 차원으로 나누어 살펴보자. 첫째, 국제주의 혹은 고립주의 등 다양한 이념 전통, 둘째, 유권자, 선거, 여론 등이 주축인 정치 과정, 셋째, 대통령과 의회 중심의 정치 제도가 그 것이다.

1장
미국 이념 전통과 외교 정책

1648년에 체결된 베스트팔렌 조약을 통해 유럽 대륙에는 근대 국가 체제가 형성된다. 세력 균형(balance-of-power) 개념은 유럽 주요 국가들의 지배적 관심사가 되었고 봉건 제도가 붕괴된 이후 절대 왕정이 확립되었다. 유럽 열강들은 외부적 위협과 기회에 더욱 국력을 쏟게 된다. 군사력을 통한 우월적 지위 확보에 관심을 기울이게 되었다. 유럽 열강들의 외교 정책은 주로 특정 리더십에 의해 추진되었다. 잘 알려진 대로 메테르니히(Metternich)나 비스마르크(Bismarck)등 외상(外相)과 재상(宰相)들이 한 국가의 대외 정책을 도맡아 관리하였다. 제왕의 후견을 통해 전권(全權)을 부여받은 이들은 주도적으로 대외 관계 리더십을 발휘하였다. 현실주의 이론이 유럽 전통에 기반을 두고 국제 정치 현상을 오랫동안 설명해 온 배경이다. 또한 현실주의는 국제 정치 이론 관련 주류적 패러다임이다. 그런데 유럽의 역사와 전통과 이론으로 미국 대외 정책을 제대로 설명할 수 있을까?

유럽에서 전파된 국제 정치 이론은 미국 정치와 외교를 설명하는 데 한계가 있다. 우선 유럽식 현실주의(Continental realism)는 미국 외교 정책 결정 과정의 중요 변수와 연관성이 적다. 경제, 도덕, 민주주의에 관해 관심이 없다. 따라서 미국 외교 정책을 적절히 설명할 수 없다는 것이 미드(Walter Russell Mead)의 주장이다.[14] 미드는 국제 관계 전반에 걸쳐 비교적 성공적이었다고 평가받을 수 있는 미국 대외 관계가 왜 사람들의 존중을 받지 못하는지 관심을 가졌다. 판단 기준이 잘못되었다고 보았다. 경제적 이익이나 도덕적 가치, 민주주의 시스템과는 거리가 먼 근대 유럽식 현실주의 기준으로 보면 미국 외교 정책은 비효율의 연속이었다. 토크빌(Alexis de Tocqueville)은 미국 건국 초기 다원주의적 특성을 찬양하였지만 대외 관계와 관련된 미국 민주주의에는 부정적이었다. 유럽 국가들에 비해 열등한 방식이라고 평가하였다.[15] 유럽 중심의 경험과 이론에 비추어 볼 때 미국 외교 정책 결정 과정은 미국적 약점에 불과하다(Mead 2002, 51).

미드는 정반대 관점을 제시한다. 미국 경우 국내 정치가 외교 정책을 견제하고 견인한다. 이로 인해 경제와 가치 위주 국제 관계를 성공적으로 형성할 수 있었다(Mead 2002, 84). 미드는 미국 국내 정치 중에

14 미드(Walter Russell Mead)의 대표 저서는 *Special Providence: American Foreign Policy and How It Changed the World* (New York, NY: Alfred A. Knopf, 2002)이다.

15 토크빌 주장은 다음과 같다. "that it is especially in the conduct of their foreign relations that democracies appear to me decidedly inferior to other governments.… Foreign politics demand scarcely any of those qualities which are peculiar to a democracy; they require, on the contrary, the perfect use of almost all those in which it is deficient." (Mead 2002, 43에서 재인용)

서 미국 역사 전반에 지속적으로 자리 잡고 있는 특성을 분석한다. 경제적 관심과 이해관계가 대표적 요소다. 유럽 사회에는 봉건 제도와 절대 왕정 시기를 거치면서 위계질서가 만연해 있었다. 미국은 달랐다. 국가 출범 때부터 개인의 이익 추구가 사회 전체의 주된 관심사였다. 국제 사회에서 신생 국가로서의 지위가 점차 안정되고 제퍼슨 이후 주(州)중심 사회 경제 질서가 자리 잡게 된다. 대외 관계에 있어서도 영토 확장과 사익(私益) 추구가 우선시되었다. 개신교 윤리가 사회적 합의로 자리 잡게 되었고 많은 수의 선교사들이 해외로 진출하였다. 이들은 향후 미국 국제 관계의 첨병 역할을 하게 된다. 구질서의 속박으로부터 벗어나 개인의 권리가 중시되어야 한다는 미션(mission)을 세계 곳곳에서 추진한 셈이다. 미드(2002)는 미국 외교 정책을 이해하기 위한 네 가지 전통을 제시한다. 국제주의적 경향을 가진 해밀턴주의와 윌슨주의, 그리고 고립주의적 성향에 가까운 제퍼슨주의와 잭슨주의다.

1. 미국 외교 이념 전통: 미드(Walter Russell Mead)를 중심으로

1) 해밀턴주의 전통(Hamiltonian tradition)

해밀턴주의(Hamiltonianism)는 국가 이익 증진이 정부 역할이라고 믿는다. 유럽식 현실주의와 같은 맥락이지만 국익으로 정의되는 사안들이 다르다. 유럽은 세력 균형, 전쟁 승리, 국가 생존 등을 국익으로 신봉한다. 미국의 국가 이익은 경제적 측면에 있다고 믿는 전통이 바로 해밀턴주의다. 해밀턴은 조지 워싱턴 대통령의 최측근이자 초대 재무장관을 역임한 인물이다. 신생 국가 미국은 영국과 같은 중상 국가(Commercial State)로 발전 방향을 잡아야 한다고 그는 믿었다. 대륙으로부터 분리된 해양 국가 영국의 경제적 이익 추구가 미국의 롤 모델이어야 한다는 주장을 펼친다. 특히 해밀턴주의자들은 대서양과 태평양으로 둘러싸인 미국의 지정학적 유리함에 주목하였다. 제로섬(zero-sum) 게임일 수밖에 없는 유럽 열강의 군사적 각축이 아닌 상호 보완적인(win-win) 상업 이익을 추구하였다(Mead 2002, 100).

해밀턴주의는 "무역이 평화를 가져온다(Trade brings peace)"는 국제 정치의 자유주의적 이론과 유사하다.[16] 따라서 해밀턴주의는 국제 관계 제도 창설에 관심이 크다. 2차 대전 종료 이전이던 1944년 미국 뉴햄프셔 브레튼 우즈(Bretton Woods) 회의에서부터 제도화 노력은 시작된다. 국제 통화 및 무역 질서 안정을 목표로 한 세계은행(World Bank)과 국제통화기금(IMF)이 만들어졌다. 국제 정치와 경제 질서의 제도화 시도는 지속되고 있다. 미국은 냉전이 점차 치열해지면서 자유 진영의 리더 역할을 맡게 된다. 미국의 평화 추구 전략은 무역 진흥과 금융 거래에 바탕을 두었다. 해밀턴주의 전통이다. 1948년 관세 및 무역에 관한 일반 협정(General Agreements on Tariffs and Trade; GATT) 이후 케네디 라운드 등 관세 인하를 위한 다자 합의를 주도한 것은 미국이다. 세계무

16 무역과 평화 관계는 국제 관계 이론의 오랜 쟁점 중 하나다. 기존 군사 동맹 국가들 사이에서 무역이 이루어진다는 주장과 더불어 통상 증대는 새로운 안보 동맹을 이끌어 낸다는 설명까지 매우 다양하다. 특히 냉전 시기 "안보-무역 연계(security-trade nexus)"는 미국 외교의 주요 전략 중 하나였다. "안보-무역 연계" 개념과 한미자유무역(KORUS FTA) 상관성에 대해서는 저자 논문(Seo 2015)을 참고할 수 있다.

역기구(World Trade Organization) 설립으로 그 정점을 찍게 된다.

해밀턴주의는 오늘날 거센 도전을 받고 있다. 1990년대 냉전 종식과 2008년 금융 위기 이후 그 영향력에 대한 반발이 크다. 신자유주의와 일맥상통하는 해밀턴주의는 미국 사회 포퓰리즘 정서의 공격 대상이다.[17] 해밀턴 전통은 미국 동부를 지역 기반으로 하였다. 보호무역을 강조하는 민주당이 동부를 장악하게 되면서 밀려나는 중이다. 자유 무역 옹호론자인 공화당 세력은 미국 남부로 그 기반을 옮겼다. 중서부 보수 세력은 경제 민족주의를 선호한다(정회옥 2011). 공화당을 양분중이다. 미국의 제조업 경쟁력이 약화되면서 자유무역협정에 회의적 시각이 커졌다. 재협상을 통해 무역 질서를 미국에 유리하게 재편하자고 주장한다. 전통적으로 민주당 세력이었지만 이제는 트럼프 공화당의 주요 그룹이기도 하다.

2) 윌슨주의 전통(Wilsonian tradition)

미국 국제주의 전통의 또 다른 축은 윌슨주의(Wilsonianism)다. 미국의 경우 도덕 가치와 대외 정책의 연관성이 비교적 높다. 윌슨주의 전통은 피어론(Fearon 1998)의 '국가 성격'과 일맥상통한다. 윌슨주의가 내포하는 도덕 개념은 기독교 윤리, 개인 인권, 종교 자유 등을 가리킨다. 윌슨주의에 기초를 둔 미국 외교 정책은 종종 상대 국가뿐만 아니라 미국 내부에서도 혼선을 초래한다. 미국이 다른 나라 외교 정책 뿐

17 Judis, John. 2016. *The Populist Explosion: How the Great Recession Transformed American and European Politics*. (New York: Columbia Global Reports)

만 아니라 그 나라 국내 사회도 변화시킬 권리와 의무가 있다고 윌슨주의는 믿는다. 종종 미국이 차선의 외교 정책을 채택하게 되는 이유다.

미국 선교사들은 일찍이 해외로 대거 파견되었다. 종교에 내재된 미국적 이념과 가치들이 지역 사회에 침투될 수 있도록 노력하였다. 이들 선교사들의 보호가 미국 외교 정책 목표가 되기도 하였다. 미드에 따르면 윌슨주의자들이 견지한 두 가지 원칙이 있다. 하나는 국제 관계에 있어 민주주의 국가가 안정적 동반자라는 인식이다. 다른 하나는 전쟁 회피가 최선의 외교 목표라는 점이다. 윌슨 대통령이 1917년 독일에 대해 선전 포고를 요청하며 행한 의회 연설에서 잘 드러난다. 전 세계의 민주주의 보호가 전쟁의 목표라는 메시지였다.[18] 전후(戰後)에는 국제 연맹을 통해 또 다른 세계 대전을 막으려는 시도가 담겨있었다.

윌슨 대통령이 주창한 집단 안보 개념과 국제 연맹 창설 노력은 1919년 베르사이유 조약(Treaty of Versailles)의 상원 불승인으로 물거품이 된다. 윌슨주의는 미국 외교의 이상주의 혹은 도덕주의 성향을 가리키는 표현 정도로 사용되어 왔지만 윌슨주의적 사고와 접근은 미국 사회 내 그 뿌리가 깊다. 현실 정치에서도 민주당과 공화당 두 정당 모두에게 미치는 영향력을 여전히 가지고 있다. 카터(Jimmy Carter) 행정부는 '인권 외교'를 전면에 내세웠다. 냉전 시기임에도 불구하고 한국의 박정희 정권을 포함한 제 3세계 독재 정권들과 충돌하였다. 1990년대

18 1917년 4월 2일 상하원 합동의회를 상대로 행한 연설에서 윌슨 대통령은 민주주의 수호를 위해 독일에 대한 선전 포고가 불가피함을 주장한다. "The world must be made safe for democracy. Its peace must be planted upon the tested foundations of political liberty." 윌슨 의회 연설 전문은 https://www.presidency.ucsb.edu/node/207620에서 찾아볼 수 있다.

중반 이후 개신교(evangelical) 세력을 지지 기반으로 삼는 공화당 보수파도 비슷하다. 중국 내 종교 자유 확보를 위해 미국 기업의 중국 진출 지원을 입법 차원에서 견제하고 있다. 지난 150여 년간 미국의 중국 정책은 해밀턴주의의 경제 우선과 윌슨주의의 도덕 우선이 상호 갈등 및 타협하면서 이루어져 왔다고 미드는 주장한다. 부시 행정부 및 네오콘(neo-conservatives)은 자유와 권리라는 도덕적 가치 실현이 군사적 방법으로도 가능하다는 주장을 펴기도 하였다. 이라크 전쟁을 윌슨주의의 변형이라고 일부에서 해석하는 이유다.[19]

3) 제퍼슨주의 전통(Jeffersonian tradition)

해밀턴 전통과 윌슨 이념은 미국 국제주의적 외교 정책 내용으로 비교적 잘 알려져 있다. 이에 반해 제퍼슨주의(Jeffersonianism)와 잭슨주의(Jacksonianism)는 고립주의 혹은 비(非)개입주의 성향이다. 이에 대한 이해는 상대적으로 부족하다. 우리가 아는 미국 외교 정책은 주로 2차 대전 이후 미국의 국제 질서 리더십 역할 및 시기에 해당된다. 자유 무역과 질서가 핵심인데 해밀턴주의와 윌슨주의에 담겨있다. 탈(脫)냉전 및 이라크 전쟁 이후 시기의 미국 국내 정치와 대외 정책은 그대로일까? 제퍼슨 전통과 잭슨 문화에 대한 이해가 필수적이다. 해밀턴 및 연

19 해스너(Pierre Hassner)는 9/11 이후 제기된 부시 독트린(Bush Doctrine)에 대해 "Wilsonianism in boots(군화를 신은 윌슨주의)"라고 이름붙인 바 있다. 원문은 "This thus comes back to a sort of 'Wilsonianism in boots' in the sense that Napoleon has been described as 'the Revolution in boots.' "The United States: the empire of force or the force of empire?" *Chaillot Paper* No 54, (Sep 2002), p 43.

방주의자들의 국가관은 상업 국가와 연방 정부 중시였다. 제퍼슨과 공화주의자들의 이에 대한 비판이 제퍼슨주의의 출발점이다.[20] 영국과 치른 혁명 전쟁을 통해 독립을 쟁취하였지만 연방주의자들은 여전히 영국식 발전 전략을 추진하였고 제퍼슨주의자들은 이에 반대하였다. 그들은 미국식 민주주의의 수호를 최우선 가치로 삼았다. 제퍼슨은 1800년 대선 승리를 통해 3대 대통령으로 취임하였고 '매디슨 민주주의' 시대를 열었다. 견제와 균형, 연방 정부 권한 제한과 주 정부 중심 운영이라는 미국식 민주주의의 창설자로 등장하였다.

제퍼슨주의자들은 대외 관계 자체를 부정적으로 인식한다. 민주주의 제도와 가치를 지키는데 커다란 위협 요소이기 때문이다. 제퍼슨 전통에서 보자면 적극적 무역 거래를 통한 상업 이익의 극대화는 민주주의를 파괴한다. 윌슨주의자들에 따르면 도덕과 이성을 통해 인류 번영과 평화가 지속적으로 달성된다. 제퍼슨주의자들 의견은 다르다. 역사는 진보와 퇴보를 반복하며 인간 본성도 그다지 선하지 않다. 무모한 포퓰리즘 또한 민주주의 수호에 해악이 되기는 마찬가지다. 후술할 잭슨주의와 구별되는 점이다. 제퍼슨주의는 고립주의 전통이지만 고립주의 그 자체가 목표는 아니다. 개입주의 대외 정책이 가져 올 민주주의에 대한 부정적 영향을 우려하며 그 차단이 주된 관심사이다. 전쟁과 무역은 중앙 정부 및 경제 권력의 비대화, 자유에 대한 침해를 불러 올

20 건국 당시 워싱턴 대통령과 애덤스(John Adams) 부통령, 그리고 해밀턴 재무장관을 비롯한 연방주의자들(Federalists)과 대립하던 제퍼슨(Thomas Jefferson) 국무장관과 매디슨(James Madison) 하원의원 등은 반(反)연방주의자들(Anti-Federalists)로 불리다가 이후 공화주의자들(Republicans), 민주적 공화주의자들(Democratic Republicans), 제퍼슨 공화주의자들(Jeffersonian Republicans)로 알려지게 된다.

것이기 때문에 반대한다. 결국 제퍼슨주의자들은 적극적 대외 관계를 미국 민주주의의 걸림돌로 인식하는 셈이다.

현대 제퍼슨주의 이념도 미국이 다른 나라와 분리된 채 따로 떨어져 지내는 완전한 고립주의는 불가능하다고 본다. 대신 대외 관계 개입 위험과 비용을 줄이는 가장 효율적인 방법을 찾는다. 제퍼슨주의자들이 가장 경계하는 것이 미국의 전쟁 개입과 무력 사용이다. 대외 전쟁은 국내 민주주의의 가치와 제도를 훼손한다. 아이젠하워 대통령이 1960년 고별연설에서 군산복합체(military-industrial complex)에 대해 경고한 바 있다. 그 이전부터 제퍼슨 이념은 상비군과 전쟁, 국가 부채 증대를 반대했다. 중서부 네브라스카 상원 의원 노리스(George Norris)는 1917년 윌슨 대통령이 주도한 독일과의 전쟁 선포 촉구에 공개적으로 반대하였다. 자본가들이 자신들의 이익을 위해 전쟁을 부추긴다는 의구심에서 비롯된 반대였다.[21]

제퍼슨주의자들에 따르면 전쟁으로 인해 비밀 정보의 중요성이 강조될 수밖에 없게 된다. 행정부 권력은 의회 역할에 비해 커지게 된다. 제왕적 대통령제가 등장하게 되며 미국 민주주의는 결국 훼손될 가능성이 커진다. 현대 미국 외교 정책 맥락과 관련하여 제퍼슨 전통의 흥미로운 점이 있다. 제퍼슨 이념이 가장 선호하는 외교 수단이 바로 의회 주도의 제재 정책(sanctions policy)이라는 사실이다. 제재는 현대 미

21 1917년 독일과의 전쟁 선포 결의안에 반대한 6명의 상원의원들 중 하나였던 노리스(Norris) 의원의 발언 중 일부는 다음과 같다. "We are taking a step today that is fraught with untold danger. We are going into war upon the command of gold. We are going to run the risk of sacrificing millions of our countrymen's lives in order that other countrymen may coin their lifeblood into money." *Congressional Records,* April 4, 1917. 65th Congress, 1st Session.

국 외교 정책 중 거의 유일하게 의회가 주도하고 행정부가 집행하는 정책이다. 이는 제퍼슨주의자들의 의회 중시 입장에 잘 부합된다. 더구나 제재로 인한 미국의 경제적 손해는 제퍼슨주의자들이 혐오하는 대기업과 금융권에게 주로 돌아간다. 제재 정책은 대통령이 아닌 의회에 힘을 실어 주며 군사적 개입 가능성을 낮춤과 동시에 상대 국가를 굴복시키는데 효과적이다. 제퍼슨주의가 선호하는 대표적 미국 외교 정책이라 볼 수 있다.

4) 잭슨주의 전통(Jacksonian tradition)

미국 외교 정책과 국내 정치 연관성 중 또 다른 비(非)개입주의 전통은 잭슨주의(Jacksonianism)다.[22] 잭슨(Andrew Jackson) 대통령의 포퓰리즘적 성향에 착안하여 명명되었다. 잭슨주의는 참전 군인(veteran)과 군사주의(militarism)에 대한 뿌리 깊은 존중을 가진 미국 대중문화 전통에 가장 근접한 이념이다. 어떤 이성적 주장이나 정책 대안도 "USA"를 외치는 미국 군중 앞에서는 거의 무력하게 묻혀 버리고 만다. 미드(2002, 218)의 설명에 따르면 "미국인들에게는 상인, 선교사, 혹은 헌법 변호사 기질과는 상이한 또 다른 무엇이 있다." 긍정적 비전보다는 비판과 방해에 가깝다. 해밀턴식 자유무역 주장에 대해 지지할 가능성이 낮은 이유다. 더 나은 세상을 만들 수 있다는 윌슨주의적 이상주의에

22 잭슨주의 전통과 미국 외교 정책에 대해서는 저자가 공저한 논문을 참고할 수 있다. 서정건, 차태서. 2017. "트럼프 행정부와 미국 외교의 잭슨주의 전환." 『한국과 국제정치』 33(1): 63-91

큰 반감을 가진다. 참을성 있는 외교 외에 다른 방법은 곤란하다는 제퍼슨주의자들에 동조하지 않는다(Mead 2002, 223).

잭슨주의 전통은 명예와 자존심을 중시하며 엘리트를 배척한다. 국방 예산 증대를 절대 찬성한다. 총기 소유를 보장한 수정 헌법 2조를 강력 지지한다. 군사력의 압도적 우위에 대한 집착이 강하다. 자유와 평화 같은 추상적 개념보다는 커뮤니티 소속감, 개인 책임, 물질적 풍요 같은 현실 정서에 외교 정책을 맞추기 원한다. 케네디, 존슨, 닉슨 모두 베트남 전쟁에 깊숙이 개입하게 되고 이후 쉽게 발을 빼지 못했던 이유가 있다. 미국적 자존심에 목숨을 거는 잭슨주의자들의 정치적 반발을 두려워했기 때문이다. "명예를 아는 사람이라면 가족 혹은 국가를 위해 죽이거나 죽거나 둘 중 하나를 택해야 한다." 잭슨주의의 핵심 생각이다(Mead 2002, 233).

미드에 따르면 2차 대전 이후 미국 외교의 중요한 변화는 잭슨주의와 맞물려 있다. 무엇보다 잭슨주의 이념과 세력이 베트남 전쟁 이후 공화당으로 흡수되었기 때문이다. 사실 잭슨주의 전통이 어떤 정치적 세력과 연합할 것인지는 미국 대외 정책의 주요 변수다. 현재 워싱턴 엘리트의 반복되는 정치 개혁 실패는 정당 양극화라는 전국적 현상과 맞물려 있다. 중도 온건파 유권자는 줄어들었고 기성 정치에 대한 반감도 극도로 고조되어 있다. 소속감과 명예의식을 중시하는 대다수 잭슨주의자들은 거침없이 기성 정치인들을 비판한다. '정치적으로 틀린(politically incorrect)' 주장은 금기시되어 왔지만 이러한 문화를 공개적으로 배격한 트럼프 후보에 열광한다. 진보와 보수로 갈라선 미국 언론도 정치 양극화를 심화시키고 있다(이한수 2013). 미국 정치는 점차 "지지 기반 정치(base politics)"로 편성중이며 협상과 타협은 약자의 선택이 되어 가고 있다. 잭슨주의자들은 대결과 결단을 선호한다. 이민과 무역 이슈에 있어 공화당을 급속히 트럼프 정당으로 만들고 있는 중이다. 2021년 혹은 2025년 트럼프 대통령은 퇴진하지만 그 이후 공화당이 어느 정도까지 전통적 공화당으로 복원될지 현재로서는 예측불가능이다.

2. 미국 외교 이념과 전통 문화

미국 대외 정책에 미치는 미국적 사고의 다양한 영향력을 알아보았다. 현실주의와 자유주의라는 이분법적 구도는 너무 단순하다. 냉전이 끝난 1990년대 이후 현재까지의 미국 외교를 이해하기 위해서는 이념과 문화를 구분해야 한다. 냉전 시기에는 반공주의 이념적 가치와 목표가 지배적이었다. 미국 국민들이 가지고 있던 다양한 전통적 사고와 전통을 하나로 묶는 역할을 하였다. 이념은 단일하고 단순하며 전국적 성격을 가진다. 문화는 다양하고 복잡하여 지역적 성격을 내포한다. 냉전 시기에는 소련과의 경쟁 때문에 국내적 차이가 크게 중요하지 않았다. 반공주의가 외교 이념 및 정치 문화로 융합 및 승화되었다. 이념과 문화의 구분이 불가능했고 불필요했다. 공산주의는 전체주의(잭슨주의 개인주의와 대립), 계획경제(해밀턴주의 시장 경제와 대립), 정부중심(제퍼슨주의 민주주의와 대립), 철권통치(윌슨주의 인권 존중과 대립) 등 모든 측면에서 미국 전통 및 문화와 대치되는 요소를 포함하고 있었다. 미국 외교 전통과 문화는 다양하지만 반공주의 기치 하에 외교 이념으로 쉽게 전환될 수 있었다.

냉전 종료와 함께 반공주의는 그 소임을 마쳤다고 볼 수 있다. 21세기에 접어들면서 반공주의처럼 미국 외교 이념과 문화를 하나로 묶는 단일한 가치 목표는 더 이상 찾기 어렵게 되었다.[23] G-2 시대 미국 라이벌로 중국이 등장하였다. 우리 관점에서 보면 소련을 대체한 것처럼 생각될 수도 있다. 하지만 중국 음식을 먹고 중국 제품에 익숙한 미국 국민들이 아직까지 중국을 타도 대상으로 여기는 것으로 보이지는 않는다. 결정적으로 경쟁적인 가치 혹은 이념을 연상하기 어렵다. 미국에게 중국은 공산주의 국가라기보다 큰 시장을 가진 값싼 제품 수출 국가이기 때문이다. 미국 외교 정책의 이념과 전통이 분리되기 시작한 것이라고 볼 수 있다. 여전히 외교 이념을 강조하는 쪽은 자유주의적 국제주의와 미국 리더십을 옹호한다(차태서 2017).[24] 전통적 문화로의 회귀를 원하던 세력은 "국내 건설 우선(nation-building at home)"을 외친 2008년 오바마(Barack Obama) 후보를 지지했다. 2016년에는 "미국을

---

23 오바마 대통령의 2014년 5월 미국 육군사관학교(West Point) 졸업식 축사는 이러한 관점을 잘 보여준다. "Here's my bottom line: America must always lead on the world stage. If we don't, no one else will. The military that you have joined is and always will be the backbone of that leadership. **But U.S. military action cannot be the only—or even primary—component of our leadership in every instance. Just because we have the best hammer does not mean that every problem is a nail.** And because the costs associated with military action are so high, you should expect every civilian leader—and especially your Commander-in-Chief—to be clear about how that awesome power should be used."

24 미국이 지속적으로 자유주의적 국제주의 리더십 역할을 수행해야 할 필요성은 진보와 보수 진영 학자 그룹 모두에 의해 제기되고 있다. 예를 들어 진보 쪽 주장은 Anne-Marie Slaughter. 2008. *The Idea That Is America: Keeping Faith With Our Values in a Dangerous World.* (New York: Basic Books); 보수 입장은 Robert Kagan. 2018. *The Jungle Grows Back: America and Our Imperiled World.* (New York: knopf)가 있다.

다시 위대하게(Make America Great Again)"라는 슬로건을 내세운 트럼프 후보에 주목하였다. 당적에 상관없이 미국 국내 경제와 현안을 국제 문제보다 더욱 중시하는 대통령 후보에게 표를 던진 셈이다. 〈그림 3〉 지도에는 2008년과 2012년 민주당 오바마 후보를 연속으로 지지했던 미국 카운티들 중 트럼프 후보를 새로 지지한 카운티들이 표시되어 있다. 2016년 트럼프가 승리한 600여개 이상의 카운티들 중 1/3에 해당하는 카운티들이 여기에 해당된다. 지역적으로 주로 중서부에 있다. '오바마-트럼프 유권자들(Obama-Trump Voters)'이라 불리기도 한다. 이들이 과연 1980년대 '레이건 민주당원들(Reagan Democrats)'처럼 실체가 있는 그룹인지는 불분명하다. 이에 대한 연구와 논쟁이 진행 중이다.[25]

〈그림 3〉 2016년 미국 대통령 선거와 소위 "오바마-트럼프 유권자들"

출처: The New York Times, Nov 9, 2016

25 "There Is No Such Thing as a Trump Democrat," Aug 4, 2017, *The Washington Post*; "The Obama-Trump Voters Are Real," Aug 15, 2017, *The New York Times*.

미국적 전통과 문화가 냉전 외교 이념을 대체하며 만들어 낼 새로운 미국 대외 정책 방향은 무엇일까? 가늠하기 쉽지 않다. 단적인 예가 국방 예산과 관련 있다. 해밀턴주의와 윌슨주의를 배경으로 한 자유주의적 국제주의는 미국 국방비 증액을 하나의 관행으로 만들었다(Harris 2008). 냉전이 종식되고 이라크 전쟁까지 실패한 마당에 제퍼슨주의는 당연히 군산복합체에 대한 반감이 크다. 국방비를 축소하자는 입장이다. 잭슨주의는 자유주의적 국제주의에는 동조하지 않지만 미국 군사력의 압도적 우위는 매우 중시한다. 국방비 지출에 적극 찬성이다. 트럼프 대통령도 일관적이지 않다. 강한 군대와 대규모 국방비 예산을 지지하다가도 국방비 과다 지출을 비판하기도 한다.[26] 결국 미국 대외 정책의 국내 정치 이슈화(Americanization) 과정이 이전보다 훨씬 빠르고 다양하며 복잡해졌음을 알 수 있다. 미국 외교 정책 분석을 위해 미국의 역사와 전통, 문화에 더 큰 관심을 기울여야 할 이유다.

---

26 "Trump, After Boosting U.S. Military Budget, Says It Is Too High," Dec 3, 2018, *The Wall Street Journal*.

2장
미국 정치 과정과 외교 정책

미국 외교 정책과 국내 정치의 연관성 이해를 위한 또 다른 키워드는 정치 과정이다. 유권자, 여론, 선거 중심의 민주주의 과정을 가리킨다. 유럽의 세력 균형 외교는 절대 왕정 체제를 기반으로 하였다. 미국은 1789년 정부 출범과 동시에 세계 최초로 민주주의 정치 체제를 채택하였다. 물론 유럽에서 발원한 사상들이 중요했다. 자유 및 행복에 관한 로크(Locke)의 주장과 몽테스키외(Montesquieu)의 권력 분립 개념 등이 그것인데 세계 최초의 성문 헌법을 뒷받침하는 기본 원리가 되었다. '건국의 아버지들(Founding Fathers)'은 행정부, 의회, 사법부의 권한과 역할을 분리하여 설정하였다. 주(states)의 권한도 헌법에서 보장하였다.[27] 권리 장전(Bill of Rights)으로 알려진 10개의 수정 헌법 조항들은

27 미국 헌법의 자세한 내용은 코넬(Cornell)대 로스쿨 웹 사이트에서 쉽게 찾아 볼 수 있다. https://www.law.cornell.edu/constitution

국민 권리를 명시하였다. 연방 정부 권한 범위도 그 한계가 명확히 설정되었다.

미국 경우 태생부터 대외정책과 민주주의가 불가분의 관계에 놓이게 된다. 유럽의 경험이나 체제에서는 전쟁 수행과 관련하여 권력 분립이나 여론 동향 등은 크게 변수가 되지 않았다. 그런데 미국 헌법은 의회가 전쟁을 선포해야 대통령이 전쟁을 수행할 수 있도록 규정해 놓았다. 여론이 지지하지 않는 전쟁은 대통령이 더 이상 수행할 수 없게 된다. 국내 정치적 상황이 안보 정책 변수가 된 셈이다. 물론 국민들의 반대를 무시하고 대통령이 무모하게 대외 전쟁을 추진했던 적도 있다. 그런 경우 어김없이 '존슨의 전쟁(Johnson's War)' 혹은 '부시의 전쟁(Bush's War)'과 같은 표현이 등장한다. 미국 전체가 합심하여 치르는 전쟁이 아니라는 점을 에둘러 지적함으로써 대통령 개인의 무모한 욕심임을 풍자한다.

1. 유권자와 미국 외교 정책

미국 유권자들은 외교 정책과 관련하여 선거를 통한 올바른 선택을 하는가? 대의 민주주의 성패는 유권자의 정책 이슈에 대한 이해 정도와 선택 능력에 달려 있다고 해도 과언이 아니다. 민주주의의 근간은 대표자를 선출하여 국가 운영을 대리하도록 하는데 있기 때문이다. 이를 위해 주기적이고 자유로운 선거가 중요하다. 재선 혹은 낙선이라는 대중의 압력 방식이 기본이다. 정치와 정책의 성공 여부를 평가하는 것이 민주주의 시스템이다. 만일 유권자가 이슈에 대해 잘 알지 못하거나 쉽게 선동되는 경우 제대로 된 민주주의는 불가능하다. 정치학자들은 이슈 및 정책에 관련된 '유권자 수준(voter sophistication)'에 대한 연구를 거듭해 왔다.

1950년대 라자스펠드(Paul Lazarsfeld)를 위시한 콜롬비아 학파(Columbia School)는 미국 유권자들이 사회적 배경에 기초한 투표 행태를 보인다고 주장하였다. 어떤 정당과 후보를 지지할 것인가에 대해 가족이 가장 큰 영향을 미친다는 분석이다. 같은 종교, 같은 직장, 같은 인종의 영향도 크다.[28] 이에 대한 반박은 1960년에 출간된 저작 『The American Voter』를 통해 캠벨(Angus Campbell) 등이 유권자의 합리성에 의문을 제기하면서 이루어졌다.[29] 미시간 대학 중심의 이들 연구진은 미국 국민들 경우 정서적 유대감에 기초한 '정당 일체감(party identification)'이 투표 행태의 근간이라고 주장한다. 정당 일체감은 개인별로 비교적 일찍 형성된다. 선거 때마다 변하는 것이 아니며 상당 기간 지속되는 성향을 보인다. 미시간 학파(Michigan School)는 이후 정치 행태 연구에 큰 영향을 미친다.

유권자는 어떻게 투표하는가에 관한 또 다른 주요 연구는 경제학자 다운스(Anthony Downs)에 의해 이루어졌다.[30] 합리적 선택 이론을

28 Lazarsfeld, Paul F., William N. McPhee Bernard R. Berelson. 1954. *Voting: Study of Opinion Formation in a Presidential Campaign.* (Chicago: University of Chicago Press)

29 Campbell, Angus. Philip E. Converse, Warren E. Miller, and Donald E. Stokes. 1960. *The American Voter.* (Chicago: University of Chicago Press); Converse, Phillip E. 1964. "The Nature of Belief Systems in Mass Publics," *In David. E. Apter ed. Ideology and Discontent.* (New York: Free Press of Glencoe)

30 Downs, Anthony. 1957. *An Economic Theory of Democracy.* (New York: Harper and Row)

기초로 한 다운스 주장에 따르면 유권자들은 자신의 정책 입장과 가장 근접한 후보를 지지한다. 수학적 공간 개념을 정치학에 도입한 다운스(1957)의 중위투표자 이론(median-voter theorem)은 우선 유권자들의 이념적 양태가 정규 분포 곡선을 보인다고 전제한다. 이러한 경우 정당들이 중위 투표자의 선호를 중시한다. 결국 중도적 정책으로 정당들이 입장을 변경한다는 관찰이다.

미국 유권자들은 낮은 '이슈 이해도(level of conceptualization)'를 가지고 있다고 주장하는 컨버스(Phillip Converse 1964) 등 미시간 학파에 대해 그 전제와 함의를 놓고 반박이 이어지고 있다. 선구자인 키(V. O. Key)는 미국 대선 과정에서 표심 변화를 관찰하며 유권자들의 이슈 판단 능력을 확인하였다. 키가 발전시킨 '중대 선거(critical elections)' 개념과 정당 재편성(partisan realignment) 논의에 대해서는 추후 살펴본다. 에릭슨(Robert Erikson) 등은 개별 유권자들이 이슈의 세부적인 내용에 대해서는 잘 알지 못하더라도 정책과 정치의 주된 방향과 흐름에 관해 충분히 숙지하고 있다는 점을 제시한다.

팝킨(Samuel Popkin)은 선거 과정의 캠페인과 커뮤니케이션에 주목한다. 유권자들의 낮은 합리성에도 불구하고 선거 운동 기간 습득한 정보 지침을 통해 미국 시민들이 투자자 위치에서 투표한다는 주장이다. 루피아(Arthur Lupia)와 맥커빈스(Matthew McCubbins)는 한 걸음 더 나아간다. 정치 지식 보유만이 합리적 결정을 가능케 한다는 오래된 전제 자체에 대해 이의를 제기한다. 서베이 질문이나 정책 세부 사항에 대해 제대로 답변하지 못할 수도 있지만 합리적 투표는 언제나 가능하다는

것이 논점이다.[31]

외교 정책과 관련된 연구들도 주로 유권자들이 얼마나 제대로 미국 대외 관계에 대해 알고 있는지 파고들었다. 정책 함의에 대해 파악하고 있는지에 초점을 맞추었다. 이론적 논쟁의 출발과 전개는 미국의 일반적 유권자 특성 연구들과 매우 흡사하다. 1차와 2차에 걸친 세계대전 시기에 정립된 '알몬드–리프만 정리(Almond–Lippmann Consensus)'를 살펴보자. 정치적 관심과 이해 정도가 낮은 미국 유권자들은 대외 정책 경우 더욱 잘 알지 못한다. 게다가 일관된 선호를 유지하지도 않는다. 외교 정책 엘리트들은 일반 대중의 여론과 선호에 크게 신경 쓰지 말아야 한다는 주장으로 이어진다. 정책 결정자들은 국익만을 추구하며 대외 관계를 이끌어 가야 한다는 것이 당시 풍조였다.

샤피로와 페이지(Shapiro and Page), 올드리치(Aldich), 홀스티(Holsti) 등을 중심으로 한 이후 분석들은 반론을 제기한다. 미국 유권자들이 외교 정책과 국제 문제 디테일에는 무관심하고 무지한 경향이 있다. 하지만 미국 대외정책의 기본 방향과 정책 수준에 대해서는 관심과 지식이 적지 않다는 지적이다(강주현 2009).[32] 더구나 최근 소셜 미디어가 발

---

31 Key, V. O. Jr. 1966. *The Responsible Electorate: Rationality in Presidential Voting, 1936–1960*. (Cambridge: Harvard University Press); MacKuen, Michael B., Robert S. Erikson, and James A. Stimson. 1989. "Macropartisanship," *The American Political Science Review* 83(4): 1125–1142; Popkin, Samuel L. 1991. *The Reasoning Voter: Communication and Persuasion in Presidential Campaigns*. (Chicago: University of Chicago Press); Lupia, Arthur and Matthew McCubbins. 1998. *The Democratic Dilemma*. (Cambridge: Cambridge University Press)

32 Shapiro, Robert Y. and Benjamin I. Page. 1988. "Foreign Policy and the Rational Public," *Journal of Conflict Resolution* 32(2): 211–247; Aldrich, John H., John Sullivan, and Eugene Borgida. 1989. "Foreign Affairs and Issue Voting: Do Presidential Candidates 'Waltz Before a Blind Audience'?" *American Political Science*

달하면서 유권자의 대외 정책 이해 능력이 더 커졌다. 1990년대 초 1차 이라크 전쟁을 CNN이 생중계하던 상황이 더 이상 놀랍지 않게 되었다. 24시간, 1주일 내내 시청자들에게 온갖 정보를 제공하는 케이블 뉴스 시대와 더불어 유권자가 기자처럼 뉴스를 만들고 제공하는 트위터, 유튜브, 페이스북 시대가 열렸다. 유권자와 외교 정책 관련 새로운 연구가 더욱 필요해진 상황이다.

2. 여론과 미국 외교 정책

선거와 선거 사이 기간 동안 유권자들은 여론(public opinion)을 통해 외교 정책에 영향을 미친다. 이는 민주주의 시스템에서 대중의 지지를 받지 못하는 정책과 정치인은 실패할 수밖에 없다는 단순한 사실에 기초한다(서현진 2003). 여론 조사 후 발표되는 대통령 국정 운영 지지율(approval rating)은 대통령 권력을 증대하기도 하고 제한하기도 하는 중요한 지표이다. 전쟁을 수행 중인 대통령 지지율이 점점 하락한다고 가정하자. 대통령의 정치적 자산(political capital)이 부족해진다. 미국 군인들을 희생시키는 해외 무력 충돌을 계속 끌고 가기 어렵게 된다. 여론이 전쟁을 부추기기도 하고 끝내기도 하는 셈이다.

대의민주주의 시스템 하에서 선거 이후 대리인(agent)으로서의 정

Review 83(1): 123–141; Holsti, Ole R. 1992. "Public Opinion and Foreign Policy: Challenges to the Almond–Lippmann Consensus," *International Studies Quarterly* 36(4): 439–466

치인들에게 어느 정도 여론과 분리된 공간과 시간이 주어지던 이전 상황은 점차 사라지고 있다(박영환 2012). 트위터(Twitter), 페이스북(Facebook), 유튜브(YouTube) 등 새로운 커뮤니케이션 환경이 급격히 조성되었다. 24시간/1주일 내내 국내 정치가 대외 정책과 어떻게 관련 있는지 자세하게 드러난다. 토마호크(tomahawk) 미사일이 날아가는 것을 실시간 생중계로 볼 수 있고 존슨 대통령처럼 전쟁 진행 상황을 국민들에게 제대로 알리지 않는 정치인은 이제 상상조차 할 수 없다. 물론 뉴미디어가 국민들 사이의 상호 소통을 오히려 저해한다는 비판도 만만치 않다. 이념과 선호가 같은 사람들끼리만 소통하여 양극화가 더욱 심화된다는 주장이다.[33]

대중 여론이 대외 정책과 밀접하게 연결되는 대표적 사례로 결집효과(rally–round–the–flag effect)'가 있다.[34] 여론 조사가 시행되기 훨씬 이전부터 미국 역사상 여론의 향배는 전쟁 위기 고조에 결정적 역할을 한 적이 많다. 의회 '전쟁파(war hawks)'는 1812년 영국과의 일전(一戰)을 부추겼다. 성난 국민들의 감정을 등에 업은 세력이었다. 1898년 스페인–미국 전쟁이나 1964년 베트남 전쟁 당시 언론이 여론 결집 현상을 통해 위기를 조장하기도 하였다. 아버지의 실패를 참고삼아 2001년 취임 이후 교육 개혁에 집중하려던 아들 부시(George W. Bush) 대통령은 9/11 사태가 터진 이후 '테러와의 전쟁'으로 국정 방향을 완전히 재설정하게 된다. 2000년 대선 과정에서 플로리다 주 재검표 ('Bush v. Gore')

33 관련하여 다음 연구가 유용하다. Diana Mutz. 2006. *Hearing the Other Side: Deliberative Versus Participatory Democracy* (Cambridge University Press)

34 결집 효과에 대한 연구는 John Mueller. 1973. *War, Presidents, and Public Opinion* (New York: Wiley)에서 비롯되었다고 볼 수 있다.

논란 끝에 당선되어 취약했던 대중의 지지였지만 단숨에 90퍼센트 가까운 결집 효과로 높아졌다. 외부 충격이 여론 변화와 맞물리면서 대통령 임기 전체의 국정 운영 방향이 새로 정의된 경우다(〈그림 4〉 참조).

〈그림 4〉 성공적 대외 정책 위기 해결 사례와 대통령 지지율

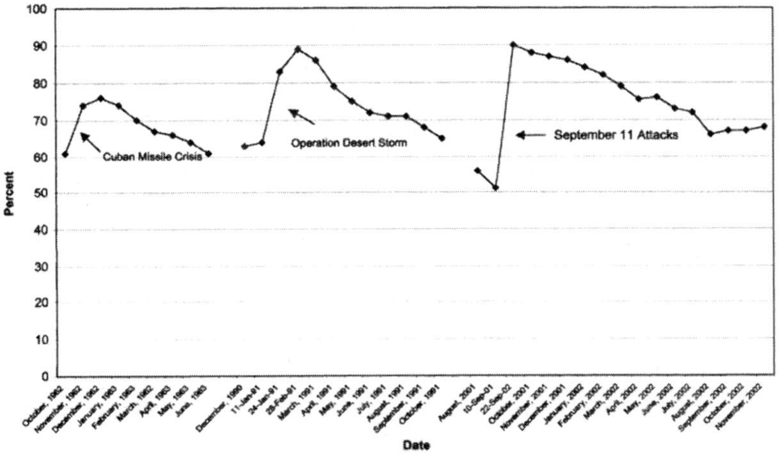

출처: Hetherington and Nelson(2003, 38)[35]

3. 선거와 미국 외교 정책

미국은 선거의 나라다. 미국 선거는 국내 정치와 대외 정책을 연결하는 중요한 경연장이자 시험장이다. 정치 지식 수준 같은 유권자 성격

35 1962년 쿠바 미사일 위기, 1991년 걸프 전쟁, 2001년 9/11 사태와 관련된 결집 효과를 보여 준다. Marc J. Hetherington and Michael Nelson. 2003. "Anatomy of a Rally Effect: George W. Bush and the War on Terrorism," *PS: Political Science and Politics*, 36(1): 37–42.

이나 결집 효과 등에서 나타나는 유권자 행태는 개인 혹은 집단의 선택이다. 선거는 제도적 측면도 중요하고 후보와 정당이 자신의 정책 성과를 홍보하고 상대방의 공약사항을 비판하는 경쟁 무대이기도 하다. 시민들이 자신의 대외 정책 선호에 맞는 후보 및 정당을 선택하는 시스템적 장치다. 미국 대통령 및 의회 선거는 국내 정치가 언제 어떻게 외교 정책과 상호 작용하는지 드러나는 민주주의 과정을 뜻한다.[36]

1789년 조지 워싱턴 대통령 취임 이후 미국은 한 번도 대통령과 의회 선거를 거른 적이 없다.[37] 링컨 대통령은 남북전쟁 도중 대통령 선거를 미루자는 주변 건의를 일언지하에 물리쳤다. 전쟁이건 불황이건 상관없이 늘 선거를 치러왔다. 2년마다 임기 2년 하원 전체와 임기 6년 상원 의원 전체 중 1/3을 새로 뽑는다. 4년에 한 번씩은 대통령을 새로 혹은 다시 선출한다. 대통령 선거인단(Electoral College) 제도를 건국 이래 유지하고 있다. 1845년 이후부터 대통령 선거는 11월 2일부터 8일

36 대통령 선거와 외교 정책을 주제로 한 선행 연구는 방대하다. 그 중 일부는 다음과 같다. Aldrich, John H., John Sullivan, and Eugene Borgida. 1989. "Foreign Affairs and Issue Voting: Do Presidential Candidates 'Waltz before a Blind Audience'?" *American Political Science Review* 83(1): 123−141; Nincic, Miroslav and Barbara Hinckley. 1991. "Foreign Policy and the Evaluation of Presidential Candidates," *Journal of Conflict Resolution* 35(2): 333−355; Hess, Stephen. 1972. "Foreign Policy and Presidential Campaigns," *Foreign Policy* (8): 3−22; Galston, William A. and Christopher J. Makins 1988. "Campaign '88 and Foreign Policy," Foreign Policy (71): 3−21; Divine, Robert A. 1974. *Foreign Policy and U.S. Presidential Elections: 1940 and 1948.* (New York: New Viewpoints); Craig, Campbell and Fredrik Logevall. 2009. *America's Cold War: The Politics of Insecurity.* (Cambridge, MA: Harvard University Press); Zelizer, Julian E. 2009. *Arsenal of Democracy: The Politics of National Security-From World War II to the War on Terrorism.* (New York: Basic Books)

37 이후 선거 일반론과 2016년 대선 관련 부분은 경기연구원 정책연구 2017−12에 실린 저자 분석 내용을 수정−보완한 내용이다(서정건 2017).

사이 화요일에 실시하고 있다. 1951년 이후 대통령 3선 도전이 헌법 차원에서 금지되었다. 대통령이 탄핵되더라도 한국처럼 직무 정지는 없다. 유고이든 탄핵이든 대통령이 직을 수행할 수 없는 경우 다음 대통령 선출 때까지 부통령 이하 승계 순서가 법률로 정해져 있다. 따라서 대통령 선거 관련 정치 스케줄은 4년으로 고정되어 있다. 대통령의 의회 해산은 인정되지 않는다. 미국은 선거에 의한, 선거를 위한, 선거의 나라다.

2016년 11월 8일에 치러진 제 45대 미국 대통령 선거를 되돌아보자. 트럼프 후보는 막말과 허세로 일관했다. 아웃사이더로 저(低)평가되던 부동산 재벌 겸 정치 신인이었다. 예상을 뒤엎고 당선되었다. 어떻게 설명할 수 있을까? 영국 브렉시트(Brexit)에 이은 미국 백인 노동자 계층의 반(反)세계화 분노 표출로 보는 경향이 많다(장승진 2017). 인종 갈등이 이민 쟁점으로 불거지면서 백인 대 비(非)백인 세력 간 문명 충돌로 보는 관점도 있다(안병진 2016). 미시적 잣대로 보면 힐러리(Hillary) 후보 탓도 크다. 소통 실패와 비전 부재로 인해 흑인 유권자들과 청년층 투표율이 대폭 하락하였기 때문이다.

트럼프 후보는 2015년 8월 폭스(Fox) 뉴스 채널 주최 공화당 후보 토론회에서 처음 정치적 데뷔 무대를 가진다. 미국 대통령 선거 역사상 몇 안되는 비즈니스 출신이다. 1940년 대통령 선거에 도전했다가 루스벨트 대통령에게 고배를 마신 공화당 웬달 윌키(Willkie) 후보가 트럼프 이전 유일한 비즈니스 출신이었다. 사업 경험이 있더라도 보통 롬니(Romney) 주지사처럼 정치 경험을 쌓고 대권에 도전하는 것이 상례였다. 트럼프는 '정치적으로 부적합한' 의제와 표현을 집중 공략하였다. 인종이나 이민 관련하여 사회적으로 해서는 안 되는 것으로 여겨져 왔던 언행들이 있었다. 이를 빗대는 표현이 "정치적으로 부적합함(politically incorrect)"이다. 그런데 트럼프는 거침없이 이를 내뱉었다. 속내를 드러내기 어려웠던 백인 저소득 노동자 계층을 대변한다고 자처하였다. 신자유주의와 세계화로 소득 양극화가 심화되는 시기에 백인 저소득 계층은 더 이상 전통 공화당을 신뢰하지 않는다. 대신 트럼프는 정책 내용 측면에서도 차별성을 과시하였다. 나토(NATO)와 동맹국들에 대한 정면 비판과 분담금 증액 요구, 자유무역협정 폐기 발언, 폐쇄적인 이민 정책 등이 대표적이다.

2016년 미국 대통령 선거 결과를 놓고 힐러리 후보 개인의 실패로만 규정할 수는 없다. 트럼프 후보 개인의 행운으로만 돌릴 수도 없다. 심한 막말과 거친 언사로 점철된 유세 활동을 벌인 정치 신인 트럼프가 경쟁 후보였다. 힐러리 후보의 역량 부족으로 치부하기 쉽지만 미국이 현재 겪고 있는 심상치 않은 변화 또한 간과할 수 없다. 특히 전통적 경합주(swing state)인 미국 중서부는 미국 경쟁력 쇠퇴의 표본이 되었다. 이 지역 유권자들에게 세상이 변했다고만 주장한다면 공감을 불러일으키기 어렵다. 이들은 대부분 워싱턴 정치의 실패 때문에 지역 공장이 문을 닫았다고 믿는다. 트럼프 후보가 전체 백인 유권자들 중 65퍼센트 지지를 얻는다면 힐러리가 비(非)백인들 표를 모두 가져가도 민주당 대선 승리는 힘들다는 전망도 있었다. 미국은 여전히 백인의 나라이고 특히 고졸 학력 백인들이 상당수이다.

미국 유권자들의 기성 정치권과 언론에 대한 분노와 실망은 극에 달해 있다. 그들 생각에 워싱턴 정치는 일자리 상실과 소득 양극화 문제 해결에 별 관심이 없어 보인다. 대학 교육을 제대로 받을 수 없을 만큼 등록금은 비싸졌다. 중서부 러스트 벨트(Rust Belt) 지역 공장들은 연이어 문을 닫았다. 대선 후보 중 힐러리는 저소득층 고졸 백인들에게 부패한 기성 정치의 화신으로 비쳐졌다. 정치 신인 트럼프는 비록 거칠지라도 할 말을 속 시원히 해 주는 후보로 인식되었다. 뉴욕타임스 같은 주류 언론들은 보수 백인 저소득층의 열악한 삶을 제대로 조명하는 데 소홀하였다. 환경, 평등, 인권 등에 주로 관심을 쏟느라 정작 백인 저소득층의 심각한 민생 위기 문제는 제대로 다루지 않은 책임이 있다.

트럼프는 대통령 취임 이후에도 양극화 시대를 극복하지 못하고 있다. 지지율은 35퍼센트에서 45퍼센트 범위다. 물론 2016년 대선 특징과 과정을 생각해 볼 때 이처럼 낮은 지지율 수치가 미국 민심을 제대로 반영하는 것인지에 대해서는 다각도의 분석이 필요하다. 기본적으로 미국 대통령의 지지율은 전국 평균 수치이다. 그런데 미국에서 대통령 선출은 전국 범위가 중요하지는 않다. 잘 알려진 대로 경합 지역이 결국 선거 결과를 정한다. 또한 평균의 의미도 다소 다르다. 캘리포니아 혹은 텍사스는 이미 그 판세가 정해져 있다. 이 지역의 많은 유권자들이 보여 주는 지지율은 평균을 다소 왜곡시킬 가능성도 있다. 선거와 관련해서는 결국 경합주 지지율이 관건이다. 〈그림 5〉에서 알 수 있듯이 트럼프 대통령에 대한 2018년 미국 국내 지지율은 주(州)별로 그 편차가 심하다. 50 퍼센트 이상의 지지율을 보인 주가 17개, 40 퍼센트 미만의 지지율을 보인 주가 16개로 집계되었다. 미국 대선 경합주(swing states)의 지지율 경우 그리 낮은 편이 아니다. 트럼프 시대의 미국 정치 변화에 대해서는 5부에서 구체적으로 살펴보기로 한다.

〈그림 5〉 2018년 트럼프 대통령 국정 지지율

출처: Gallup

3장
미국 정치 제도와 외교 정책

1. 미국 대통령-의회 제도와 대외 정책: 헌법과 역사

미국처럼 건국 헌법이 현실 정치에 큰 영향을 미치는 나라도 드물다. 현재 양극화된 미국 정치가 최종 해답을 구하는 곳이 연방대법원(US Supreme Court)이기도 하다(곽진영 2001). 일반적으로 시민법(civil law) 시스템은 광범위한 조문(statues) 체계를 따른다. 이에 반해 미국은 보통법(common law) 전통을 가지고 있다.[38] 사례(precedent)가 판결에 중

38 보통법(common law)과 시민법(civil law) 차이에 대한 연구 예는 다음과 같다. J. H. Baker, *An Introduction to English Legal History* (London, 2002); Manlio Bellomo. 1995. *The Common Legal Past of Europe 1000-1800* (Washington DC); Alan Cromartie. 2006. *The Constitutionalist Revolution: An Essay on the History of England, 1450-1642* (Cambridge); Joseph Dainow. 1966. "The Civil Law and the Common Law: Some Points of Comparison," *American Journal of Comparative Law*, 15(3): 419–35.

요하며 성문화된 법조문보다 판사의 해석이 중요하다. 법체계가 정치 현실과 역동적 상호작용을 하도록 되어 있다. 흥미로운 점은 미국 경우 보수 진영 혹은 진보 그룹 가릴 것 없이 자신들의 주장이 헌법 정신에 합치된다고 주장한다. 헌법 존중에 대한 뿌리가 그만큼 깊다.[39] 헌법 서문 첫 구절에 "우리 국민들(We the people)"이라는 문구가 등장한다. 미국 민주주의를 상징하는 표현으로 자주 인용되고 있다.[40]

사실상의 첫 번째 미국 헌법은 연합 헌장(Articles of Confederation)이었다. 1781년 연합 헌장 체제 하에서는 연방의회 권한이 턱없이 약했다. 현재 형식의 대통령제는 시도조차 되지 않았다. 효율적인 국가 운영이 어려움을 절감한 13개 주 대표들이 모여 다시 만든 것이 연방 헌법이다. 당시 현안 중 무역, 영토, 대외 관계 등 외교 이슈 비중은 매우 높았다.[41] 의회(Article I), 대통령(Article II), 사법부(Article III) 등 연방 정부를

39 물론 미국 헌법이 가진 비(非)민주성에 대한 논쟁은 이어지고 있다. 대표적 연구로는 달(Robert Dahl 2002)을 참조할 수 있다. 또한 건국 헌법이 무한 신뢰를 받는 현실에 문제를 제기하는 학자들도 있다. 예를 들어 하웰(William Howell)과 모(Terry Moe)는 헌법의 낙후성을 비판하고 미국 정치 개혁 방안으로 대통령에게 입법 관련 주도권을 부여하는 개헌을 주장한다. "Viewing the Constitution as beyond criticism is a big mistake. The Constitution is an antiquated document, imposed on modern America from the distant past ...There should nothing off-limits about exploring the Constitution's impacts."(Howell and Moe 2016, 116). William G. Howell and Terry M. Moe. 2016. *Relic: How Our Constitution Undermines Effective Government-and Why We Need a More Powerful Presidency* (New York: Basic Books)

40 원문은 다음과 같다. "**We the people** of the United States, in order to form a more perfect union, establish justice, insure domestic tranquility, provide for the common defense, promote the general welfare, and secure the blessings of liberty to ourselves and our posterity, do ordain and establish this Constitution for the United States of America."

41 르페버(LaFeber 1987, 697)의 주장이다. "Nothing contributed more directly to the calling of the 1787 Constitutional Convention than did the spreading belief that

구성하는 정치 제도의 권한 범위와 작동 원칙을 담은 조항 중 대외 정책 관련이 많은 이유이다. 마지막 7장에서 정한대로 13개 주 중 9개 주 이상 찬성이 있어야 미국 연방 헌법으로 승인받게 되었다. 해밀턴과 매디슨 등은 연방 헌법 필요성을 담은 『연방주의자 논고』를 저술하였다. 매디슨 주도하에 국민의 권리를 담은 10개 항목 즉 권리 장전이 1791년 수정 조항(constitutional amendments)으로 포함된다.[42]

헌법 조문을 살펴보자. 1장(Article I)은 의회 권한과 역할을 다룬다. 2장(Article II)은 대통령제를 규정한다. 그 차이가 분명하다(표 2 참조). 1장은 10개 조에 걸쳐 연방 의회 권한과 역할을 제시하고 있다. 각 조는 매우 상세한 권한("enumerated powers")을 의회에 부여하고 있다. 독립 전쟁을 불러일으킨 세금(revenue) 이슈에 대해서는 특히 하원의 절대적 권한을 보장한다. 의회 권한을 상세하게 나열하는 것에 그치지 않고 8조에 "필요와 적절(necessary and proper)" 조건과 활용 조항까지 추가하였다. 의회 중심의 미국 정치에 대한 건국 초기 엘리트들 간 합의를 여실히 보여준다.[43]

반대로 대통령 권한을 담은 2장은 분량이 적고 내재적인 권한들

under the Articles of Confederation Congress could not effectively and safely conduct foreign policy."

42 1791년 10개 수정 헌법 조항을 포함하여 이후 1992년까지 총 27개의 수정 헌법 조항들이 추가되었지만, 이 중 외교 정책 관련 내용은 단 1개도 없다. 미국 외교 정책 관련하여 총 7장으로 되어 있는 건국 헌법 원문에 대한 이해가 더욱 중요한 이유이기도 하다.

43 헌법 원문은 다음과 같다. "To make all laws which shall be **necessary and proper** for carrying into execution the foregoing powers, and all other powers vested by this Constitution in the government of the United States, or in any department or officer thereof."

〈표 2〉 미국 헌법의 구성과 개요

	헌법 조문
Article I 의회	Section 1. [Legislative Power Vested] Section 2. [House of Representatives] Section 3. [Senate] Section 4. [Elections of Senators and Representatives] Section 5. [Rules of House and Senate] Section 6. [Compensation and Privileges of Members] Section 7. [Passage of Bills] Section 8. [Scope of Legislative Power] Section 9. [Limits on Legislative Power] Section 10. [Limits on States]
Article II 대통령	Section 1. [Election, Installation, Removal] Section 2. [Presidential Power] Section 3. [State of the Union, Receive Ambassadors, Laws Faithfully Executed, Commission Officers] Section 4. [Impeachment]
Article III 사법부	Section 1. [Judicial Power Vested] Section 2. [Scope of Judicial Power] Section 3. [Treason]
Article IV 주(州)	Section 1. [Full Faith and Credit] Section 2. [Privileges and Immunities, Extradiction, Fugitive Slaves] Section 3. [Admission of States] Section 4. [Guarantees to States]
Article V 헌법 개정	[The Amendment Process]
Article VI 헌법 지위	[Legal Status of the Constitution]
Article VII 헌법 승인	[Ratification]

출처: https://www.law.cornell.edu/constitution

("inherent powers")을 적고 있다. 행정 권한은 대통령에 속한다는 내용과 함께 대통령이 군통수권(commander-in-chief)을 가진다는 조항이 유명하다.[44] 의회 견제가 작동하지 않는 확실한 대통령 권력은 사면권

44 원문은 다음과 같다. Article II, Section 1. "The executive power shall be vested in a President of the United States of America." 군주(king)가 독점하던 행정권을 국

(pardon power) 정도인데 그나마 주 검찰의 기소에는 적용되지 않는다. 2장의 몇 안 되는 조항 중 마지막은 탄핵(impeachment)에 관한 절차를 포함하고 있다. 이후 논쟁은 대통령 권한을 헌법에 규정된 만큼만 행사해야 하는가 아니면 그 이상도 가능한가에 대한 것이다. 미국 정치 역사 그 자체라고 볼 수 있으며 헌법 해석과 재해석의 논란을 낳고 있다.[45]

연방 헌법과 대외 정책은 어떤 상호 작용을 보일까? 코윈(Corwin 1957, 171)의 잘 알려진 표현대로 미국 헌법은 "외교 정책 운영 관련 논쟁을 불러일으키는 초청장(an invitation to struggle for the privilege of directing American foreign policy)"이다. 그런데 정작 코윈이 우려했던 것은 권력 분립으로 인한 외교 정책의 비효율성이 아니었다. 반대로 외교 정책 효율성을 이유로 견제와 균형이라는 미국의 헌법 정신이 훼손될 것을 염려하였다. 예를 들어 1954년 1월 26일 미국 상원은 한미 상호 방위조약(Mutual Defense Treaty between the United States and the Republic of Korea)에 대해 헌법 규정에 따라 승인 표결을 하게 되고 81명의 찬성

민에게 책임을 지는 대표자(executive)에게 이양하는 과정은 근대 유럽의 역사와 철학(Locke, Hume, Burke 등) 그 자체라고 할 만하다. Jeremi Suri. 2017. *The Impossible Presidency: The Rise and Fall of America's Highest Office*. (New York: Basic Books)

45 씨어도어 루스벨트(Theodore Roosevelt) 대통령과 그 후계자이자 반대자인 윌리엄 하워드 태프트(William Howard Taft) 대통령 간 의견 교환은 이러한 입장 차이를 잘 보여 준다. 루스벨트(1913) 주장은 다음과 같다. "My belief was that it was not only the president's right but his duty to do anything that he needs of the Nation required unless such action was forbidden by the Constitution or by the laws." 태프트(1916) 반박은 다음과 같다. "The president can exercise no power which cannot be fairly and reasonably traced to some specific grant of power. There is no undefined residuum of power which he can exercise because it seems to him to be in the public interest."

으로 통과시킨다. 남부의 보수 민주당 의원들을 포함한 6명의 상원 의원들은 반대표를 던졌다. 이들은 사실 외교 정책 거물들이었다. 스테니스(John Stennis) 민주당 의원은 향후 상원 군사위원회 위원장으로 막강한 영향력을 발휘하게 된다. 그는 한미상호방위조약으로 인해 대통령 권한이 비대해질 것을 우려하여 거부하였다. 대통령이 의회 승인 없이 군대를 파견할 가능성에 대한 염려였다.

헌법과 관련 있는 외교 정책 사항은 우선 조약 체결 및 비준이 꼽힌다.[46] 미국 헌법에 따르면 대통령은 상원의 "조언과 동의(advice and consent)"를 거쳐 조약을 체결할 수 있다. 초대 대통령 워싱턴이 상원을 찾아가 조언을 구하다가 실효성 없음을 깨닫고 난 후 이를 포기한다. 이후에는 동의 권한만 상원이 행사하고 있다. 미국 상원 의원 2/3가 동의해야 대통령이 체결한 조약은 비준된다. 미국이 다른 국가와 맺는 합의 중 어떤 것이 조약 형태이어야 하는지에 대해 헌법 혹은 법률이 따로 정한 바는 없다. 근대 국가 체제 하에서 조약은 국제적 합의를 규정하는 보편적 도구였다. 이후 국가 간 경제 관계가 중요해지면서 자유무역협정 등 다른 형태의 합의 방식이 등장하였다(이현우 2005).

국가 간 쌍방 합의 혹은 다자간 합의를 조약으로 명시하는 경우 미국 상원의 비준 과정은 필수적 헌법 절차이다. 1919년 윌슨 대통령 당시의 베르사이유(Versailles) 조약과 1999년 클린턴 행정부 시기의 포괄적 핵실험 금지 조약(Comprehensive Nuclear Test Ban Treaty: CTBT)이 이

46 헌법을 둘러싼 대통령과 의회 관계는 피셔(Fisher 1985) 연구가 대표적이다. Louis Fisher. 1985. *Constitutional Conflicts between Congress and the President*. (Princeton University Press)

에 해당한다. 두 조약 모두 상원 2/3 동의 부족으로 부결된 것으로도 유명하다(표 3 참조). 〈그림 6〉은 루스벨트(Franklin D. Roosevelt) 대통령 시기 이후 미국의 국제 협약이 주로 행정 합의(executive agreements) 형태를 취하고 있다는 특징을 잘 보여준다. 행정 합의는 다음 대통령에 의해 쉽게 번복될 수 있으므로 중요한 국제 관계 합의에 대한 조약의 필요성은 여전히 크다고 볼 수 있다.

〈표 3〉 미국 상원에 의해 부결된 대표적 조약들 사례

날짜	조약 체결 대상 국가	조약 주제	표결
Mar 9 1825	콜롬비아	아프리카 노예무역 금지	찬성 0; 반대 40
Jun 8 1844	텍사스	텍사스 미국 연방으로 합병	찬성 16; 반대 35
Nov 19 1919	다자 조약	베르사이유 조약	찬성 38; 반대 53
Oct 13 1999	다자 조약	포괄적 핵실험 금지 조약	찬성 48; 반대 51
Dec 4 2012	다자 조약	신체 부자유자 권리에 관한 조약	찬성 61; 반대 38

출처: www.senate.gov

〈그림 6〉 미국 역사상 국제 합의 중 행정 협약이 차지하는 비율 변화

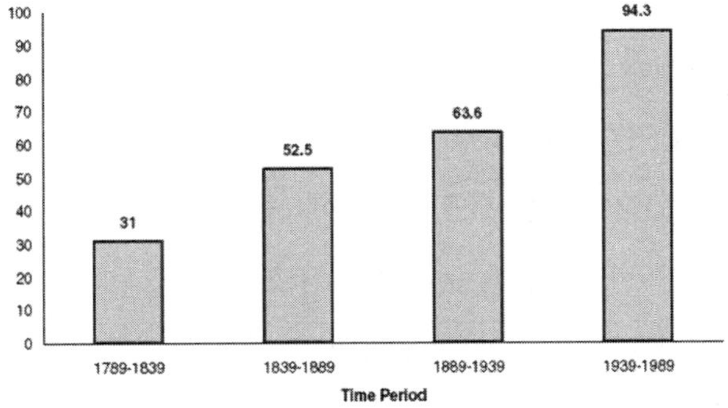

FIGURE 1. Executive Agreements as a Percentage of All International Agreements by Time Period, 1789-1989.
Source: Table II-1 of *Treaties and other international agreements: The role of the United States Senate* (U.S. Government Printing Office 2001).

출처: (Krutz and Peake 2009, 395)

전쟁에 관한 권한과 역할 또한 헌법에서 의회와 대통령 사이의 분업을 규정한 대표적 주제다. 헌법상 전쟁을 선포할 수 있는 권한은 의회가 가진다. 그리고 전쟁을 수행하는 권한은 군(軍)통수권자인 대통령에게 부여되어 있다. 미국 역사상 의회가 전쟁을 공식적으로 선포한 사례는 총 5회다. 1812년 영국과의 전쟁, 1846년 멕시코와의 전쟁, 1898년 스페인과의 전쟁, 그리고 두 차례의 세계 대전이 그 것이다. 1950년 발발한 한국 전쟁에 트루먼 대통령은 자국 군사력을 유엔군 산하로 편성하여 참전시키면서 이를 "경찰권 행사(police action)"로 규정하였다. 이에 근거하여 의회에 전쟁 선포를 요청하지 않았다. 이후 미국 의회는 주로 결의안(resolution) 형태로 대통령에게 무력사용권을 허용하는 방식(authorization for use of military force: AUMF)을 택하고 있다.

미국은 베트남 전쟁 당시 대통령의 권한 남용을 경험하였다. 이에 대응하여 의회는 전쟁 관여 권한을 대폭 늘린 1973년 전쟁 결의안(War Powers Resolution)을 만든다. 이 결의안의 헌법적 효력에 대해서는 여전히 논란중이지만 전쟁 결의안을 통해 군대 파견부터 철수에 이르기까지 의회 개입 여지를 크게 확대하였다. 닉슨 대통령 이후 어떤 대통령도 결의안의 법적 권위를 제대로 수용하지는 않고 있다. 오바마 대통령도 이라크, 리비아, 시리아 군대 철수/파견 당시 전쟁 결의안 관련 국내적 혼선을 불러일으킨 바 있다. 한편 통상이나 이민 같은 대외 정책 내용에 대해서는 주로 의회에게 권한이 주어져 있다고 보는 것이 통설이다. 그럼에도 불구하고 현실 정치에서는 행정부의 재량권 확대가 대세이다. 미국 의회가 법률을 통해 무역 및 이민 관련 권한을 대통령에게 대폭 이양해 왔다. 그 파장은 특히 트럼프 대통령 시대에 생생하게 목격되고 있다.

미국 정치 역사는 헌법에 의해 규정된 정치 제도 간 상호 작용이 시대에 따라 변화해 온 과정이라 할 수 있다. 튤리스(Tulis 1987)는 헌법과 대통령제를 두 가지로 구분한다. 대문자(大文字) 헌법 대통령제(Constitutional presidency)와 소문자(小文字) 헌법 대통령제(constitutional presidency)로서 헌법의 기원과 변화를 설명하기 위한 노력이다.[47] 대문자 헌법 대통령제 하에서 대통령은 헌법에 적혀 있는 대통령 역할에만 매진한다. 대통령은 의회가 통과시킨 법을 집행하는 역할에 주력하며 자신의 독립적 의제나 비전은 추구하지 않는다. 반대로 소문자 헌법 대통령제 하에서는 국민 여론을 바탕으로 대통령이 국정을 주도한다. 리더로서 대통령 정치를 펼치며 단순한 의회 대리인을 넘어서야 인정받는다. 정치적 판단을 통해 국민과 비전을 공유하고 설득한다. 저항하는 의회를 우회하는 대통령이 긍정적으로 평가받는 시스템이다. 두 헌법 대통령제의 갈등과 진화야말로 미국 정치 역사의 변천이다.[48]

그런데 외교 정책을 통한 대통령 권한 증대 경로를 살펴보면 튤리스(Tulis)같은 대통령 리더십 접근법만으로는 제대로 설명되지 않는 부분이 있다. 왜냐하면 의회의 권한 포기 및 이양에 대한 분석이 필요하

47 Jeffrey K. Tulis. 1987. *The Rhetorical Presidency*. (Princeton: Princeton University Press)

48 중앙 정부 권력 비대화를 반대하며 1800년 선거에서 승리하여 매디슨(Madison)식 민주주의 시대를 열었다고 평가받는 3대 대통령 제퍼슨(Jefferson)도 1793년 11월 22일 외교 정책과 관련된 대통령의 주도적 역할을 인정한 적이 있다. "the president is the only channel of communication between this country and foreign nations, and it is from him alone that foreign nations or their agents are to learn what is or has been the will of the nation."
https://history.state.gov/departmenthistory/short-history/framework

기 때문이다. 미국 대외 관계의 권력 재분배 역사에 대한 온전한 해석이 가능해진다. 예를 들어 1880년대 '도금시대(鍍金時代 Gilded Age)'로 알려진 급속한 산업화시기에 벌어진 치열한 정당 경쟁은 미국 관세 정책을 좌지우지하였다. 의회 다수당이 바뀔 때마다 롤러코스터(roller coaster)같은 등락(登落)이 이루어졌다. 북부의 산업 지역을 기반으로 한 공화당이 다수당인 의회에서는 관세가 대폭 인상되었다. 반대로 민주당이 의회를 장악하면 남부 농산물 수출 장려를 위해 관세를 다시 낮추는 상황이 반복되었다(그림 7 참조).

〈그림 7〉 미국 정당 정치와 관세율 변화, 1872–1930

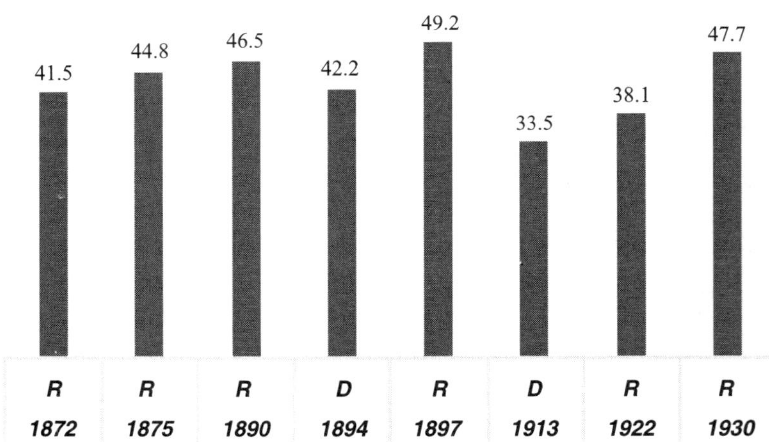

출처: Irwin(1998, 1023)

1929년 주식 시장이 붕괴되고 대공황이 발생한 상황에서도 관세 정책에 대한 의회 정치와 정당 경쟁은 변함없이 이어졌다. 1930년 하원 세입위원회(House Ways and Means Committee) 홀리(Willis Hawley) 공화당 위원장과 상원 금융위원회(Senate Finance Committee) 스무트(Reed

Smoot) 공화당 위원장이 경제 위기의 타개책 일환으로 수입 관세를 대폭 인상하였다. 이는 잘 알려진 대로 무역 전쟁으로 비화되어 결국 대공황을 악화시켰다. 의회의 일관성 없는 경제 개입에 대한 비판과 반성이 쏟아졌다. 지금도 스무트-홀리 법안은 로비에 굴복한 의회의 대표적 정책 실패 사례로 꼽히고 있다. 1933년 근대적 대통령제 개막과 함께 압도적 다수파를 차지한 민주당 의회는 1934년에 관세 정책 권한을 대통령에게 이양한 호혜통상협정법(Reciprocal Trade Agreements Act)을 제정한다.[49] 1932년 선거 압승으로 백악관과 의회를 장악한 민주당이 루스벨트 대통령 리더십을 지원하고 의회의 정책 주도권을 포기하는 방식으로 관세 권한의 대통령 양도라는 제도적 개혁을 추진하였다.[50]

물론 의회의 대외 정책 권한 이양이 아무 조건을 달지 않고 이루어진 것은 아니다(Lee 2018). 1934년 호혜통상협정법 통과 당시에도 과도한 대통령 권한 증대에 대한 비판과 우려를 불식시키기 위해 모든 무역협정은 3년을 기한으로 한다는 수정 조항이 포함되었다. 케네디 행정부 초반 2년 중 의회를 상대로 한 최대 승리로 기록되는 1962년 무역확

49 호혜통상협정법(RTAA)에 대한 연구는 다음이 대표적이다. 백창재. 2015. 『미국무역정책연구』 (서울: 사회평론아카데미); Robert A. Pastor. 1980. *Congress and the Politics of U.S. Foreign Economic Policy, 1929-1976.* (Berkeley: University of California Press); Stephan Haggard. 1987. "The Institutional Foundations of Hegemony: Explaining the Reciprocal Trade Agreements Act of 1934," *International Organization* 41(3):491-517; Douglas A. Irwin. 1998. "Changes in U.S. Tariffs: The Role of Import Prices and Commercial Policies," *The American Economic Review* 88(4): 1015-1026.

50 당시 공화당 하원 세입위원회 최고참 의원 트레드웨이(Allen Treadway)의 비판은 다음과 같다. "it would surrender the taxing power of Congress to the President and his subordinates in violation of both the letter and spirit of the Constitution." (출처: www.history.house.gov)

장법(Trade Expansion Act) 역시 마찬가지다. 대통령에게 최대 50퍼센트까지만 관세를 인하할 수 있는 권한을 부여하였다. 헌법 제 1장(Section 8, Clause 3)에 나와 있는 '상업 조항(Commerce Clause)'은 의회에 무역 정책 권한을 부여하였지만 이 중 일부를 대통령에게 양도하여 온 셈이다. 자유 무역과 시장 개방을 선도하는 미국의 세계 경제 질서 리더십을 지원하기 위한 1962년 무역확장법은 1934년 통과된 호혜통상협정법 내용을 대체하는 기능을 하게 되었다. 대통령의 관세 인하 권한은 1967년 7월 1일까지 5년 기한이 정해져 있었다.

특히 무역확장법 232항(Section 232)은 국가 안보 조항을 담고 있다. 이는 트럼프 대통령이 벌이고 있는 관세 전쟁의 법적 근거를 제공하고 있다. 232항에 따르면 이해관계가 걸린 당사자라면 누구나 미국 상무부에 해당 수입품 종류와 물량이 미국의 국가 안보를 해치고 있는지에 대해 조사하도록 요구할 수 있다. 상무부 조사 결과 사실로 판명되면 대통령에게 보고된다. 대통령은 15일 안에 제한 없는 관세 부과 결정을 내릴 수 있다. 의회도 행정부 결정에 대한 감독 권한을 행사할 수 있다. 1980년 석유 제품에 대한 카터 대통령의 국가 안보 근거 관세 부과 조치에 대해 미국 의회는 불승인 결의안을 통과시킴으로써 대통령 결정을 저지하였다. 무역확장법 232항 (f) 문단을 수정하여 불승인 결의안 대상이 되는 품목을 확대시킬 수 있는 권한도 의회에 배정하였다. 트럼프 시대 미중 무역 분쟁의 장기화를 우려한 공화당 코커(Bob Corker) 상원 외교위원장과 투미(Pat Toomey) 공화당 상원 의원은 115대(2017–

2019) 의회 당시 무역확장법 수정안을 상정하려고 시도하였다.[51] 하지만 상원의 찬성표 부족과 트럼프 대통령의 비토(veto) 가능성을 이유로 맥코넬(Mitch McConnell) 상원 공화당 원내대표는 이에 대한 표결 자체를 거부하였다.

일부 의원들과 전문가들은 232항 국가 안보 조항 행사를 위한 추가 필수 사항으로 미국 무역위원회(International Trade Commission) 주도의 경제 영향 분석을 포함해야 한다고 주장한다. 의회와 협의하거나 혹은 관세에 대해 승인하는 의회 제도를 도입해야 한다고도 지적한다. 더 나아가 행정부에 대폭 이양한 무역 관련 권한들에 대해 광범위한 재검토를 실시하고 의회 권한을 되찾아 와야 한다는 제안도 있다. 하지만 의회는 무역 정책 뿐만 아니라 거의 모든 정책 영역에서 행정부로의 권한 이양을 통해 정치적 실리를 챙겨 왔다. 현실적으로 이를 다시 돌려놓는 일은 쉽지 않다. 더구나 보호무역 조치를 취하는 행정부 수장이 '공화당' 대통령이라는 점 또한 공화당의 반발을 복잡하게 만들고 있다. 민주당은 그 동안 자신들이 선호해 온 보호무역 조치에 대해 트럼프 대통령만 따로 떼어놓고 비판하기 어려운 실정이다. 무역 확장법 232항을 둘러싼 대통령의 임의적 권한 사용 논쟁은 현재도 진행 중이다. 의회 차원의 체계적 대응을 주목해서 볼 필요가 있다.

---

51 수정안 내용은 다음과 같다. "232항 국가 안보 조항에 근거한 관세 부과에 대해 의회는 60일 이내에 이를 승인할 수 있다. 별도 조치가 없으면 대통령 관세 부과는 무효화된다." Alexander Bolton. "GOP senator pans Trump's aid to farmers as 'very bad policy'" *The Hill*, May 15, 2019.

2. 미국 대통령-의회 제도와 외교 정책: 전략과 현실

헌법 조항과 현실 정치 사이의 상호 작용이 미국 정치 역사라고 한다면 그 실체적 결과물 중 하나는 바로 정치 제도(institution)다. 헌법은 의회와 대통령의 권한과 역할을 규정한다. 이를 실행하기 위해서 다양한 종류의 제도가 만들어진다. 의회의 입법 기능을 원활히 하기 위해 상임위원회 제도가 도입되었다. 위원회와 위원회 간, 그리고 위원회와 소위원회 및 본회의 사이 분업과 협업이 이루어진다(임성호 2010). 행정부에 주어진 법률 실행 역할과 관련하여 외교, 국방, 재정, 치안 등 국정 영역에 따라 다양한 부처가 만들어졌다. 헌법에 따라 각 부 장관들은 대통령이 임명하고 상원이 승인하는 절차를 거친다. 흥미로운 점은 장관을 해임하는 경우 상원 승인에 관한 헌법 규정이 따로 없었다. 이는 의회에서 법률로 정하게 되었다. 미국 역사상 첫 번째 부통령이었던 애덤스(John Adams)는 임기 동안 총 29차례나 가부(可否) 동수(同數)를 깨는 표를 던지게 된다. 그 첫 번째 사례가 1789년 7월 18일 대통령의 각료 해임 권한을 상원과 상관없이 보장하는 법률의 의회 통과에 관한 것이었다(Fisher 1985).

정치 제도의 중요성은 분업과 협업을 촉진하는 범주 그 이상이라 할 수 있다. 일단 제도 틀이 정해지면 정책 결정 과정의 규칙이 만들어지는 효과가 발생하며 이로 인해 관련 행위자들의 전략과 선호가 바뀌게 된다. 이를테면 대통령 선거인단(Electoral College) 제도가 미국 대통령을 선출하는 규칙으로 정해진 이상 이미 판세가 정해져 있는 주(州)에 비해 경쟁을 벌여야 하는 소위 경합주의 정책 선호가 중요해진다.

경쟁이 심한 주의 이해관계가 대통령 후보 공약과 당선 이후 국정 운영에 큰 영향을 미치게 된다. 루스벨트 대통령 이후 시작된 근대적 대통령제 특징을 몇 가지 살펴보자. 첫째, 의제 설정 권한 증대를 생각해 볼 수 있다. 다수의 의원으로 구성된 의회(하원 435명과 상원 100명)에 비해 대통령을 정점으로 한 행정부는 국정 의제 설정에 있어 주도권을 가지게 된다. 선거를 통해 위임된 권력에 근거하여 대통령이 제시하고 추진하는 주요 국정 목표와 내용이 있다. 미국 정치가 운영되는 핵심 기준으로 자리매김하게 된다. 실제로 대통령이 '어떤 의제를 언제 어떻게 설정할 것인가' 문제는 미국 정치를 좌지우지한다. 결국 의제 설정은 미국 대통령 제도의 중요한 특징이 아닐 수 없다.

미국 대외 정책에 있어서 대통령의 어젠다 설정 권한이 가장 부각되는 분야 중 하나가 독트린(doctrine) 선포다.[52] 근대적 대통령제는 국내적으로 적극적 정부와 대외적으로 대통령 주도권을 두 축으로 삼아 발전해 왔다. 아메리카 대륙에서 미국의 독점적 지위를 확보한 1823년 먼로 독트린(Monroe Doctrine)이 최초의 사례다. 이후의 미국 대통령 독트린은 공산주의 봉쇄를 위한 미국의 적극적 개입을 천명한 트루먼 독트린(Truman Doctrine)인데 먼로 독트린 이후 거의 120여년 만이었다. 1946년 중간 선거 패배 이후 트루먼 대통령은 1947년 3월 12일 미국 양원 합동 연설을 행한다. 공산주의 위기에 내몰린 그리스와 터키를 지원하도록 미국의 경제 및 군사 원조를 요청하였다. 트루먼 독트린은 냉

52 Gaddis, John Lewis. 1982. *Strategies of Containment: A Critical Appraisal of Postwar American National Security Policy.* (London: Oxford University Press); Dueck, Colin. 2010. *Hard Line: The Republican Party and U.S. Foreign Policy since World War II.* (Princeton, NJ: Princeton University Press)

전 시대 봉쇄 정책(containment policy)의 대명사가 되었다. 1947년 3월 말 이후 그리스에 대한 지원을 중단하기로 결정한 영국 정부 입장 발표가 도화선이었다. 국제 질서의 새로운 리더 국가로서 영국을 대체하는 미국의 등장을 알리는 결과를 가져온 셈이다.

1952년 한국 전쟁 와중에 공화당 후보로서는 20년 만에 처음으로 대통령에 당선된 아이젠하워가 취한 독트린은 미국의 대(對)소련 군사 정책에 대한 보완적 성격을 가진다. 루스벨트와 트루먼 민주당 행정부는 '군사적 케인스주의(military Keynesianism)' 접근법을 취하였다. 전쟁과 경제라는 두 마리 토끼를 동시에 잡으려는 시도였다. 민주당 행정부는 군사 기지 건설과 전쟁 예산 증액을 도모하였는데 재정 적자를 활용한 수요 창출이라는 케인스주의 경제 정책 일환이다. 아이젠하워는 이를 견제하고자 했다.[53] 미국과 소련의 냉전 양상이 양자 대결에서 제 3 세계 대리전 상황으로 점차 변하였다. 균형 예산과 작은 정부를 지향한 공화당 대통령 아이젠하워는 미국의 대응으로서 '새로운 접근(New Look)'이라는 독트린을 내세우게 된다. 전통적 무기 체계를 통한 기존의 전쟁 접근법을 버리고 대신 공중전(air strike)과 핵무기 중심의 '대량 보복(mass retaliation)' 전술을 선택하였다. 민주당의 수요 중심 전쟁 전략에 대한 번복이라 할 수 있다. 특히 아이젠하워는 1961년 퇴임 연설을 통해 '군산복합체(military–industrial complex)'의 과다한 영향력에 대해 엄중 경고하기도 한다. 2차 대전 이후 대외 정책 관련 대통령의 리

---

53 Alex Mintz and Alexander Hicks. 1984. "Military Keynesianism in the United States, 1949–1976: Disaggregating Military Expenditures and Their Determination," *American Journal of Sociology* 90(2): 411–417.

더십뿐만 아니라 정당 사이의 입장 차이도 동시에 보여 주는 사례다.[54]

아이젠하워가 퇴임한 1960년 대선에서 민주당 케네디 후보는 '미사일 전력 차이(Missile Gap)'를 선거 캠페인 주제 중 하나로 택하였다. '스퍼트닉 위기(Sputnik Crisis)'로 수세에 몰린 공화당 닉슨 후보를 간발의 차이로 물리치고 대통령에 당선된다. 지난 보수 정권 8년의 균형 예산 중심의 대외 정책 입장을 다시 뒤집게 된다. '신축적 대응(Flexible Response)'으로 알려진 케네디와 존슨(Lyndon B. Johnson) 행정부의 대외 정책 독트린이 그 것이다. 우주 경쟁으로 불거진 소련과의 냉전이 본격화되면서 민주당 전통의 큰 정부 접근법을 다시 취하게 된다. 하지만 1963년 케네디 피살과 1968년 존슨 불출마는 당시 베트남 전쟁 실패 및 미국 경제 침체와 맞물려 새로운 냉전 시대 접근법을 요구하게 된다. 이에 부응한 것이 바로 닉슨의 데탕트(detente) 정책이다. 소련과의 군축 협상을 통한 화해 정책과 중국의 문호 개방을 시도하였다. 하지만 야심찬 국제 질서 재편성 노력은 결국 국내 경제 불황과 정치적 스캔들에 발목을 잡혀 성과를 거두지 못하게 된다.[55] 경기 침체와 물가 상승이 동반된 스태그플레이션(stagflation)과 테헤란 인질 사태 등으로 인해 1970년대 말 미국의 대내외적 위상은 급격히 추락한다.

54 1961년 1월 17일 백악관에서 행한 아이젠하워 퇴임 연설 중 관련 부분은 다음과 같다. "In the councils of government, we must guard against the acquisition of unwarranted influence, whether sought or unsought, by the military–industrial complex. The potential for the disastrous rise of misplaced power exists, and will persist."

55 닉슨의 국내 정치와 국제 관계에 대해서는 다음 연구가 흥미롭다. Andrew Preston and Fredrik Logevall. 2008. *Nixon in the World: American Foreign Relations, 1969-1977* (Oxford University Press)

1980년 대통령에 당선된 레이건의 '복구 정책(roll-back policy)'이 새로운 대외 정책 전환점으로 자리 잡게 된다. 레이건 대통령은 첨단 기술과 자본 중심의 군수 산업을 정치적 후원자 삼아 1983년에 '전략 방위 지침(Strategic Defense Initiative)'을 발표하였다. 막대한 국방 예산 증액과 강력한 반공 세력 지원을 통해 소련과의 냉전 시대 마지막 승부를 벌인 셈이다.[56] 1991년 냉전이 공식적으로 종결된 이후 41대 아버지 부시 대통령과 42대 클린턴 행정부 시기에는 이렇다 할 대통령의 독트린이 선포되지 않았다. 9/11 사태 이후 '선제적 공격'을 통한 테러와의 전쟁을 내용으로 하는 부시 독트린(Bush Doctrine)이 추진되었지만 이라크 전쟁 실패로 그 동력을 상실하게 된다. 오바마 독트린과 트럼프 독트린에 대한 연구는 현재 진행 중이다.[57]

또 다른 미국 근대적 대통령제의 특징은 제도적 자원 증대다.[58] "대통령은 도움이 필요하다(President needs help)"는 결론으로 유명한 브라운로(Brownlow) 위원회의 권고에 따라 1939년 대통령부(Executive Office of the President)가 설립된다. 그 동안 비서실장 등 백악관 내부 몇몇 측근들 이외에는 인력 자원이 턱없이 모자라던 미국 대통령에게 인적 지원을 제도적으로 보장하는 의미였다. 국가경제위원회(National

56 레이건 대통령과 자본집약(capital-intensive) 군수 산업과의 정치적 관계를 체계적으로 분석한 연구는 다음과 같다. Kevin Narizny. 2003. "Both Guns and Butter, or Neither: Class Interests in the Political Economy of Rearmament," *American Political Science Review* 97(2): 203-220.

57 Colin Dueck. 2015. *The Obama Doctrine: American Grand Strategy Today.* (Oxford University Press); Hal Brands. 2018. *American Grand Strategy in the Age of Trump.* (Brookings Institution Press)

58 미국 대통령제의 권력 자원 증대와 관련된 체계적 분석은 다음과 같다. 백창재. 2018. "미국 대통령의 권력 자원과 리더십," 『국가전략』 24(4): 135-173

Economic Council), 미국무역대표부(US Trade Representative) 등은 모두 대통령부(EOP) 소속이다. 최근 트럼프 대통령이 만든 국가 무역위원회(National Trade Council)는 대중(對中) 강경파인 나바로(Peter Navarro) 교수를 위원장으로 하여 중국과의 무역 전쟁을 선도하고 있다.

마지막으로 미국 근대 대통령의 경우 소통 권한의 중요성을 지적하지 않을 수 없다. 대통령의 "연단 권력(bully-pulpit power)"이라 불리기도 하는데 대통령만이 가질 수 있고 사용할 수 있는 소통 권한은 대통령제의 핵심 요소다. 특히 의회와 협력이 어려운 정치적 상황에서 그 진가가 두드러진다. 국정 어젠다의 취지와 목표를 국민들에게 직접 설명하는 '대중 호소(going public)' 전략이다(Kernell 1986, Laracey 2002).[59] 대통령 리더십에 동조하는 국민들이 해당 지역구 의원들에게 대통령을 지지하도록 압력을 넣도록 유도하는 것이 그 본질이다. 비(非)협조적인 의회를 우회하는 대통령 '연단 권력'의 성공 경로인 셈이다.

한편 대통령의 소통 능력은 소통 기술 그 자체뿐만 아니라 대통령 임기 중 어느 시점인가에 따라 그 효과가 달라진다. 종종 경제 악화나 측근 비리 등 예상치 못한 변수들에 의해 대통령의 소통 효율성이 줄어드는 경우도 다반사다. 실제로 〈그림 8〉은 단순히 연간 기자 회견의 빈도수가 대통령의 소통 능력을 나타내는 것은 아니라는 점을 보여준다. '위대한 소통자(The Great Communicator)' 칭호로 유명한 레이건(Ronald Reagan) 대통령의 경우 언론을 상대로 한 기자 회견 빈도수는 그리 높

59 Samuel Kernell. 1986. *Going Public: New Strategies of Presidential Leadership*. (Washington DC: CQ Press); Melvin Laracey. 2002. *Presidents and the People: The Partisan Story of Going Public*. (College Station, TX: Texas A&M University Press)

〈그림 8〉 역대 미국 대통령들 연간 기자회견 횟수

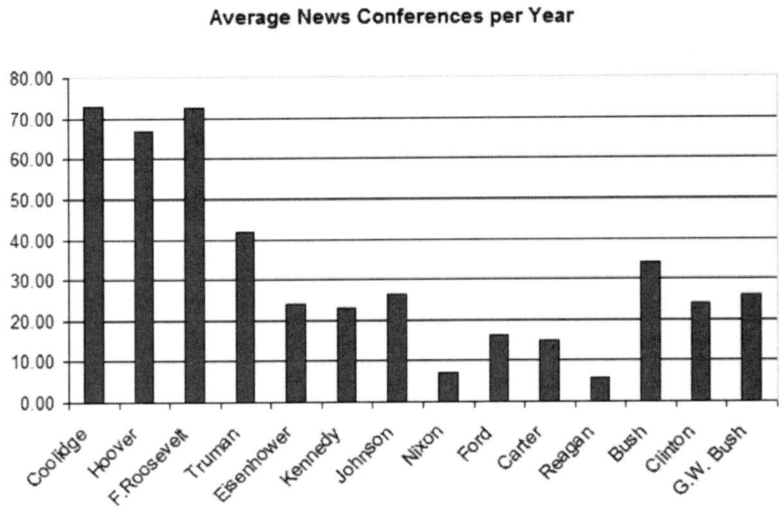

출처: http://www.presidency.ucsb.edu/data/newsconferences.php.

지 않다. 결국 소통 권한 사용과 효과에 대한 대통령의 치밀한 전략적 고려가 대통령 정치의 성공에 필수적이다.

현실적으로 미국 대통령-의회 간의 제도 정치가 외교 정책 결정에 미치는 영향력은 매우 유동적이라고 볼 수 있다. '두 대통령제(Two-Presidencies)' 개념과 이를 둘러싼 논쟁은 이를 잘 보여준다. 냉전이 한창이던 당시 윌답스키(Wildavsky 1966)는 미국 대통령의 종류를 두 가지로 나눈 바 있다. 우선 외교 정책과 관련된 대통령제는 권한이 크고 독립적이며 존경을 받는다. 반대로 국내 정치와 연결된 대통령제는 의회 내 갈등에 휘둘린다. 이익 집단에 영향 받고 정치적 논쟁에도 시달린다. 국내 정책에 비해 외교 정책 영역에서 대통령 권한이 크다는 내용의 '두 대통령제'와 관련하여 윌답스키는 다양한 측면에서 논거를 제시하였다. 무엇보다 대외 정책에 필요한 신속한 결정을 내리기에 대통령제가 유리하다. 외교 정책 수립에 필요한 정보 취득과 판단에 있어 대통령이 의회에 비해 우월하다. 결정적으로 유권자들이 외교 정책에 있어 대통령 리더십을 인정하고 기대한다. 의회가 외교 정책에 지나치게 간섭하는 경우 여론의 역풍을 맞기도 하는 것은 이 때문이다. 의회 역시 미국 대외 정책을 결정하고 수행하는데 있어 자신들이 주역은 아님을 인정하고 있다. 결론적으로 윌답스키의 두 대통령제 이론은 냉전 시대 외교 정책 결정과 운영 관련 대통령 리더십의 중요성을 부각시키는데 크게 기여하였다.

두 대통령제와 관련된 흥미로운 점은 실증적 연구가 이를 뒷받침하는가 여부다. 1960년대 윌답스키의 주장은 상대적으로 규범적인 차원이 강조되었다. 이후 정치학자들은 미국 대통령의 외교 정책 리더십이 국내 정치에 비해 의회에서 우월성을 인정받는가를 규명하고자 하였다. 예를 들어 플라이셔와 동료들(Fleisher et al 2000)은 민주당이 의회 다수당인 시기를 살펴보았고 공화당 출신 대통령들이 연구대상이었다. 외교 정책 법안과 국내 정책 법안 표결에서 어느 정도 성공 비율을 보이는지 비교 분석하였다.[60] 〈그림 9〉처럼 윌답스키 명제는 실증적으로 입증된다. 외교 정책성공 비율이 국내 정책보다 상대적으로 높게 나온다. 그런데 또 다른 관전 포인트는 그 격차가 줄어든다는 점이다. 레이건 대통령 2기 행정부에 들어서면서 대외 정책 성공 비율의 절대치가 상대적으로 크게 떨어졌다. 대통령의 외교 정책에 대한 의회의 관용

---

60 Richard Fleisher, Jon Bond, Glen Krutz, and Stephen Hanna. 2000. "The Demise of the Two Presidencies," *American Politics Quarterly* 28 (1): 3–25.

적 입장이 1980년대 정당 양극화가 시작되면서 큰 폭으로 약화되었음을 뜻한다.

〈그림 9〉 대통령 외교 정책/국내 정책 성공 비율: 소수파 대통령들

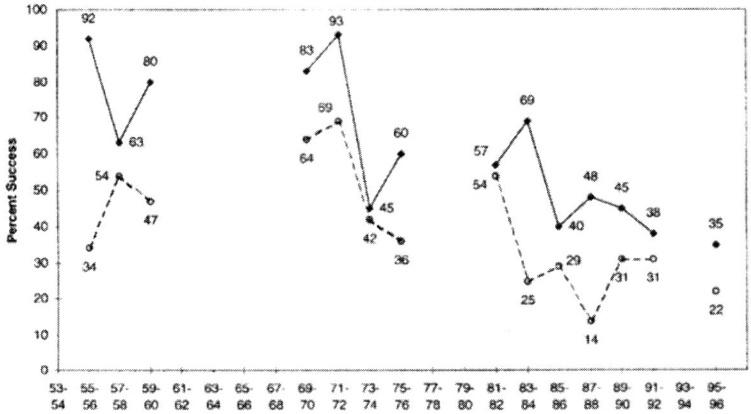

출처: Fleisher et al (2000, 12)

제3부

미국 정당 정치와 외교 정책

대외 정책 분열 이슈와 정당 경쟁

제3부

미국 정당 정치와 외교 정책: 대외 정책 분열 이슈와 정당 경쟁

외교 정책에 대한 초당파적 접근은 미국 대외 관계를 국내 정치 분쟁과는 별개로 취급하자는 정치적 합의라고 볼 수 있다. 미국은 2차 대전 이후 국제 질서를 구축하고 공산주의와 맞서 싸우는 리더십 역할을 담당하게 된다. 이 과정에서 대외 정책이 국내 정치 갈등에 휘둘려서는 안 된다는 당위론적 합의가 이루어지게 된다. 또한 국내 정치 변수와는 별개의 국제 정치 고유 행태에 대한 학문적 관심도 등장하였다. 새로운 국제 정치학 주류 패러다임에 따르면 개별 국가의 이해관계를 중심으로 한 국제 정치 접근법은 더 이상 이론적으로 타당하지 않다. 국제 구조적 차원의 설명만이 논리적으로 적합한 국제 정치 이론이라는 인식이 자리 잡게 되었다. 정리하자면 2차 대전 이후의 미국 정치는 초당파 외교를 강조하는 분위기를 만들어 내었다. 미국 정치학 또한 국내 정치 접근법을 배격하는 경향을 보이기 시작했다.

냉전 시기 미국이 추구한 자유주의적 국제주의 외교 정책과 그에 대한 국내적 합의는 미국 역사 전반적으로 볼 때 사실상 예외에 가깝다. 건국 이후 현재까지 대외 정책을 둘러싼 국내 정치 논란은 정도만 다를 뿐 지속되어 왔다. 심지어 냉전 합의 당시에도 국방 예산을 둘러싼 대통령과 의회, 정당 간 갈등은 일상적 현상이었다. 또한 신고전 현실주의(neoclassical realism), 신제도주의(new institutionalism), 국제정치경제(international political economy) 이론, 미국 정치발전(American political development) 학파 등은 왈츠가 주도한 국제 정치 이론 혁신과는 상이한 흐름이자 접근 방식이다. 국내 정치의 다양한 행위자와 선호 체계, 그리고 제도적 제약과 변화에 초점을 맞추어 국제 관계를 이해하려는 연구인 셈이다. 다시 강조하자면 미국 외교 정책이 국내 정치와 상관성을 가지는지 아닌지 여부에 대한 질문은 적절치 않다고 본다. 의미 있는 논의는 미국 대외 정책이 '왜, 언제, 어떻게' 미국 정치와 연관되는가에 관한 것이라고 할 수 있다.

특히 3부에서는 분열 이슈(wedge issue) 역동성을 중심으로 미국 외교 정책 변화를 살펴볼 예정이다. 대외 정책 이슈가 초래하는 '승자와 패자(winners and losers)'를 중심으로 한 분석은 주로 경제적 성격과 단면적(snap-shot) 측면에 초점을 두고 있다. 경제적 득실에 따라 정치적 연합이 달라진다는 차원을 중시하는 한편 정치적 연합의 이후 전개 양상은 크게 주목하지 않는다. 이에 반해 '분열 이슈(wedge issue)' 이론은 정치적 역동성과 역사적 규칙성을 중시한다. 당면한 대외 현안이 국내적 정치 연합 건설에 미치는 영향, 크기, 변화에 주목한다. 2년마다 하원 전체와 상원 1/3을 새로 뽑고 4년마다 대통령 선거를 치루는 선거의 나라가 미국이다. 외교 정책도 국내 정치 이슈화되기 위해서는 정당 경쟁과 선거 차원이 연결되어야 한다.[61] 더구나 양당제 시스템(two-party system)을 가진 미국 정치는 외교 정책을 둘러싼 새로운 정치적 연합 모색 과정에서 특수성을 보인다.

미국은 서부, 남부, 북부, 중서부 등 지역을 중심으로 한 다양성을 내포하고 있다. 보수-진보 간 이념적 스펙트럼 또한 각기 다른 이해관계에 기반하고 있다. 그런데 전국 단위에서 형성되는 양대 정당 경쟁 구도는 이를 세밀하게 조정하기 쉽지 않다. 필연적으로 두 정당 모두 내부에 정파(faction)들이 형성된다. 지역, 이념, 및 특수 이해관계를 대변하게 된다. 태생적으로 당내 정파들은 활발한 정책 공조와 정치 연합에 관심을 가지게 된다. 미국 정당의 정파들이 외교 정책 결정 과정에 관여하게 되는 배경이 된다. 국내 정치-외교 정책 상관성 또한 증대된다. 예를 들어 자유무역 정책은 1960년대 초당파적 합의의 산물이었다. 1990년대에 접어들면서 공화당과 민주당 모두 내부적으로 다른 입장들이 생겨난다. 일종의 분열 이슈로 변질된다. 자유 무역이라는 동일한 이슈에 대해 다른 정치적 함의가 만들어진 셈이다. 분열 이슈 이론은 이와 같은 이슈 역동성과 정당 경쟁에 주목한다. 자유무역/보호무

61 국내 정치 이슈화를 미국화(Americanization)라고 표현한 것은 베트남 전쟁 사례에 근거하였다. 1960-70년대 베트남 전쟁 당시 존슨 (Lyndon B. Johnson) 대통령 시기에 소위 Americanization(미국이 감당해야 할 이슈) 과정을 통해 미국의 개입을 확대하였다. 이후 닉슨(Richard Nixon) 대통령 때 Vietnamization(베트남이 당면한 이슈) 절차를 통해 베트남 전쟁 실패를 희석하려한 미국 외교사 사례를 인용하였다. 국내 정치 이슈화(Americanization) 과정과 결과는 분열 이슈 이론을 구성하는 매우 중요한 요소다.

역 논쟁은 경제학적–단면적 관점에서 보면 동일한 분배론적 함의를 가지고 있다. 그런데 정치 연합 형성이라는 정치적 맥락과 대통령 및 의회 선거에 미치는 상이한 영향력을 접목시켜 보면 각기 다른 정책 결정이 도출된다. '분열 이슈' 이론은 미국 대외 정책이 국내 정치와 맺는 상관성에 대해 정치의 수요 측면과 더불어 정책의 공급 측면 또한 동시에 강조한다.

제 3부 구성은 다음과 같다. 우선 샷슈나이더(E. E. Schattschnedier) 및 라이커(William Riker) 연구에 기초한 미국 정당 정치 접근법들을 소개한다. 이후 '외교 정책 분열 이슈 이론(foreign policy wedge–issue theory)'을 설명하고 이를 통해 미국 국내 정치와 외교 정책 간 상호 작용을 연합 건설(coalition–building) 관점에서 파악한다. 국내적으로 다양한 외교 이슈 입장들이 언제 어떻게 정치인들에 의한 정책 결정으로 전환되는지 알아본다. 분열 이슈 이론의 핵심 구성 요소라고 할 수 있는 대외 이슈 국내 정치화(Americanization) 과정과 결과를 탐색하는 일이다. 이후 분열 이슈의 이론이 실제 주요 미국 외교 정책에 어떻게 적용되어 왔는지 살펴보기로 한다. 중국과 관련된 다양한 역사적 사례를 소개한다.

1장

미국 정당 정치 개요

1. 미국 양당제(two-party system)와 정당 경쟁

정당 정치의 핵심은 정책 이슈를 둘러싼 갈등 구도 생성과 이에 따른 정치 연합 변화라고 할 수 있다. 이익과 손해를 둘러싼 집단 간 갈등이 존재하지 않는다면 이를 조정하는 역할인 정치가 애초에 필요 없다. 그런데 이슈가 불러오는 갈등 구조와 연합 세력의 분석을 위해서는 그 기준점이 중요하다. 정책 이슈와 균열 구조는 대부분 비대칭적 성격을 가지기 때문이다. 이슈에 대한 찬성과 반대 혹은 이익과 손해의 배분 및 분포가 정확히 50대 50인 경우는 거의 없다. 대개 이익을 취득하는 다수파와 손해를 감수하는 소수파로 나누어진다. 갈등 구조에 대해 어떤 식으로든 이미 정치적 해결이 이루어진 경우다. 정치적 타협이 아니라면 50대 50 대립 구조를 해소할 방법이 없기 때문이다. 전쟁이나 암

살이 예외다.

어느 정도 이익을 취할 것인가 혹은 얼마만큼 손해를 감수할 것인가를 놓고 정확히 반분(半分)하는 정치적 균형은 거의 불가능하다. 정치 안정이 중요한 이유다. 민주주의 정치보다 훨씬 더 일찍이 정치의 목적이자 정치학자들의 관심사가 정치 안정이었다. 정치적 안정을 추구하는 방식에 대해 아리스토텔레스는 전제정치부터 중우정치까지 다양한 형식으로 분류하여 제시하였다. 민주주의 시대 이후 정치적 안정은 다수파와 소수파가 정해지면서 만들어진다. 이를 통해 갈등이 잠정적으로 해결된 것으로 간주된다. 민주주의 작동 원리는 다수당이 다스리고 소수당이 보호받는 형태다. 또한 다수당과 소수당 위치가 선거에 의해 바뀔 수 있는 제도적 장치와 운영이 기본이다.

정부와 시장 관계를 예로 들어보자. 미국의 경우 경제 이슈 차원(issue dimension)이 중요한데 역사적으로 커다란 논쟁을 겪어 왔다. "대표 없이 과세 없다(No Representation, No Taxation)"는 주장은 독립 전쟁 슬로건이었다. 시민의 경제적 자유와 권리를 이유로 식민지 모국 영국과 결별하고자 하였다. 따라서 미국 국민들에게 정부의 시장 개입 문제는 건국 초기부터 민감한 이슈였다. 해밀턴 등 연방파의 정부 주도 경제 정책과 제퍼슨 등 반(反)연방파의 주/지방 우위 경제 정책은 대립하였다. 1800년 제퍼슨 대통령 선거로 일단락되었다. 연방 정부 중심의 강력한 경제 드라이브는 배척되었다. 형편에 맞게 주와 지방 정부가 중심이 되어 경제 정책을 만드는 것에 정치적 합의가 이루어졌다. 이후에도 노예 이슈와 관련된 중앙 정부 역할에 대한 논란은 거듭되었다. 건국 초기 '대논쟁(The Great Debate)'을 통해 강력한 정부는 배제하기로 한 합의는 지속된다. 1929년 대공황(The Great Depression) 시기까지 경제 이슈 차원에 있어 큰 변화는 없었던 셈이다.

후버(Herbert Hoover) 공화당 대통령은 임기 첫해 1929년 대공황 위기를 맞는다. 임기 말까지 시장에 의한 문제 해결 정책을 고수하였다. 후세에 '자유 방임정책(laissez-faire)'으로 비판받게 되지만 후버 행정부 대응은 후버 대통령 자신의 새로운 정책 입장이 아니었다. 100여 년 넘게 미국 정치에서 지속된 경제 이슈 차원 다수파 정책의 옹호였다. 1932년 취임식 연설에서 "우리가 두려워할 것은 두려움 그 자체 밖에 없다"라며 신임 루스벨트 대통령은 대변환을 예고하였다. 루스벨트(Franklin Roosevelt) 대통령과 의회 민주당이 주도한 '뉴딜 연합(New Deal Coalition)'은 경제 이슈 접근법을 변혁하였다. 정부의 적극적 역할을 승인하는 새로운 다수파 등장을 알렸다.

미국 정치의 또 다른 특징은 다수파와 소수파 구분이 명확하다는 점이다. 소선거구 다수제(single-member plurality) 방식을 한 번도 바꾼 적이 없는 나라다. 대부분 시기에 두 거대 정당이 다수당과 소수당 지위를 나누어 가졌다.[62] 1820년대 연방당이 소멸하였다. 잭슨(Andrew

62 다수제(plurality) 선거 방식은 쉽게 말해 가장 많은 표를 얻은 후보 1명이 당선되는 방식이다. "first-past-the-post" 혹은 "winner-takes-it-all" 시스템이라고도 불린다. 과반 획득 여부와 상관이 없다는 점에서 1등 후보가 과반수를 얻지 못한 경우 2차 투표를 시행하는 유럽 일부 국가의 결선 투표(run-off) 방식과도 다르다. 미국의 경우 전국 단위 선거 중 연방 하원을 구성하는 각 지역구 선거가 이에 해당한다. 참고로 미국 대통령 선거는 주(州) 단위 선거 결과 한 표라도 더 획득한 승자가 해당 주에 배당되어 있던 선거인단을 전원 차지하고 이를 합산하여 전체 선거인단 538명의 과반수인 270명을 확보하면 당선되는 선거인단(Electoral College) 선거 방식이다. 미국 상원의 경우 개별 상원 의원은 다수제로 선출하지만 동일한 선거구인 각 주(州)에서 2명씩 대표자를 선출한다는 점에서 일종의 "중선거구(two-person delegation)" 의미도 가지고 있다. 이에 대해서는 Schiller의

Jackson) 대통령에 반대하며 1834년 등장한 휘그(Whigs)당 시기까지 짧은 기간 정당 정치가 부재하였을 뿐이다. '기분 좋은 시대(Era of Good Feeling)'라고도 불리운다. 노예 제도 갈등을 계기로 휘그당이 1850년대 말 링컨(Abraham Lincoln) 주도의 공화당(Republican Party)으로 탈바꿈하였다. 1830년대 대통령 선거를 치르면서 잭슨 대통령과 밴 뷰렌(Martin Van Buren)은 민주당(Democratic Party)을 건설한다. 이후 민주당과 공화당 중심 양당 시스템(two-party system)이 이어져 오고 있다.

2. 중대 선거(critical elections)와 정당 재편성(partisan realignment)

다수당과 소수당으로 구성되어 있는 양당제 국가로서의 미국 정당 정치 변화는 어떤 방식으로 전개될까? 선거 경쟁을 통한 정당 정치 변화가 주목을 받아 왔다. 연방/주/로컬(local) 차원이 지역과 이슈 등으로 얽혀 있다. '견제와 균형' 원리는 제도적 특징이다. 이러한 나라 미국에서 급격한 정치 변화는 쉽게 일어나지 않는다. 키(V. O. Key 1955)가 주창한 '중대 선거론'은 번햄(Walter Dean Burnham 1970) 등이 발전시킨 '정당 재편론'과 결합된다. 미국 정당 변화 연구에 의미 있는 분석틀을 제시한다.[63] 1932년을 기점으로 미국 정치사를 양분하는 방식은 너무 단순하다고 본다. 이전과 이후 벌어진 다양하고 역동적인 미국 정치 변화

연구가 흥미롭다. Wendy Schiller. 2000. *Partners and Rivals: Representation in U.S. Senate Delegations*. (Princeton: Princeton University Press)

63 중대 선거 부분은 저자의 논문 일부를 보완하여 인용하였다. 서정건. 2014. "미국 중간선거에 관한 역사적 고찰" 『21세기정치학회보』 24(3): 605-625.

를 설명하기에 역부족이다. 1788년부터 치러진 선거가 정치적으로 모두 중요한 것도 아니다(Brady 1988).[64]

중대 선거는 미국 역사상 평균 약 37년마다 주기적으로 반복되어 온 중요한 선거를 가리킨다(윤광일 2011). 1800년 제퍼슨 혁명이라 불리는 최초의 정권 교체 선거가 있다. 참정권 확대를 통해 소수 엘리트 중심에서 벗어나 대중 기반 정당 정치 시대를 연 1828년 선거가 해당된다. 남부 주들과 북부 주들 간 건국 이래 지속되어온 노예제 관련 분쟁이 종결되는 1860년 선거도 중대 선거다. 산업혁명 시기를 거치면서 미국 경제 향방에 대해 산업 자본주의냐 농업 중심주의냐, 그리고 금본위제냐 혹은 은본위제냐를 둘러싼 정치경제 세력의 격전장이 된 1896년 선거도 있다. 대공황 시기에 자유방임주의 방식을 고수하던 공화당과 1896년 이래 거의 대부분 야당으로 지내 온 민주당 간 진검 승부였던 1932년 선거도 포함된다. 뉴딜 시대 폐해를 국민에게 효과적으로 설명하고 작은 정부 전통을 다시 강조했던 레이건 대통령의 1980년 선거도 중대 선거로 분류된다.

'중대 선거론'을 둘러 싼 이론적 비판과 혼란도 없지 않다. 특히 1960년대 중반 이후 베트남 전쟁과 흑인 인권 운동으로 야기된 사회적 소용돌이 상황 해석이 문제였다. 중대 선거들은 정당 재편과 불가분의 관계를 보여 왔다. 유권자들의 강한 정당 일체감과 높은 선거 참여율이 기본 전제다. 1968년 대통령 선거에 앨라배마(Alabama) 월러스

64 V. O. Key, Jr. 1955. "A Theory of Critical Elections," *Journal of Politics* 17(1):3–18; Walter Dean Burnham. 1970. *Critical Elections and the Mainsprings of American Politics*. (New York: Norton); David W. Brady. 1988. *Critical Elections and Congressional policy Making*. (Stanford: Stanford University Press)

(George Wallace) 주지사가 제3당 후보로 나서면서 크게 주목받는다. 다시 말해 1960년대 당시 공화당과 민주당은 이념적으로나 정책적으로 별다른 차별성이 없었다. 기성 정당 정치에 실망한 유권자들이 '정당 이탈(dealignment)' 현상을 보였다. 구체적으로 케네디 암살 이후 존슨(Lyndon B. Johnson) 대통령이 크게 승리한 1964년 대선을 중대 선거로 볼 수 있느냐를 놓고 의견이 갈렸다. 번햄(Burnham 1999)은 '단절적 균형(punctuated equilibrium)' 이론을 대신 도입한다. 이를 통해 미국 정치의 장기간 균형과 단기간 변화 설명을 새롭게 모색하기도 하였다.[65]

정당 양극화(party polarization)는 1980년대 이후 심화되고 있다. 정당 정치의 급격한 변화와 중대 선거 이론에 대한 도전 요소다. 어느 한 쪽도 다수당이 되기 어려운 것이 정치 양극화 구도다. 미국 정치의 지배 연합은 더 이상 생성 불가능한 것일까? 2008년과 2012년 연속 대선에 승리하면서 주목 받은 '오바마 연합(Obama Coalition)'이 있다. 하지만 2010년과 2014년 중간 선거 대패 결과가 보여주듯 의회 다수파까지 도달하지 못했다(이재묵 2013). 2016년 대선도 공화당 트럼프에게 넘겨주게 된다. 뉴딜 시대 이후 민주당은 주로 인종 중심 대표성을 기반으로 한 '정체성 정치(identity politics)'에 의존해 왔다. 그 한계와 역설이 2016년에 나타난 것이라 볼 수 있다. 흑인, 여성, 청년, 라티노, 동성애자 등이 주축이 된 오바마 연합은 이념과 지역을 넘어선 그룹의 결합이었다. 그런데 결정적으로 저소득 백인 노동자 계층이 배제되었

---

65 Walter Dean Burnham. 1999. "Constitutional Moments and Punctuated Equilibria: A Political Scientist Confronts Bruce Ackerman's "We the People," *The Yale Law Journal*, 108(8): 2237–2277

다. 이 그룹이 2016년 선거를 통해 트럼프에 크게 호응하였고 오바마 연합이 역풍을 만나게 된 셈이다.

〈그림 10〉은 백인 유권자들 사이 교육 수준 차이가 정당 지지에 어떤 변화를 가져왔는지 보여 준다. 정당 양극화가 한창 고조되던 1990년대 당시에도 교육 수준과 정당 지지는 큰 상관성이 없었다. 클린턴 대통령과 조지 W. 부시 대통령 시기 고졸 이하 백인 유권자들의 정당

〈그림 10〉 백인 유권자들의 교육 수준과 지지 정당 변화 추이, 1994–2017

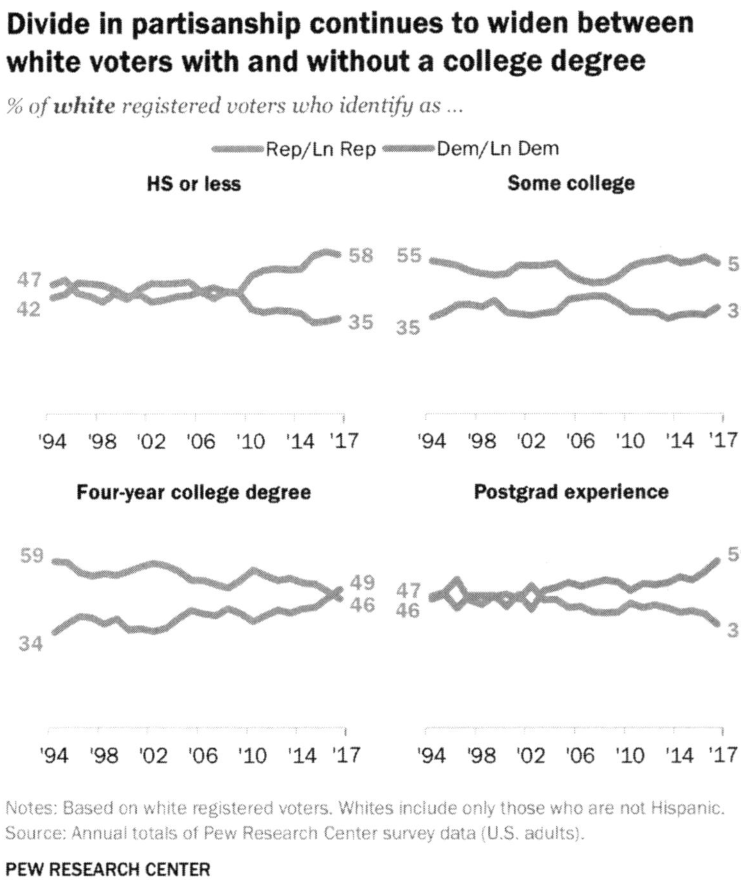

출처: Pew Research Center

지지는 뚜렷한 차이를 보이지 않았다. 그런데 2008년을 기점으로 큰 변화가 생긴다. 대학 교육을 받지 못한 백인 유권자들의 정당 지지가 뒤바뀐 현상이 발생하였다. 2008년 오바마 대통령 당선을 기준점으로 급격한 공화당 쏠림 현상이 생긴다. 60 대 40 정도 비율로 저학력 백인 유권자 그룹이 공화당을 지지하는 상황이다. 미국에는 여전히 대학 교육을 받지 못한 인구가 적지 않음을 고려할 때 중요한 정치적 변화임에 틀림없다. 반대로 4년제 대학 교육을 마쳤거나 대학원 이상의 교육 수준인 경우 민주당 선호도가 늘어나고 있다. 경제 수준과 교육 정도 그리고 인종 갈등 문제는 민감하게 얽혀 있는 것이 사실이다. 저소득-저학력 백인 유권자들이 2008년 이후 흑인 대통령에 대한 반감을 표출한 것이라는 분석이 존재하는 것도 사실이다. 인종 문제, 교육 문제, 경제 격차 등 다양한 요소들이 선거에 미치는 영향에 대해 여전히 많은 연구가 필요한 이유다.

그렇다면 트럼프가 승리한 2016년 대통령 선거는 중대 선거일까? 대통령 선거인단 득표 현황으로만 보면 민주당 힐러리 클린턴 후보가 완패하였다. 그런데 대통령 선거인단 계산법과 별개로 전국적으로 얻은 표를 모두 합산해 보면 힐러리 후보의 승리다. 트럼프 후보보다 거의 3백만 표를 더 얻었다. 양극화된 미국 정치 지형과 민주당 강세 주의 인구가 훨씬 많은 점을 고려하면 향후 대선도 마찬가지가 될 가능성이 높다. 대통령 선거인단 결과와 상관없이 민주당 후보가 공화당 후보에 비해 전국 득표에서는 앞서게 될 개연성이 크다. 현실 정치적으로 큰 의미는 없다. 잘 알려져 있는 대로 대통령 선거인단 방식에서는 각 주의 선거인단 수 최대치가 고정되어 있다. 개별 주에서 얼마나 크게 이겼는가 격차는 선거인단 제도에서는 무의미하다. 각 주 별로 1명이라도 더 많은 유권자 표를 얻은 후보가 그 주를 승리한다. 극단적인 예로 텍사스 주에서 대선 당일 단 한 명만 투표장에 나와 공화당 후보를 찍고 나머지 모든 텍사스 주민은 투표에 불참했다고 가정해 보자. 이 경우 텍사스 주에 배정되어 있는 대통령 선거인단 38명 전원을 공화당 후보가 가져가도록 되어 있는 시스템이다. 그런데 2016년 미국 대통령 선거가 미국 정치판을 어느 한 쪽으로 크게 기울게 한 중대 선거라고 보기는 어렵다. 역대 중대 선거의 대통령 선거인단 득표 현황을 보여주는 〈그림 11〉을 통해 보면 이를 비교적 분명히 알 수 있다. 50 대 50의 정치 양극화는 미국 정치에서 현재 진행형이다.

〈그림 11〉 미국 역사상 중대선거(critical elections)와 2016년 선거 비교

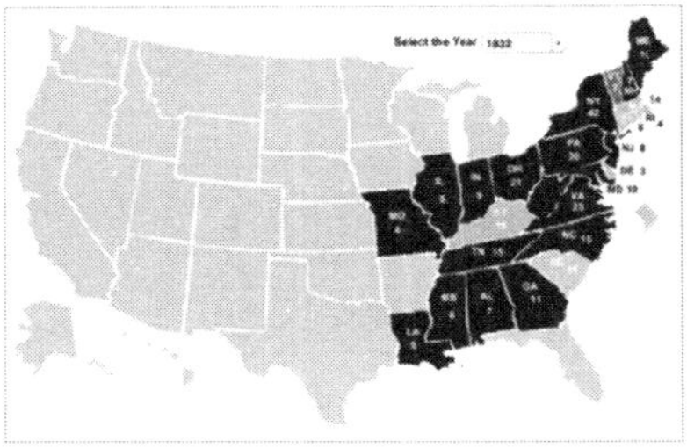

1832년 대선 결과(잭슨 압승)

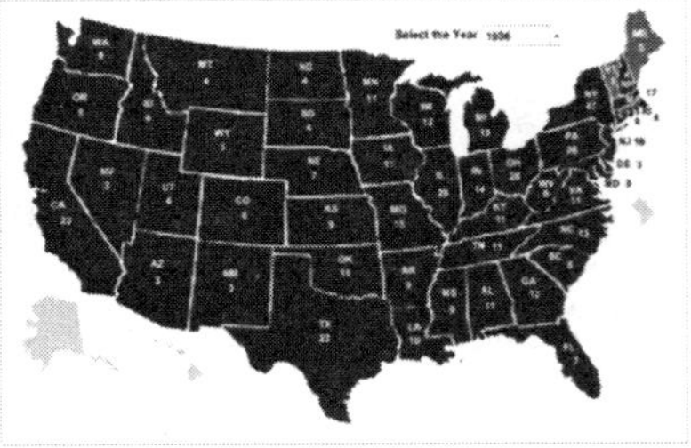

1936년 대선 결과(루스벨트 압승)

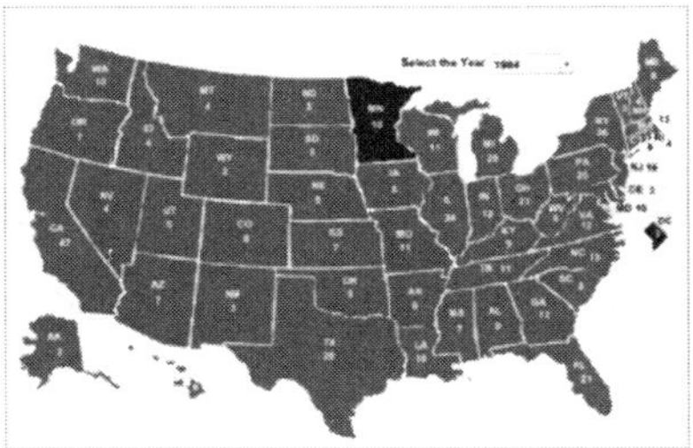

1984년 대선 결과(레이건 압승)

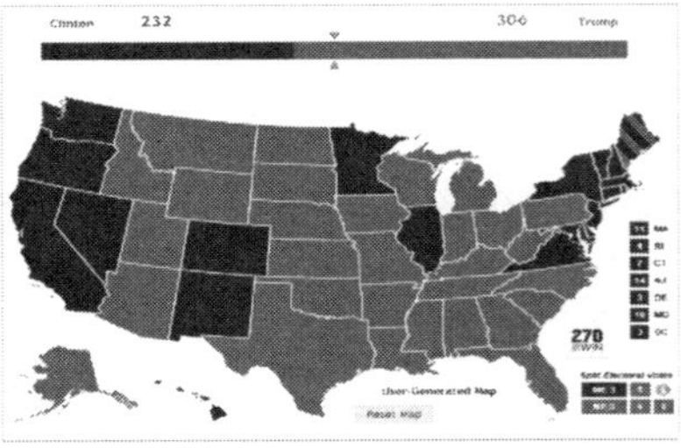

2016년 대선 결과(트럼프 승리)

출처: www.270towin.com 자료를 저자가 정리

2장
미국 정당 정치와 외교 정책

1. 정당 이론과 외교 정책

정당은 국민의 정책 요구(demand)를 대의 정치라는 공급(supply) 측면과 연결해 준다. 외교 정책과 관련된 다양한 국내 정치 행위자 중 정당 역시 중요하다. 사실 학문적 연구는 부족하며 정당 쇠퇴론('party-in-decline')까지 제기되는 상황이다. 그럼에도 불구하고 정당을 중심으로 선거를 치르지 않는 현대 대의민주주의 국가는 찾기 어렵다. 선거 이후 정부가 구성될 때 다수당이 여당이 된다. 선거에 패배한 정당은 야당이 되어 역할을 나눈다. 더구나 국내 정책과 국제 이슈 간 분리가 점점 어려워지는 상황이다. 정당이 외교 정책 수립과 집행, 평가와 관련하여 차지하는 비중은 적지 않다. 정당 정치와 외교 정책의 상관성은 비교 정치 영역과 국제 정치 영역 분야를 막론하고 최근에 들어서

연구가 활발한데 미국도 예외가 아니다. "정치는 국내에서 멈춰야 한다(Politics should stop at the water's edge)"라는 반덴버그(Vandenberg) 대외 정책 선언을 살펴본 바 있다. 여기서 정치란 구체적으로 정당 정치를 가리킨다. 정당 정치는 대통령–의회 관계 등 제도 정치와도 중첩된다. 연구자들의 체계적 관심에서 벗어나 있던 또 다른 이유다.

정당이란 무엇인가? 이에 대한 두 가지 다른 정의를 살펴보자. 정당의 발생 기원과 운영 딜레마를 파악하는데 유용하다. 우선 버크(Edmund Burke)에 따르면 정당은 동일한 신념을 공유하는 정치 집단이다. 국익에 맞는 정책을 추구하는 단체인데 일종의 고전적 정의라고 볼 수 있다. 이에 반해 다운스(Anthony Downs)에게 정당이란 선거 승리를 위해 만들어지고 유지되는 결사체이다. 정권 획득이 정당의 고유 목표이며 이를 주목한 정의다. 다시 말해 선거에서 이기지 못하는 정당은 숭고한 가치와 정책 전문성을 가지고 있어도 별 소용이 없다. 따라서 선거 승리를 위해서라면 정책 입장을 바꿀 수도 있다는 것이 다운스 제안이다. 앞서 살펴 본 '중위투표자이론(median–voter theorem)'은 이를 뒷받침하는 개념이다. 신념과 가치를 기초로 하고 일관된 정책을 추구하는 버크의 정당으로서는 받아들이기 어려운 주장이다.

정당 입장의 유지 및 변화와 관련하여 신축성(flexibility)과 신뢰성(credibility) 개념이 중요하다. 양당(兩黨)체제가 건국부터 현재까지 유지되고 있는 미국 정당 정치에서 특히 중요한 개념이다. 거대 양당 체제에서는 당내(intra–party) 단합과 분열이 빈번하게 일어난다. 한편으로는 유권자 요구에도 불구하고 입장을 바꾸지 않는 소통 실패 정당이 있다. 신축성이 결여되어 있는 정당이다. 또 다른 한편에는 선거 승리만을 위해 입장을 자주 바꾸는 신뢰 못할 정당도 있다. 신뢰성이 문제인 정당이다. 결국 신축적이면서 신뢰할 수 있는 정당이 이상적이다. 신축적인 외교 정책 입장을 취하면서도 안보 및 통상 관련 국민들의 신뢰를 받는 정당 모습이 최선이다. 이런 관점에서 볼 때 미국 양대 정당의 경쟁과 협력은 대외 정책-국내 정치 연관성을 파악하는데 핵심 포인트라고 할 수 있다.

국내 정치-외교 정책의 상호 작용과 관련된 정당을 연구할 때 고려해야 할 세부 영역에 대해 알아보자. 첫째, 정부 수준 정당(party-in-government) 차원이다.[66] 양당제 하에서 정당은 대외 정책을 결정하는 정치 연합 구축을 담당한다. 냉전 시기 미국은 자유주의적 국제주의를 신봉하고 적극적 대외 질서 리더십을 행사할 수 있었다. 그 배경에 대해 대통령 리더십과 의회 협조라는 제도적 틀만으로는 설명이 부족하다. 소위 '냉전 합의(Cold War Consensus)'를 지속시키는데 성공한 국내 정치 연합을 주목해야 한다. 여기에 정당 정치가 직결된다. 사실 민주당과 공화당 모두 다른 목소리를 가진 그룹이 내부적으로 존재하였다.[67] 하지만 지배적 정치 연합으로서의 '냉전 합의' 세력은 확고한 지위를 유지하였다. 국방비 증대를 요청하는 대통령 및 해외 원조 확대를

66 V. O. Key(1958)는 일찍이 정당의 기능 및 활동과 관련하여 세 가지 상호 연결된 차원으로 구분하였는데, 정부 수준 정당(party-in-government), 유권자 수준 정당(party-in-the-electorate), 그리고 조직 수준 정당(party-as-organization)이 그 내용이다. 정진민 외. 2015. 『정당정치의 변화, 왜 어디로』(서울: 형설출판사)

67 예를 들어 냉전 초기 아이젠하워 공화당 세력(Eisenhower Republicans)은 균형 예산(balanced budget)을 최우선 가치로 내걸고 국방 예산 증액에 대해 반대하였다. 케네디 행정부가 추진했던 1963년 해외 원조(foreign aid) 법안에 대해 진보파 의원들은 1/3 이상 예산을 삭감한 적도 있다.

지지하는 의회와 결부된 연합 세력이었다. 이는 개별 대통령의 리더십 스타일이나 특정 의회의 대통령 협력을 넘어선 현상이다. 미국 국내 정치와 외교 정책은 정부 수준 정당에서 연결되고 있다.

둘째, 유권자 수준 정당(party-in-the-electorate)이 있다. 유권자 입장에서 인식하는 정당의 정책 입장 및 정치 상황을 가리킨다. 정당 명칭이 연상케 하는 정책 입장이 일종의 브랜드 네임(brand-name)으로 작동한다. 정당 이름이 주는 정보 제공의 의미가 크다.[68] 이를테면 정책의 구체적 수치나 법안 세부 내용에 대해서 유권자들은 잘 모르는 경우가 많다. 하지만 정당이 가진 정책 방향에 대해서는 비교적 익숙하다. 정당 이름만 들어도 유추가 가능하다. 공화당과 민주당이 의회에서 각각 내년 국방 예산을 어느 정도 증액 혹은 감액 하려는가에 대해 유권자들은 정확히 알지 못한다. 이에 비해 국방비를 늘리려는 정당이 공화당일 것이라는 점은 쉽게 추측한다. 유권자 수준 정당과 대외 정책의 연결점은 후보 선출부터 정책 결정까지 다양하다.

두 정당의 입장 변화와 관련하여 베트남 전쟁은 중대한 의미를 가진다. 베트남 전쟁 실패 이후 공화-민주 양당 간 입장 차이가 분명해졌기 때문이다. 이후 공화당은 국제 관계에 있어 강경한 공세적 입장을 취해 왔다. 민주당은 반대로 대화와 협상을 선호한다. '안보 격차(security gap)' 개념은 공화당이 대외 안보 문제를 더 잘 다루는 정당이라는 유권자 인식 차이를 뜻한다. 이는 주로 대통령은 공화당 그리고 의

---

68 James M. Snyder and Michael M. Ting. 2002. "An Informational Rationale for Political Parties," *American Journal of Political Science* 46(1): 90-110; Jonathan Woon and Jeremy C. Pope. 2008. "Made in Congress? Testing the Electoral Implications of Party Ideological Brand Names," *Journal of Politics* 70(3):823-836

회는 민주당이 주도해 온 역사적 사실과도 무관하지 않다. 군 통수권자인 대통령을 선출하는 대선에서 공화당이 어느 정도 혜택을 누려온 것도 사실이다(손병권 2003). 물론 공화당 부시 대통령 시기에 벌어진 이라크 전쟁 실패와 민주당 오바마 대통령의 업적인 빈 라덴(Bin Laden) 사살로 인해 상황이 많이 달라졌다. 유권자가 느끼는 정당 간 안보 이슈 경쟁력 차이가 최근 들어 줄어들었음을 뜻한다.[69]

셋째, 조직으로서의 정당(party-as-organization)은 선거 승리와 정책 홍보를 위해 체계적으로 운영된다. 건국 초기 정당은 소수 엘리트 중심의 명망가 집단이었다. 19세기 후반 들어 대중 기반의 정당 머신(party machine)으로 변화하였다. 매디슨(Madison)식 민주주의에서 잭슨(Jackson)식 민주주의로의 이행을 뜻한다. 현재는 양당 모두 전국 위원회(Republican National Committee/Democratic National Committee)를 중심으로 조직이 구성되어 있다. 전국위원회가 주 단위 정당 조직과 연결된다. 텍사스 공화당, 캘리포니아 민주당 등이 그 예인데 지역의 정당 조직은 상당 수준 자율성을 가지고 있다. 한편 1952년 아이젠하워 대선 이후 TV 선거 캠페인의 중요성은 지속적으로 커지고 있다(이옥연 2005). 이에 따라 선거 자금 확보가 정당 조직의 최대 목표가 되었다.[70]

---

69 Hannah Goble and Peter M. Holm. 2009. "Breaking Bonds? The Iraq War and the Loss of the Republican Dominance in National Security," *Political Research Quarterly* 62: 215–229.

70 엡스타인(Leon Epstein, 1967)은 뒤베르제(1951)의 전통적 유럽 중심 정당 이론을 반박한다. 정식 당원의 숫자가 줄어들고 이념적 성향이 약해질 뿐만 아니라 미디어(media) 의존도가 높아지는 미국 정당을 분석한 후 이를 '우파로부터의 전염(contagion from the right)'이라 칭하였다. Duverger, Maurice. 1951. *Les Parties Politiques. Seuil, Paris*(English translation: *Political Parties*. Wiley, New York, 1954). Epstein, Leon D. 1967. *Political Parties in Western Democracies.* (New York:

미국 경우 특이점은 대통령 선거에 출사표를 던지기 전 후보별 모금 능력을 먼저 시험해 본다는 점이다. 그리고 현직 대통령 혹은 대선 도전자의 외교 정책은 TV 캠페인 광고에서 집중 조명되기도 한다. 선거 주요 의제로 부각되는 경우도 적지 않다. 예를 들어 1984년 대선 기간 중에 공화당 조직은 "숲 속의 곰(a bear in the woods)" 선거 동영상을 집중 방송한 적이 있다. 곰으로 비유된 소련의 위협에 민주당 도전자인 먼데일(Walter Mondale) 후보가 태만하다는 점을 반복하여 부각시킨 내용이다. 레이건 대통령이 주창한 "힘을 통한 평화(peace through strength)" 메시지가 유권자들의 전폭적 지지를 받게 된 배경이기도 하다.

2. 미국 정당 역사와 대외 정책

미국만큼 건국 초기부터 정당 정치가 대외 정책과 밀접했던 나라도 드물다. 신생국 미국의 최대 당면 과제는 유럽 열강과의 관계 설정 문제였다. 해밀턴 중심의 연방파는 영국과 가까웠다. 대혁명(French Revolution)중이던 프랑스에 우호적이었던 미국 내 정치 세력은 반(反)연방파였다. 정치 사상가 매디슨은 정당을 분파(faction)로 규정하며 경계한 적이 있다. 하지만 워싱턴 대통령 시기 정당 정치는 자연스럽게 발생하고 전개되었다. 정당 간 극단적 대립 이슈 중 하나가 바로 영국과 프랑스 중 누구를 선택할 것인가 이슈였다. 해밀턴과 매디슨은 원래

Frederick A. Praeger)

건국 과정에서 한 때 의기투합했었다. 새로 만든 헌법이 13개 주의 승인을 얻을 수 있도록 하기 위해『연방주의자 논고(Federalist Papers)』를 공동 집필할 정도였다. 이들이 정치적으로 갈라서게 된 결정적 계기도 대외 정책 입장의 극명한 차이 때문이었다.

워싱턴 대통령 국정 1기(1789-1793)에 여러 국내적 현안은 어느 정도 정리되었다. 그런데 두 번째 임기 첫 해인 1793년부터 국제 이슈로 인한 혼란이 가중된다. 프랑스 대혁명 와중에 벌어진 유럽 강대국들의 갈등 구조에서 더 이상 미국이 자유로울 수 없게 되었음을 뜻한다. 제퍼슨 일파는 건국 당시 도움을 받았던 프랑스 편에 서야 한다고 믿었다. 독립 전쟁을 공식 종결시킨 파리 조약(Treaty of Paris of 1783) 체결 당시 프랑스가 미국을 도왔던 일을 기억하자는 주장이다.[71] 그런데 워싱턴 대통령은 반(反)연방파의 기대를 저버린다. 초대 대통령은 1793년 '중립 선언(Neutrality Proclamation)'을 전격 발표하였다. 신생국 미국의 현실을 중시한 워싱턴의 결정이었다. 워싱턴의 중립 선언은 대통령 권력 범위를 둘러싼 최초의 본격적 논쟁을 불러일으킨 사건이기도 하였다. 매디슨에 따르면 중립 선언 행위 자체가 기존 국제 관계를 새롭게 규정하는 정책이므로 이는 의회 동의를 거쳐야 했다. 해밀턴은 반대 의견을 개진하였는데 의회의 전쟁 선포 권한 발동 이전까지는 평화 유지가 전적으로 행정부의 권한과 책임이라는 주장이었다. 현재도 미국 외교 정책을 둘러싼 정치적 논쟁은 대부분 대통령의 권한 범위가 그 쟁점

71 흥미롭게도 역사상 미국 의회가 주도적으로 조약을 폐기한 사례는 한 번이다. 1798년 애덤스(Adams) 대통령 당시 이전에 맺었던 프랑스와의 상호방위조약을 폐기하였다.

이다. 건국 초기와 크게 다르지 않다. 대통령 대외 정책에 관한 정파적 대립의 서막이 오른 셈이다.

대외 정책 결정 과정에서의 연관성 못지않게 미국 정당은 창당, 변화, 붕괴에 있어 국제 이슈와 밀접하게 관련되어 있다. 독립 이후에도 영국은 사사건건 미국을 괴롭혔다. 미국의 수출을 봉쇄하고 북부 지역(northern forts) 점령 해제를 미루었다. 미국 선원과 선박을 불법 압류하는 사태까지 이르렀다. 미국 국민들은 분노하였고 영국과의 일전불사(一戰不辭)를 외쳤다. 정작 워싱턴 대통령은 전쟁 폐해를 심각하게 우려하였다. 신생국 미국이 영국을 이길 수도 없는 노릇이었다. 결국 친영파(親英派) 성향인 대법원장 제이(John Jay)를 영국으로 보내 협상하도록 한다. 제이는 미국에 유리한 협상 결과를 만들어 내는데 실패한다. 다만 전쟁을 피하는데 성공한다. 제이 조약(Jay Treaty) 비준 문제를 놓고 국민들은 거세게 반발하였다. 두 정파 또한 크게 대립한다.[72] 연방파

72 제이 조약을 통해 미국이 영국으로부터 얻은 것은 1783년 이미 합의한 북부 지역 점령 해제 재확인, 최혜국대우(most-favored nation) 조항 정도인데 그나마 영국령 서인도제도(British West Indies) 접근은 크게 제약을 받았다. 나머지 영국과의 분쟁 내용들은 이후 중재를 통해 해결할 것이 약속되었고 심지어 프랑스로 향하는 물품에 대해서는 영국의 압수를 인정해 주었다. 이와 같은 굴욕적 내용이 알려지면서 워싱턴 대통령에 대한 국민들의 존경심은 급속히 줄어들게 된다. 역사학자 베슐로스(Michael Beschloss)에 의하면 버지니아의 독립 전쟁 참전 용사들마저 "워싱턴에게 죽음을(A Speedy Death to General Washington!)"이라고 외쳤다고 한다.("Presidential Courage," May 20, 2007, *The New York Times*). 대통령 연임 제한 규정이 헌법에 없었던 당시 워싱턴이 1796년 세 번째 대통령 선거 출마를 포기하게 된 배경에는 제이 조약 비준 당시 국민들이 보인 격한 반응에 충격을 받았기 때문이라는 분석도 있다. 이러한 배경으로 이루어진 대통령의 3선 포기 관행은 1940년 프랭클린 루스벨트의 3선 출마에 의해 깨지게 될 때까지 144년간 유지된다. 재선까지만 대통령 임기를 허용하는 수정 헌법 22조는 1951년 트루먼 대통령 시기에 비준된 바 있다. 원문은 다음과 같다. "No person shall be elected to the office of the President more than twice, and no person who has held the office of President, or acted as President, for more than two years of a term to

와 반연방파 수준의 의회 갈등 구조가 더욱 본격화되었다. 1795년 6월 상원의 제이 조약 승인 과정(찬성 20표, 반대 10표)을 놓고 두 정파는 완전히 대립하게 된다. 결국 연방당(Federalist Party)과 공화당(Republican Party)이라는 정당의 모습을 제대로 갖추게 된다. 미국 정당 정치의 경우 그 발생 자체가 대외 정책 논란과 관련이 깊다.

한편 대의 민주주의 제도 하에서 정당은 종종 정책 입장을 바꾸기도 한다. 실제로 연방당과 공화당은 각각 정치적 상황에 따라 정책 입장을 뒤엎게 된다. 역시 대외 정책 분야와 관련이 깊다. 1794년 11월에 영국과 맺은 제이 조약의 논쟁점은 크게 두 가지였다. 첫째, 조약 협상을 위해 특사(special envoy)를 파견할 권한이 대통령에게 있는가 여부였다. 둘째, 협상 관련 외교 문서를 공개해야 하는가 문제였다. 제이 조약은 비밀 외교의 산물이라고 비판했던 제퍼슨 공화당원들과 분노한 국민들이 제기한 문제점이기도 하다. 10년이 채 지나지 않아 1803년 제퍼슨 대통령 시대에 루이지애나 매입(Louisiana Purchase)이 이루어지게 된다. 루이지애나 매입은 미국 영토를 거의 두 배나 확장시켰다. 나폴레옹이 스페인으로부터 빼앗은 영토를 1천 5백만 달러라는 비교적 헐값으로 미국에 넘겨주었다. 그런데 매입 과정이 문제였다. 이번에는 공격과 수비가 뒤바뀐다. 제퍼슨 대통령이 측근인 먼로(James Monroe)를 협상 특사로 파견하였다. 제퍼슨 행정부는 관련 외교 문서 공개 또한 거부하였다. 제퍼슨과 매디슨이 불과 몇 년 전 워싱턴과 연방당을 향해 격렬하게 문제 제기하던 바로 그 이슈였다. 워싱턴 행정부 결정을 일방

which some other person was elected President shall be elected to the office of the President more than once."

적으로 지지하였던 연방당도 입장을 바꾸기는 마찬가지였다. 이번에는 상대 정당 제퍼슨 대통령의 외교 행태를 비판하고 나선 셈이다. 이처럼 정당이 정책 입장을 바꾸는 현상 또한 초기 미국 대외 정책과 연관성을 가진다.

마지막으로 정당은 만들어지기도 하고 변하기도 하며 사라지기도 한다는 점에 주목해 보자. 기존 정당이 붕괴되는 현상도 미국 초기의 외교 정책과 연관이 있다. 제이 조약(Jay Treaty of 1795)으로 가라앉은 듯 보였던 영국과의 불화가 다시 재연되었다. 1803년 영국은 나폴레옹 프랑스에 전쟁을 선포하였고 제퍼슨 대통령의 금수(禁輸) 조치(Embargo Act of 1807)가 대대적인 실패로 끝나면서 새로운 국면이 전개된다. 프랑스와의 전쟁 수행을 핑계로 영국이 미국 선박을 강제로 압수하는 사태가 벌어졌다. 미국 선원들을 강제로 구금하기도 하였다. 마침내 매디슨 대통령은 1812년 6월 1일 영국에 대한 전쟁 선포를 요청하게 된다. 의회 전쟁파(war hawks)가 독촉한 결과이기도 하였다. 하원의장 클레이(Henry Clay)와 칼훈(John Calhoun) 의원 등 서부와 남부 출신 의회 강경파가 여론을 등에 업고 대통령을 압박하였다.[73]

이 상황에서 제퍼슨의 통상 금지 조치로 큰 경제적 타격을 입었던 뉴잉글랜드(New England) 지역이 그들만의 독자적 정책 방향을 모색하게 된다. 이 지역 연방당 의원들이 비밀회의(Hartford Convention)를 소

73 영국과의 1812년 전쟁(War of 1812) 초기 열세였던 미국은 수도 워싱턴 DC 소재 백악관 및 연방 정부 기관들이 불태워지는 수모를 겪는다. 이후 볼티모어와 디트로이트 주요 해전에서 승리를 거두며 버티게 된다. 지지부진하던 전쟁은 1814년 12월 러시아 황제(Czar)의 중재로 양 국가가 강화 조약(Treaty of Ghent)을 맺게 되면서 종말을 고하게 된다.

집하였다. 이들은 서부와 남부만의 이익을 위한 전쟁이라며 애초부터 1812년 전쟁을 반대하였다. 비밀회의를 통해 연방당원들은 영국에게 정치적 양보를 약속하고 속히 전쟁을 끝내자고 모의하게 된다. 이 당시는 1815년 뉴올리언스 전투(The Battle of New Orleans) 승리로 미국 국민들의 애국심이 한껏 고취되었던 시기였다. 급기야 모의가 발각되었고 연방당은 조국을 등지고 지역 이익만을 지키려던 배신 집단으로 낙인찍힌다.[74] 이후 선거에서 연방당은 후보조차 내지 못하게 되고 급속히 몰락의 길을 걷게 된다. 대외 정책 때문에 정당이 붕괴한 경우다.

74 영국과의 전쟁 종결 소식을 미처 듣지 못했던 잭슨(Andrew Jackson) 장군은 대대적 반격 끝에 1815년 뉴올리언스 전투(The Battle of New Orleans)에서 영국군에 대승을 거두게 된다. 이를 통해 잭슨은 전쟁 영웅으로 단숨에 전국적 명성을 사람들로 하여금 "미국 국민(Americans)"이라는 일종의 국가 정체성을 인식하도록 만드는 계기도 되었다.

3장

대외 정책 분열 이슈와 미국 정당 정치

1. 분열 이슈 정치와 정치학

앞서 살펴 본 중대 선거 및 정당 재편성 논의에 기초하여 본 연구가 주목하는 이슈는 분열 이슈(wedge issue)이다. 다수당-소수당 경쟁 구도의 핵심 변수다. 다수파 등장과 소수파 몰락이 만들어지는 과정과 관련이 깊다. 사실상 분열 이슈를 둘러싸고 미국 정당 변화가 일어난다고 볼 수 있다. 그렇다면 분열 이슈는 어떻게 정의할 수 있을까? 한 정당의 내부 단합을 저해하고 당내 갈등을 심화시키는 이슈라고 할 수 있다. 두 거대 정당인 민주당과 공화당은 각각 내부적으로 그룹별 연합 성격을 띠고 있다. 당내 상황은 경제, 이념, 지역 등 다양한 이해관계가 공존한다. 다수제(plurality) 선거 제도 하에서 선거 승리를 위해 거대 정당으로 양분되어 있는 상황인 셈이다. 선거 이후 혹은 다음 선거에서도 동일한 정당 단합이 유지될 것이라는 보장은 없다. 분열 이슈는 두 정당 사이 대립 구도를 만드는 당파 이슈(partisan issue)와는 구별된다. 당파 이슈는 정당 간 경쟁을 유도하는 이슈다. 당내 이슈인 분열 이슈와는 다르다. 분열 이슈는 주로 다수당의 내부 단합을 약화시키는 이슈라고 보는 것이 타당하다. 새로운 지배 연합을 만들어 낼 잠재적 가능성이 숨어 있다.

미국 정치 역사상 분열 이슈는 어떤 것이 있을까? 건국 이후 영토 팽창 시기에 텍사스 병합(Texas annexation) 이슈가 한 가지 예다. 1844년 대선 과정에서 집권 민주당을 분열시키는 원인이었다. 현직 대통령 타일러(John Tyler)는 텍사스를 미국 연방에 귀속시키자는 제안에 찬성하였다. 전임 대통령 밴 뷰렌(Martin Van Buren)은 반대하였다. 같은 민주당 소속으로 두 사람 모두 대권 주자였는데 이를 놓고 대립하게 된다. 후보 선출을 둘러싸고 전당 대회가 혼란에 빠진 상황에서 미국 역사상 최초의 다크호스(dark horse)가 등장하게 된다. 아무도 예상 못한 폴크(James Polk)가 대선 후보 지위를 차지하게 되었고 결국 대선에서도 승리하였다. 한편 흑인 인권 및 참정권 이슈 또한 민주당 내부 분열 이슈가 된 적이 있다. 1930년대 루스벨트 대통령이 만든 뉴딜 연합은 북부와 남부의 연합적 성격을 가지고 있었다. 인종 이슈 관련 갈등은 당분간 봉합하기로 합의하였다. 1950년대 들어 민주당 내부의 북부 출신 진보 신진 그룹은 남부의 보수 원로 그룹과 대립하기 시작한다. 흑인 참정권 문제가 본격적인 정치 문제로 비화되면서 더 이상의 양보와 타협은 불가능해졌다. 결국 1964년 인권법(Civil Rights Act) 의회 통과와 1980년 레이건 등장 이후 미국 남부에 정당 재편 현상이 발생하게 된다. 남부 백인들 중 상당수가 공화당 지지로 돌아섰음을 뜻한다. 대신 미국 북부 지역은 민주당이 장악하게 된다. 정당 지지 기반의 재편이었다.

거대 정당 공화당 경우도 사정이 다르지 않다. 공화당은 1994년 중간 선거를 통해 40년 만에 의회 다수당 지위를 되찾게 된다. 공화당에 의한 의회 지배 연합은 시장 친화적 그룹과 사회적 보수 그룹 간의 연합을 의미하였다. 두 그룹은 이후 내홍을 겪게 된다. 외국인 노동자들을 둘러싼 이민 문제가 하나의 분열 이슈가 된다. 시장 중심 공화당 그룹은 적극적으로 이들을 수용하고자 하였다. 값싼 노동력이 기업과 농촌에 필요하기 때문이었다. 중서부 지역을 기반으로 한 법치주의 공화당 그룹은 반대 입장이었다. 불법 이민을 단호하게 대처해야 한다는 주장이었다(정진민 2014). 전통적 공화당 세력을 대변하던 아들 부시(George W. Bush) 대통령은 2007년 이민법 개혁안(McCain–Kennedy bill)에 대한 지지 입장을 천명하였다. 불법 이민자들을 수용하고 라티노(Latino) 유권자들을 포섭하자는 취지였다. 공화당 맥케인(McCain)과 민주당 케네디(Kennedy) 두 원로 의원이 합의한 초당파 법안이기도 하였다. 하지만 상원에서 결국 최종 통과에 실패한다. 공화당 내 사회적 보수주의자들(social conservatives)의 반대를 넘어서지 못하였다. 2016년 트럼프 대통령 당선과 더불어 공화당 내부 이민 강경론자들은 현재 그 세력을 확장 중이다. 주디스(Judis 2016)에 따르면 중서부 지역을 배경으로 한 '문화 포퓰리즘(cultural populism)'이 기존 공화당 그룹을 압도하고 있는 형국이다.

정당 내부 분열 이슈는 미국 정당 정치에서 특별한 의미를 가진다.

지배 연합 재편성에 영향을 미치기 때문이다. 양당제 미국 정당 정치에서 소수당이 분열 이슈에 휘둘릴 가능성은 크지 않다. 국민 지지를 얻지 못해 선거에 패배한 결과가 소수당 상황이다. 따라서 내부적으로 구성원 수가 적은데다 서로 의견이 다를 확률 또한 낮다. 1954년부터 1994년까지 하원 공화당은 한 번도 다수당 지위를 얻지 못하였다. 그런데 역설적으로 시간이 흐르면서 비슷한 이념, 지역, 선호 등을 가지게 되었다.[75] 이와는 대조적으로 다수당의 경우 양당제 하에서 분열 이슈에 노출될 개연성이 높아진다. 양당제 하에서 다수당이란 다양한 그룹 간 연합일 가능성이 크기 때문이다. 공화당이 줄곧 소수당 지위에 머물러 있는 동안 하원에서의 다수당은 민주당이었다. 북부 진보파와 남부 보수파를 아우르는 지역과 이념을 넘어선 연합 정당이었다. 선거 승리를 거듭하면서 다수파 지위를 유지하게 되었고 이에 따라 당내 분열 이슈 대두 가능성 또한 커지게 되었다. 결국 분열 이슈는 미국 정당 경쟁 체제에서 다수당이 필연적으로 부딪치게 되는 이슈라고 할 수 있다.

분열 이슈와 정당 정치에 대해 일찍이 주목하였던 정치학자는 샷슈나이더(E. E. Schattschneider)를 꼽을 수 있다.[76] 그는 당내 분열 이슈가

75 브루킹스 연구소의 만(Thomas Mann)은 이러한 공화당을 "만년 소수당(permanent minority party)"으로 칭하기도 하였다. 1994년까지 공화당이 의회 소수당 신세를 면하지 못하던 이유에 대해 만(Mann)은 현직자 선호(incumbent advantage), 지역구 재획정(gerrymandering), 소속 대통령의 인기 하락과 정치적 실패, 경쟁력 있는 후보 영입 실패 등을 그 원인으로 꼽았다. Thomas E. Mann. 1988. "The Permanent Minority Party in American Politics," *The Brookings Review* 6(1): 33–38. 같은 40년 시기(1954–1994) 동안 공화당 상원의 경우 레이건 대통령 당선 이후 6년간, 즉 97대 상원(1981–83)부터 99대 상원(1985–87)까지 다수당 지위를 차지한 적이 예외였다.

76 샷슈나이더에 대한 체계적 분석은 다음을 참조할 수 있다. 백창재, 정하용. 2016. "정당과 유권자: 샷슈나이더 이론의 재조명," 『한국정치연구』 25(3): 1–30

가지고 올 파급 효과를 최소화해야 다수당 지위가 유지된다고 지적한다.[77] 샷슈나이더가 제안하는 소수파 전략은 "갈등 범위 확산(expanding the scope of conflicts)"이다. 다수당 지배 연합 내에 잠복중인 갈등 이슈를 공론화하여 정치 이슈화하는 전략이다. 합리적 선택 이론 시대를 열었던 라이커(William Riker 1962)도 균열 구조 변화에 따른 정치 세력 재편 현상에 관심이 많았다. 정당 경쟁이 남북 전쟁(Civil War)에 미치는 영향을 분석하기도 하였다. 이슈 연합 크기가 결국 최소 승리 규모로 귀결되는 이유도 탐색하였는데 내부 이익 갈등 때문이라는 주장을 제기한 바 있다.[78]

한편 소수 정당 지도부가 분열 이슈를 정치화하는 과정도 중요하다. 카민스와 스팀슨(Carmines and Stimson 1989)은 뉴딜 시대 소수 정당이었던 공화당 지도부를 관찰하였다. 공화당은 뉴딜 연합 세력인 민주당의 지위를 확대/재생산 시켜주는 경제 이슈 차원 논쟁은 의도적으로 피했다. 대신 민주당 내부 분열 이슈로 파악된 인종 문제를 집중적으로

---

77 Schattschneider(1960, 73) 원문은 다음과 같다. "The majority is held together by the alignment around which it was formed. It has a vested interest in the old lineup in which it confronts familiar antagonists already well identified in old contests. A new alignment is likely to confuse the majority; new alignments are usually designed to exploit tensions within the majority. Hence the fight is apt to be between interests that benefit by the maintenance of the old alignments and those demanding a new deal. The very fact that no alignment can satisfy all interests equally makes the political system dynamic."

78 번햄(Walter Dean Burnham)은 정치 현상에 있어서의 균형(equilibrium) 문제와 관련 라이커(Riker)의 연구에 논평을 추가하였는데 다음과 같다. "In politics, unlike in economics or the natural sciences, virtually no naturally occurring equilibria exist. This has distressed a number of workers in the field, including its great guru, the late William Riker. For this finding means by implication that, in politics, almost anything can (theoretically) happen at almost any time, as equilibria are suddenly disrupted with virtually no advance warning."(Burnham 1999, 2237)

제기하였다. 정당 경쟁을 위한 새로운 이슈 차원 도입 시도였다.[79] 힐러거스와 쉴즈(Hillygus and Shields 2007, 19)는 분열 이슈와 대통령 선거를 체계적으로 연구하였다. 그들은 분열 이슈를 "승리 연합인 상대 정당이 내부적으로 분열되도록 만드는 정책 이슈(any policy issue that is used to divide the opposition's potential winning coalition)"라고 정의한 바 있다.[80] 어젠다 연구는 바움가트너와 존스(Baumgartner and Jones 1993)가 본격적으로 다루었는데 정치학과 정책학을 접목하는 시도였다. 이슈를 쟁점화 하는데 있어 정치인과 정당이 맡는 역할을 강조하는 성과를 보이기도 하였다.[81]

2. 미국 외교 정책 분열 이슈와 국내 정치화 과정

분열 이슈와 정당 경쟁 관련 한 가지 더 짚고 넘어갈 사안이 있다. 미국 정치에 있어 다수당과 소수당을 어떤 기준으로 분류할 것인가 문제다. 의원내각제를 채택하고 있는 유럽 국가들 경우 의회 선거를 통해

79 카민스와 스팀슨(1989)의 "이슈 진화 이론(Issue Evolution Theory)"은 낙태 이슈(Adams 1997), 여성 운동 이슈(Wolbrecht 2000)에도 적용된 바 있다.

80 힐러거스와 쉴즈가 제시하는 미국 정치의 분열 이슈(wedge issue)는 다음과 같다. "총기 규제(gun control), 낙태(abortion), 지구 온난화(global warming), 이민(immigration), 소수집단 우대정책(affirmative action), 공립학교 내 기도(school prayer), 자유무역(free trade), 동성결혼(gay marriage), 줄기세포연구(stem cell research), 복지개혁(welfare reform), 교육(education), 인터넷 세금(internet taxation)." (Hillygus and Shields 2007, 18).

81 관련 원문은 다음과 같다. "From Schattschneider to Cobb and Elder and to Riker and to Kingdon, we know that certain individuals are likely to attempt to push issues either toward or away from the public agenda." Baumgartner and Jones (1993, 48)

다수당이 선출된다. 다수당 리더가 총리로 등극한다. 총리가 내각을 편성하므로 결국 의회 다수당이 행정부 정당이다. 대통령제 국가인 미국은 다르다. 의회 선거와 대통령 선거가 별개로 치러진다. 의회와 대통령은 각각 결과에 따라 구성된다. 동일한 정당이 의회 다수당과 대통령 지위를 동시에 차지하는 경우를 단점 정부(unified government)라고 한다. 서로 다른 정당이 입법부와 행정부를 나누어 장악하는 경우는 분점 정부(divided government)라고 부른다. 2차 대전 이후 미국 정치의 특징 중 하나를 꼽자면 빈번한 분점 정부 현상이라 할 수 있다. 대통령 소속당이 의회 소수당인 경우다. 일반적으로 다수당과 소수당의 구분은 의회 기준을 따르지만 대통령제 국가인 미국의 경우 정당의 지위와 역할 구분은 대통령 소속당 여부도 함께 고려해야 한다. 외교 정책 대통령 리더십을 분석할 때 대통령 소속당과 반대당 구도 하에서 분열 이슈와 정당 경쟁을 관찰해야 하는 이유다.[82]

구체적으로 분열 이슈는 어떤 경로를 통해 미국 외교 정책에 영향을 미치게 될까? 양당제도 하에서 소수당은 새로운 이슈 차원 제기를 통해 정치적 재기를 노린다. 다수당이 지배하는 이슈 구도에서는 언제나 필패(必敗)이므로 논란이 되는 이슈 자체를 바꾸어야 한다. 이 때 소수당은 다수당 내 단합도가 약한 분열 이슈(wedge issue)에 주목하게 된다. 그런데 다수당 내부 분열 이슈가 외교 사안인 경우가 종종 있다.

82 미국 정치에서는 우리가 흔히 사용하는 여당(ruling party) 혹은 야당(opposition party)이라는 명칭이 거의 쓰이지 않는다. 일반적으로 민주당과 공화당 이름을 주로 사용한다. 대통령 소속당이 의회 소수당인 경우 행정부 여당 지위와 의회 다수당 지위가 혼동되기 때문이다. 물론 대통령 소속당(presidential party)이나 의회 다수당(majority party) 등의 표현은 흔히 사용된다.

1940년대 말 뉴딜 연합 다수당이던 민주당 내부에 소련 공산주의를 어떻게 다룰지에 대해 내부 분란이 있었던 것이 하나의 예다. 만일 대외 정책 이슈가 다수파 내 단합을 저해하는 상황이라면 소수당은 문제 제기 유인이 충분하다. 대통령 반대당에게 대통령의 외교 정책 실패와 실수는 자신들의 정치적 자산이 되기 때문이다. 대외 정책 관련 초당파 접근을 강조하던 '냉전 합의'가 사라진 이후에는 이러한 시도가 더 본격화되고 있다.

사실 초당파적 합의로 인해 외교 정책을 둘러싼 정당 간 경쟁이 미미했다고 알려져 있는 냉전 시기도 크게 다르지 않다. 1948년 대선 과정에서 민주당 트루먼 대통령은 베를린 봉쇄 사태(Berlin Crisis)에 적극 대처하였다. 대통령 리더십 발휘를 통해 공화당을 수세에 몰아넣고 소속당인 민주당 지지를 획득하기 위한 전략이기도 하였다. 1949년 트루먼 재선 임기 첫 해 중국 공산화('Fall of China')가 벌어지고 난 후에는 전세가 뒤바뀐다. 대통령 반대당인 소수파 공화당이 트루먼 책임론을 통해 반격에 나섰다. 공화당은 아시아 정책을 놓고 민주당 내 보수 의원들과 연합하기도 하였다. 1980년 대통령 선거에서는 당시 레이건 공화당 후보가 소련과의 화해(detente) 정책을 전면 거부한다. 미국의 반공주의 소명 의식을 다시 강조하기 위함이었다. 민주당의 남부 출신 보수파 그룹과 반공 성향 유권자들을 포섭하는 시도였다. 이를 통해 레이건은 정당 재편성까지 이끌어 내게 된다.

물론 분열 이슈라고 해서 항상 외교 정책 변화를 불러일으키는 것은 아니다. 외교 사안의 특수성이 작용하는 경우도 있다. 초당파적 접근이 필수라는 원칙에 의해 분열 이슈가 공론화되지 못한 경우라고 볼 수 있다. 국제 환경의 악화 혹은 대통령 다수당의 정책 실패에도 불구하고 본격적인 논쟁이 벌어지지 않는 상황이기도 하다. 공화당 아이젠하워 대통령 시기 '스퍼트닉 위기(Sputnik Crisis)' 사태를 예로 들어 보자. 1957년 소련은 미국보다 앞서 인공위성 발사에 성공하게 된다. 미국 국민들은 충격에 빠졌고 아이젠하워는 거센 비판에 직면하게 되었다. 국가가 과학 기술 정책을 소홀히 하여 미국의 안보 경쟁력을 후퇴시켰다는 이유였다. 더구나 경제 상황도 좋지 않았다. 소위 '아이젠하워 경기 침체(Eisenhower Recession)'와 시기적으로 겹쳤다. 결과적으로 1958년 중간 선거에서 공화당은 대패를 당한다.

그럼에도 불구하고 소련과의 경쟁에 패한 미국 우주 기술 정책 실패가 곧바로 정당 구도를 바꾸지는 않았다. 스퍼트닉 위기는 뉴딜 시대 지배 세력이 아닌 공화당 대통령과 관련된 논란이었고 결정적으로 공화당 내 분열 이슈가 아니었다. 오히려 초당파적 이슈로 자리매김하게 된다. 민주당 케네디 후보가 1960년 대선에서 "미사일 격차(Missile Gap)" 슬로건을 들고 나온데 대해 공화당도 크게 반대하지 못하였다. 소련과의 냉전 대결이 초당파 차원에서 재확인된 시점이기도 하다. 다시 말해 대외 환경의 불리 혹은 대통령의 외교 실패가 자동적으로 미국 국내 정치 이슈화되지는 않는다. 외부 충격 혹은 리더십 실패가 다수파 내부 분열 이슈라는 정당 정치 메커니즘과 만나야 한다. 소수파인 대통령 반대당이 이를 효과적으로 쟁점화 할 수 있을 때 분열 이슈가 된다. 비로소 미국 대외 정책이 국내 정치적 논쟁점이 된다.

마지막으로 당내 정파 역할에 대해 짚고 넘어가기로 하자. 정당 내부 분열 이슈가 정당 체제의 논쟁 이슈로 전환되는 과정에서 필수 역할을 담당하기 때문이다. 이들은 계파, 파벌, 그룹, 윙(wing) 등 다양한 명칭으로 불리는 당내 집단이다. 특히 미국과 같은 양당제도 하에서 중요한 의미를 가진다. 잘 알려진 대로 진보와 보수 이념은 민주당과 공화당 두 정당을 갈라놓는 기준점이다. 그런데 각 진영마다 내부적으로 분파가 있다. 온건 진보, 강경 진보, 중도 보수, 극우 보수 등이다. 같은 정당 안에서도 당내 그룹은 상호 경쟁 혹은 협력에 익숙하다. 정당 전체의 정책 입장과 대선 후보 선출이 주요 관심사다. 이들은 정당 내 노선 투쟁의 주체다. 당내 계파는 종종 여론 및 언론의 부정적 시선을 받는 경우가 있다. 정당 자체에 대한 부정적 시각은 실상 정당 내부 갈등 때문에 생겨나는 경우가 많다. 계파 간 다툼이 정당 정치 전체에 대한 비판적 태도를 낳게 한다. 하지만 정당이 변할 것인가 지속될 것인가는 당내 그룹의 상호 작용에 따라 달라짐을 지적하지 않을 수 없다. 여론의 호불호와 크게 상관없이 미국 양대 정당 정치의 역동성은 당내 계파로부터 출발한다고 볼 수밖에 없다. 따라서 당내 정파 이해관계와 리더십이 어떻게 당내 외교 정책 분열 이슈와 상호 작용하는지 알아보는 것이 중요하다.

당내 정파는 이념, 지역, 이익 등을 공유하느냐 여부에 따라 결성된다.[83] 1958년 중간 선거 및 1964년 대통령 선거를 통해 민주당 내부에는 북부 진보(northern liberals) 정치인들이 대거 진출하게 된다. 이들

83 미국 당내 정파 분석과 관련하여 몇 안 되는 연구자인 레이(Rae, 1989, 41)의 주장은 다음과 같다. "American party factions have proven to be elusive, and thus resistant to analysis."; 저자의 다음 공저 논문 또한 참조할 수 있다. Jungkun Seo and Sean M. Theriault. 2012. "Moderate Caucuses in a Polarized US Congress," *Journal of Legislative Studies*, 18(2): 203–221.

은 민주당 내부 남부 출신의 전통 보수 세력과 경쟁하게 된다. 안보, 복지, 인종 등 갈등을 낳게 되는 이슈 범위도 다양하였다. 북부 진보 소장 그룹은 1959년 '민주당 연구 그룹(Democratic Study Group)'을 조직한다. 계파 리더로 볼링(Richard Bolling) 하원 의원을 선출한다.[84] 공화당도 사정은 비슷하다. 1978년 깅그리치(Newt Gingrich)는 조지아(Georgia) 연방 하원의원으로 의회에 입성하고 당내 개혁을 주도하고자 하였다. 만년 소수당으로서의 정치적 무력감과 무능력을 타개하려는 시도였다. 깅그리치는 '보수와 기회의 사회(Conservative Opportunity Society)'라는 당내 계파를 창설한다.[85] 이 그룹을 통해 뜻을 함께 하는 의원들 숫자를 늘리고 정책 대안 제시를 위해 함께 고민하게 된다. 깅그리치가 주도하는 계파는 당내 입지를 점차 확보하였고 1989년 깅그리치를 공화당내 2인자 위치에 오르게 만든다. 결국 1994년 중간 선거 과정에서 '보수와 기회의 사회(COS)'는 결정적 역할을 하게 된다. 클린턴 대통령의 의료 개혁 실패를 집중 공략하였고 나아가 미국 역사상 가장 효과적인 선거

84 폴스비(Nelson Polsby 2004, 74)의 민주당 연구 그룹에 대한 평가는 다음과 같다. "Only after Rayburn passed from the scene did the caucus become usable as an instrument for the assertion of mainstream Democratic policy. This occurred not as the result of initiatives by the elected leadership of the caucus but rather was pressed on the leadership in increments by the Democratic Study Group, an increasingly effective organization of liberal and mainstream Democratic members. The main condition of their effectiveness was changes in the composition of the House Democratic caucus." Nelson Polsby. 2004. *How Congress Evolves*. (Oxford University Press)

85 깅그리치는 당내 정파 결성 과정에서 전임 대통령 닉슨(Richard Nixon)이 해 준 충고를 회고한 적이 있다. "He(Nixon) said, 'You cannot change the country unless you are interesting and attract attention,' " Mr. Gingrich recalled in a speech years later. "And to do that, you have to have a group." Sheryl Stolberg. "For Gingrich in Power, Pragmatism, not Purity," *The New York Times*, Dec 20, 2011.

공약 캠페인 중 하나인 '미국과의 계약(Contract with America)'을 제시하였다. 분열 이슈와 외교 정책을 다루기 위해서는 이와 같은 당내 그룹의 존재, 선호, 전략에 대해 체계적으로 분석할 필요가 있다.

4장

분열 이슈와 정당 경쟁: 중국 정책 사례 분석

미국의 국내 정치와 외교 정책은 언제 어떻게 상관성을 가질까? 이미 살펴본 대로 이념 전통, 제도 정치, 유권자 선택, 여론 추이, 선거 운동 등 다양한 미국 정치 요소들이 대외 정책 결정에 영향을 미친다. 이 장에서 주로 다루고자 하는 외교 정책-국내 정치 연결점은 정당 정치다. 외교 정책 이슈가 정당 경쟁과 지배 연합 틀 안에서 정책으로 만들어지기까지의 과정에 대한 고찰이라 할 수 있다. 양당 제도라는 특수성을 가진 미국 정당 정치 시스템과 대통령 선거라는 유인을 토대로 대외-국내 상호 작용을 파악해 보는 것이 중요하다.

특히 분열 이슈 이론을 적용하여 미국이 결정해 온 중국 관련 정책을 예시로 살펴보기로 한다.[86] 잘 알려진 대로 중국은 현재 막강한 경제

86 이후는 저자의 다음 논문들 중 일부를 수정하여 보완한 내용이다. Peter Trubowitz and Jungkun Seo. 2012. "The China Card: Playing Politics with Sino-American

력과 군사력을 통해 미국의 글로벌 리더십을 위협하고 있다. 중국 문제 대응과 관련된 미국의 국내 정치를 역사적으로 이해하는 일은 향후 미-중 관계를 가늠해 보는데 도움이 된다. 사례로 분석한 정책 분야는 이민, 안보, 무역이다. 다시 정리하자면 분열 이슈와 관련하여 핵심적인 작동 원리는 다음 세 가지 과정이다. 첫째, 지배 연합 내부에 대외 정책이 분열 이슈로 존재한다. 둘째, 단합된 대통령 반대당 혹은 의회 소수당이 분열 이슈를 정당 경쟁 구도 하에서 새로운 이슈 차원으로 끌어들인다. 셋째, 새로운 이슈 차원에서 지배 연합 내부의 이탈파와 대통령 반대당 사이의 정치적 연합이 이루어지고 그 결과 외교 정책의 변화가 발생한다. 분열 이슈가 존재하고 도입되고 해결되는 과정인 셈이다. 대통령제와 양당제 정치를 특징으로 하는 미국의 국내 정치-외교 정책 간 상호 작용이다.

1. 1880년대 중국인 노동자 이슈: 공화당 분열과 민주당 단합

1) 남북 전쟁 이후 공화당 지배 연합과 중국인 노동자 논란

미국의 노예 제도 논란은 건국 이후 몇 차례 정치적 타협으로 겨

Relations," *Political Science Quarterly* 127(2): 189-211; Jungkun Seo. 2011a. "Wedge Issue Dynamics and Party Position Shifts: Chinese Exclusion Debates in the post-Reconstruction U.S. Congress, 1879-1882," *Party Politics*, 17(6): 823-847; Jungkun Seo. 2010. "Vote Switching on Foreign Policy in the U.S. House of Representatives," *American Politics Research*, 38(6): 1072-1101

우 파국을 넘겨 왔다. 하지만 신생 정당인 공화당의 대선 후보 링컨(Abraham Lincoln)이 1860년 대통령에 당선되자 이에 반발하여 마침내 사우스캐롤라이나 등 남부 노예주들이 연방에서 탈퇴하게 된다. 남부 경제에 필수적인 노예 제도를 링컨 대통령이 침해할 것에 대한 우려에서였다. 11개 남부 주들은 새로운 국가인 남부 연합(Confederate States of America)을 만들고 결국 남북 전쟁을 일으켰다. 무수한 사상자를 낸 후 1865년 북부군(Union)의 승리로 전쟁은 종결된다.[87] 북부 중심의 당시 연방 정부는 미국 남부에 질서 확립과 인권 보호를 이유로 군대를 주둔시킨다. 소위 '재건 시대(Reconstruction Era)'의 시작이었다. 공화당 세력은 1877년 대타협(Great Compromise of 1877) 시기에 이르기까지 미국 정치의 새로운 지배 연합으로 자리 잡게 되었다.[88] 그런데 남북 전쟁 이후 과도하게 추진된 철도 확장 사업과 무모한 투자는 은행업계의 급작스러운 부도를 가져왔다. 이로 인해 1873년에 대공황(Panic of 1873)이 발생하게 되고 경제 위기 국면에서 공화당은 18년 만에 처음으로 의회 다수당 지위를 민주당에 넘겨주는 정치적 대가를 치른다(그림 12 참조). 1874년 중간 선거 패배에 이어 1876년 대선 또한 박빙의 경쟁이 이어졌다. 이제 남북전쟁 이후의 공화당 독무대는 마감되었음을 의미했다.

87 11개 남부 주들은 South Carolina, Mississippi, Florida, Alabama, Georgia, Louisiana, Texas, Virginia, Arkansas, North Carolina, Tennessee 이다.

88 1876년 대선 이후 승패를 결정지을 플로리다, 루이지애나, 사우스캐롤라이나 등 3개 남부 주의 선거 결과가 논란에 휩싸였다. 이에 공화당 후보 헤이즈(Rutherford Hayes) 측근들이 남부 온건파 민주당 그룹과 만나 대선 승자로 헤이즈를 선언하고 대신 재건 시기 남부 지역에 계속 주둔시켰던 군대를 철수하기로 합의한다. 이를 두고 1877년 대타협이라 부른다.

〈그림 12〉 미국 하원 정당 의석 분포, 1857–1877

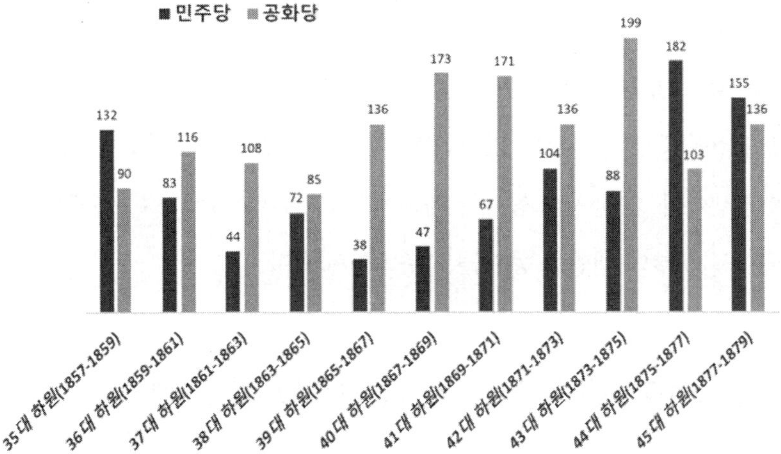

출처: https://history.house.gov/Institution/Party–Divisions/Party–Divisions/

재건 시대가 끝난 후 미국 정당 경쟁에 있어 중요한 외교 현안이 대두된다. 일찍이 1868년에 체결된 벌링게임 조약(Burlingame Treaty) 이후 중국에서 몰려 온 노동자들 문제였다. 존슨(Andrew Johnson) 행정부와 청(淸) 왕조는 1858년에 맺은 톈진 조약(Tianjin Treaty)을 확대하여 양국 간 벌링게임 조약을 체결하였다. 주요 내용은 중국에 대한 내정 간섭을 금지하고 최혜국 대우(most–favored–nation) 조항을 양국 무역 거래에 적용한다는 것이었다. 중국 노동자들의 미국 이주 규제도 대폭 완화되었다. 남북 전쟁으로 부족해진 미국 내 노동력을 보완하기 위함이었다. 이에 따라 중국인 노동자들이 대거 미국 본토로 입국하게 되고 이들은 주로 캘리포니아, 콜로라도 등 미국 서부에 정착하게 된다. 기록에 의하면 1860년과 1870년 단 10년 사이에 샌프란시스코 거주 중국인 노동자 수는 무려 두 배 가까이 급증하였다. 거의 15만 명 수준이다.[89] 그런데 이들 중국인 노동자들은 미국 사회에 동화하려는 노력을 거의 하지 않았다. 자신들의 생활 방식을 고집하여 변발을 그대로 유지하고 쌀로 밥을 지어 먹었다. 영어를 배우려고 하지도 않았고 미국 커뮤니티에 동참할 의사도 없어 보였다. 자신들만의 집단생활을 유지하였던 셈이다. 중국인 노동자들 때문에 낮은 임금을 놓고 경쟁을 벌이게 된 미국 서부의 백인 노동자들은 분노하게 된다.

2) 소수파 민주당과 중국인 노동자 이민 정책 논쟁

민주당은 1873년 경제 위기를 틈타 1874년 중간 선거에서 의회 다수당 지위를 되찾는데 성공한다. 남북 전쟁 이후 처음이다. 정치적 재기에 나선 민주당의 다음 목표는 백악관이었다. 남북 전쟁 이후 상당 기간 다수파 지배 연합은 북부 중심의 공화당이었다. 남부를 정치적 기반으로 한 민주당 입장에서는 캘리포니아, 콜로라도, 네바다, 오리건 등 서부 경합주(swing states)들을 이기면 대선 승산이 있었다. 당시 서부 지역의 주요 정치적 쟁점은 급증한 중국인 이민 노동자들을 규제하는 문제였다. 중국인 노동자 문제는 링컨 정당으로서의 자긍심을 여전히 가지고 있던 공화당 내부를 분열시키는 이슈가 된다. 기존의 공화당 의원들은 노예제 폐지와 마찬가지로 동등한 시민권을 주요 정치적 가치로 여기고 있었다. 따라서 중국인 이민 노동자들에게도 비교적 우호적

89 밍크(Mink, 1986: 74)에 의하면 1871년경에는 샌프란시스코에 거주하는 노동자 세 명 중 한 명이 중국인 노동자였을 정도라고 한다. Gwendolyn Mink (1986) *Old Labor and New Immigrants in American Political Development: Party and State,1875-1920.* (Ithaca, NY: Cornell University Press.)

입장이었다. 대부분의 북부 주들도 당시 광업 등 산업에 종사하던 중국인 노동자들에 대한 차별 정책을 반대하였다.

이와는 반대로 서부 출신 공화당 그룹은 중국인 노동자들의 입국 자체를 제한하거나 거주 규모를 축소하자고 제안한다. 서부 지역 민심은 극도의 반(反)중국인 노동자 쪽으로 기울고 있었기 때문이었다. 공화당 내부 두 그룹 간 논쟁이 벌어지게 된다. 이러한 정당 내부 분열 이슈를 둘러싸고 대선 후보 선출의 역동성까지 더해졌다. 공화당 블레인(James G. Blaine) 상원 의원은 메인(Maine) 주 출신이었고 지역으로 보면 북부에 가까웠다. 하지만 그는 서부 공화당 그룹의 지지를 등에 업고 대권을 노리게 된다. 전통적 링컨 정당의 대변자이자 당 원로였던 매사추세츠(Massachusetts) 호어(George F. Hoar) 상원 의원과 의회 내에서 대립각을 세우게 된다. 블레인 의원과 호어 의원이 행한 대조적 의회 발언은 중국인 노동자 이슈가 지배 연합 공화당 내의 확실한 분열 이슈였음을 증명한다.[90]

당시 민주당으로서는 대통령 소속당인 공화당의 단합을 방해하는

---

90 블레인(Blaine) 의원의 발언 내용은 다음과 같다. "Ought we to exclude them? The question lies in my mind thus: either the Anglo-Saxon race will possess the Pacific slope or the Mongolians will possess it. We have this day to choose … whether our legislation shall be in the interest of the American free laborer or for the servile laborer from China" (Congressional Record, Feb 14, 1879) 이에 반대하던 호어(Hoar)의 주장이 이어진다. "If there were not a rivalry between the two political parties of this country for the political vote of the Pacific coast, this legislation would be received, in my opinion, with universal extraction from all intelligence and human men." Henry S. Cohn and Harvey Gee. 2003. ""NO, NO, NO, NO!" Three Sons of Connecticut Who Opposed the Chinese Exclusion Acts" (November 5, 2003). *University of Connecticut School of Law. Connecticut Public Interest Law Journal*. Vol. 3: 1-100.

것이 최우선적 목표였다. 소수파로서 정치적 입지 향상이 목표였으므로 대통령 정당 내부 분열 이슈를 의회 입법 정치 차원으로 부각시켰다. 1879년 소위 "15인 승객 법안(Fifteen Passenger Bill)" 논란이 그 출발점이었다. 15인 이상의 중국인 노동자들을 탑승시킨 선박은 미국 입국을 불허한다는 내용의 법안이었다. 민주당은 45대(1877–1879) 하원의 다수당이었다. 104명이 찬성하고 17명만이 반대함으로써 15인 법안의 의회 통과를 밀어붙였다. 15인 승객 법안은 공화당 헤이즈(Hayes) 대통령의 거부권 행사로 인해 결국 입법에는 실패한다. 하지만 3년 후인 1882년 중국인 노동자 배제 법안 입법을 위한 전초전이 되기에는 충분했다.

3) 분열 이슈, 정당 경쟁, 이민 정책 변화

1876년 미국 대통령 선거는 혼란 그 자체였다. 일부 주의 선거 결과 판정이 늦어지면서 대통령 선거인단이 동수(同數)가 되는 가능성까지 제기되었다. 양대 정당은 대타협을 통해 공화당 대통령 후보의 당선 인정과 남부에 주둔해 있던 군대를 철수하는 것으로 합의에 이르게 된다. 이후 미국 정당 정치는 대권 향배를 둘러싸고 본격적으로 치열한 경쟁 국면에 접어든다. 남북 전쟁 이후 유지되던 지배 연합 공화당 시대는 종말을 고하게 되었다. 캘리포니아 주는 1880년대 당시 인구 규모가 작았다. 따라서 대통령 선거인단 수 또한 고작 6–8명에 지나지 않았다. 그런데 북부 중심 공화당과 남부 기반 민주당이 대선 국면에서 거의 백중세를 보였고 결과적으로 어느 정당이 캘리포니아 등 서부 지역을 가져가느냐가 대선 향배를 결정 짓게 되었다. 링컨 정당으로서의 공화당은 내부적으로 중국인 노동자 이슈라는 분열 이슈(wedge issue)를 떠안게 되었다. 남북전쟁 이후 민주당이 처음으로 대통령 선거에서 승리할 수 있게 되는 기회였다. 47대 의회((1881-1883)가 개원하자마자 민주당은 중국인 노동자 이민 규제 법안을 발의한다. 흥미로운 점은 법안의 공동 발의자가 캘리포니아 출신 공화당 상하원 의원 2명이었다는 사실이다. 공화당 상원 의원 밀러(John F. Miller)와 하원 의원 페이지(Horace F. Page)가 그들이다. 결국 공화당 내부의 분열 이슈가 지도부에 의해 제어되지 못한 셈이다. 지역 현안을 챙겨서 재선에 성공하려는 당내 소수파 의원들로 인해 공화당의 분열상이 그대로 노출되었다.

북부 출신의 기존 공화당 그룹 입장은 링컨 전통을 수호하여 중국인 노동자들에게도 동등한 시민권을 보장하는 것이었다. 서부 출신 공화당 의원들은 극렬하게 이를 반대하였다. 대통령 선거 승리라는 정당 본연의 목적 달성을 위해서 중국인 입국 금지를 지지해야 한다는 주장을 펼쳤다. 한편 대통령 반대당인 민주당의 단합과 전략은 결국 주효했다. 중국인 노동자 문제를 분열 이슈로 의회에서 제기하는데 성공한 셈이다. 〈표 4〉는 이를 체계적으로 보여준다. 중국인 노동자를 입국 금지시키되 향후 10년간만 이를 시행하자는 중재안을 민주당은 단합하여 거부한다(찬성 3, 반대 94). 이를 통해 20년 금지 법안을 최대 쟁점으로 부각시키는데 성공한다. 민주당은 공화당 반대에도 불구하고 97명 찬성 반대 4명으로 밀어붙였다. 결국 공화당 아써(Arthur) 대통령은 거부권을 행사할 수밖에 없게 된다. 20년씩이나 중국인을 입국 금지시키는 것은 국제 신의에도 맞지 않고 북부 공화당 그룹도 반대하였기 때문이다. 민주당 전략은 또 한 번 성공이었다. 중국인 노동자 문제에 있어 공화당의 분열된 모습을 공화당 대통령 거부권 행사로 다시 한 번 유권자들에게 제대로 각인시킨 효과를 거두었다. 최종 법안은 중국인 노동자 10년 입국 금지 법안(Chinese Exclusion Act of 1882)으로 낙찰된다. 특정 국적을 가진 외국인에 대해 특정 기간 동안 미국 본토 입국을 금지시킨 전대미문의 법안이었다. 1882년 미국 의회 조치는 이후 몇 차례 입법 과정을 통해 이민 제한 쪽으로 더욱 강화된다. 1943년이 되어서야 비로소 2차 대전 당시 중국의 협력이 필요했던 루스벨트 대통령이 주도하여 중국인 노동자 입국 금지 법안을 폐기하기에 이른다.

〈표 4〉 중국인 노동자 입국 금지 법안 표결, 1879-1882

날짜	법안 내용	찬성-반대	민주당 찬성-반대	공화당 찬성-반대	북부 민주 찬성-반대	남부 민주 찬성-반대
1879.01.28 45대 의회 (1877-79)	15명 이상 중국인 탑승 선박 차단	157-75 통과 Hayes 대통령 거부	102-16	51-6	50-10	52-6
1882.03.23 47대 의회 (1881-83)	중국인 노동자 입국 10년간 금지	101-133 부결	3-94	93-29	2-43	1-51
1882.03.23 47대 의회	중국인 노동자 입국 20년간 금지	169-69 통과 Arthur 대통령 거부	97-4	58-62	45-3	52-1
1882.04.17 47대 의회	중국인 노동자 입국 10년간 금지	204-38 통과 Arthur 대통령 서명	102-3	88-34	46-3	56-0

출처: Congressional Records

2. 1950년대 중국 공산화 책임론: 공화당 단합과 민주당 분열

1) 뉴딜 시대 민주당 지배 연합과 중국 공산화 이슈

'근대적 대통령제(modern presidency)'라는 명칭이 제시하듯 루스벨트 이전 시기 19세기 미국 대통령들의 정치적 영향력은 크지 않았다(Greenstein 1995). '제왕적 대통령' 연구에 관한 선구자는 슐레진저(Schlesinger 1973)다. 그는 잭슨, 링컨, 루스벨트(Theodore Roosevelt), 윌슨 등 대통령 권력을 증대시킨 예외적 사례에 대해 설명하였다.[91] 미국 정치 발전사 연구 대가인 스코우로넥(Skowronek 1982)의 표현대로 근대적 대통령 시기 이전 미국 정치의 중심은 '법원과 정당(courts and parties)'이었다.[92] 건국 헌법에서 대통령제를 채택한 미국이 진정한 대통령 중심의 정치 체제를 갖추게 된 것은 1932년 루스벨트 당선 이후다. 루스벨트 대통령은 전례 없는 경제 대공황 위기를 극복해야 했다. 그는 경제적 안전(economic security)은 헌법이 부여한 국민의 권리라는 주장을 들고 나왔다. 적극적인 정부의 시장 개입과 광범위한 재정 정책을 정당화하는 작업이었다. 새로운 거래라는 뜻인 "뉴딜(New Deal)" 정책은 단순히 경제 회복을 위해 정부 역할을 인정하는 차원을 넘어선다. 헌법이 규정한 정치 제도 간 새로운 관계가 정립되는 것을 의미하게 된다. 뉴딜 시대 개막 이후 1932년부터 1952년까지 20년 간 민주당이 대

---

91 Arthur Schlesinger. 1973. *The Imperial Presidency.* (Boston: Houghton Mifflin Co)

92 Stephen Skowronek. 1982. *Building a new American state.* (Cambridge: Cambridge University Press)

통령 권력을 독점하게 된다. 〈그림 13〉은 같은 기간 민주당이 의회 다수당 위치도 점령(80대 하원만 예외)하고 있었음을 보여 준다.

〈그림 13〉 뉴딜 시대 이후 중국 공산화까지 하원 의석 변화, 1932–1952

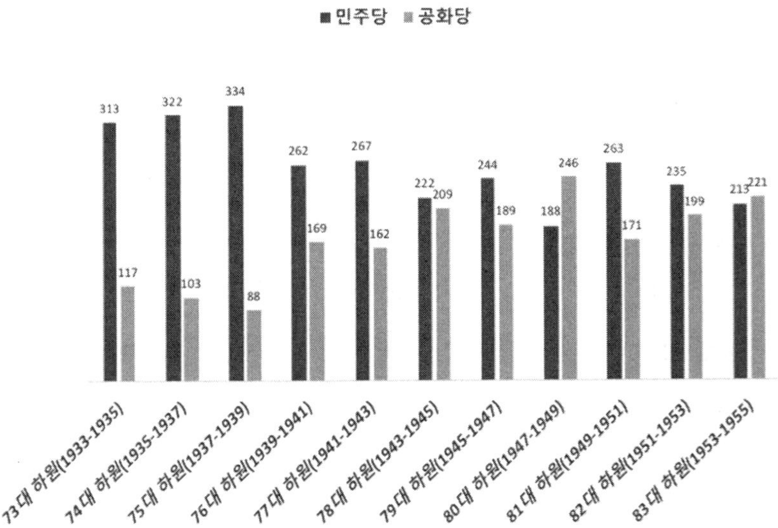

출처: https://history.house.gov/Institution/Party–Divisions/Party–Divisions/

경제 회복과 전쟁 승리를 통해 미국 국민들로부터 영웅적 존경을 받던 루스벨트 대통령이 1945년에 사망한다. 부통령 트루먼이 권력을 승계하게 된다. 민주당 내 남부 보수파와 북부 진보파 간 갈등이 수면 위로 다시 부상하게 되었다. 우선 진보 진영은 트루먼 대통령이 추진한 소련 강경책에 반발하였다. 그들은 소련과의 대화를 통해 평화를 달성할 수 있다고 믿었다. 대표 주자인 월러스(Henry Wallace) 전 부통령은 결국 혁신당(Progressive Party)을 만들어 당을 쪼갠 후 1948년 대선전에 나서게 된다. 민주당 내 보수 그룹 또한 트루먼에 반기를 들기는 마찬가지였다. 트루먼 대통령이 진보 세력 지원을 등에 업은 노동조합 운동에 가깝다고 보았다. 행정 명령을 통한 군대 내 인종 문제 해결 노력도 남부 민주당 세력에게는 불편한 조치였다. 남부 출신 민주당원들도 '주권리 정당(States' Rights Party)'을 창당하게 되고 급기야 써몬드(Strom Thurmond) 사우스캐롤라이나 주지사를 1948년 대선 후보로 선출하게 된다.

트루먼 대통령은 1948년 대선 이전 인기도에서도 한참 뒤처져 있었다. 그런데 매우 효과적인 대선 캠페인을 벌이는데 성공한다. 80대(1947–49) 공화당 의회를 "식물 의회(Do-Nothing Congress)"라고 부르며 자신에 대한 국민들의 지지를 호소하였다. 그 결과 듀이(Thomas Dewey) 공화당 후보에게 극적인 역전승을 거두게 된다. 하지만 1949년 10월 1일 중국 마오쩌둥이 본토 공산화를 성공시키고 중화인민민주주의 공화국(People's Republic of China)을 건설한다. 1948년 대선 승리로 잠잠해지는 듯 보였던 민주당 내부 갈등이 다시 불거지게 되는 계기가 되었다. 냉전 시기 반공주의에 대한 미묘한 입장 차이, 중국 공산화에 따른 동아시아 질서 변화에 대한 인식 차이는 민주당의 분열 이슈였다.

2) 소수파 공화당과 반공주의 및 중국 공산화 책임론

사실 공화당은 1948년 대통령 선거를 승리함으로써 무려 16년 만에 대권을 되찾아 올 희망에 부풀어 있었다. 그만큼 트루먼 대통령에게 당한 역전패는 당내 큰 충격으로 다가왔다. 뉴딜 시대 소수 정파로서의 생존 전략에 대해 다시 점검하는 계기가 되기에 충분하였다. 듀이 주지사의 대선 패배가 민주당이 주도하는 뉴딜 시대에 소수 정당이 가지는 한계를 철저하게 보여 준 셈이었다. 새로운 이슈를 찾아야 할 필요성이 더욱 시급해졌다. 이로 인해 듀이 후보가 대선 당시 행한 차별성 없는 선거 캠페인이 도마 위에 올랐다. 1948년 대선 당시 당내 경선에서 듀이에게 패배하였던 태프트(Robert Taft) 오하이오(Ohio) 연방 상원의원이 대안 세력으로 떠올랐다. 태프트(William Howard Taft) 전임 대통령의 아들인 태프트 의원은 경선 경쟁자였던 듀이 후보의 "미투(me-too)" 전략 실패를 정면으로 비판하였다. 민주당에 순응하는 정당 입장만 가지고는 대권을 찾아오기 어렵다고 보았다. 1948년 대선 패배 후 태프트는 공화당의 새로운 당 리더로서 부상한다.

다수 연합 민주당은 뉴딜 시대에 경제 이슈를 완전히 장악하고 있었다. 그런데 냉전이 시작된 트루먼 시대에 공화당이 점차 강세를 보이기 시작한 이슈가 있었다. 바로 반공주의(anti-communism)다. 월러스(Henry Wallace) 중심의 당시 민주당 진보 그룹은 소련과의 화해 공존을 모색하였다. 공산주의 이념에 대해 상당 부분 수용적 모습을 보였다. 공화당이 주도한 반공주의 운동은 이에 대해 철저히 반발하였다.[93] 민주당 진보 세력은 스탈린(Stalin) 공산 독재를 용인하는 것으로 비판받게 되고 공화당과 남부 민주당 그룹은 따로 '보수 연합(Conservative Coalition)'을 결성하게 된다. 이는 향후 미국 대외 정책에 큰 영향을 미치게 된다(Shelley 1983).[94] 일찍이 남부 보수파를 숙청하고 연방 대법

93 당시 공화당의 '보수' 이념은 밖으로는 스탈린의 공산주의 형태 국가주의에 맞선 것이고 안으로는 뉴딜 시대 적극적 정부 형태의 국가주의에 대항한 성격을 가지고 있었다. 이에 대한 체계적 연구로는 권용립(2015)을 참조할 수 있다.

94 Mack C. Shelley II. 1983. *The Permanent Majority: the Conservative Coalition in the United States Congress* (Tuscaloosa: University of Alabama Press)

원 정원 늘리기("court packing")로 사법부까지 장악하려던 루스벨트 대통령에 대한 반감도 작용하였다. 트루먼이 주도하던 국제주의적 외교 정책 또한 보수 연합의 우려를 불러 일으켰다. 1947년 추진되었던 봉쇄(containment) 정책과 국가 안보법(National Security Act)의 의회 통과, 1948년의 마샬 플랜(Marshall Plan), 1949년 나토(NATO) 창설 등은 보수 연합 시각에서 볼 때 지나친 국제주의 및 과도한 국가주의로 여겨졌다. 미국 유권자들의 세금을 가지고 유럽에 지나친 배려를 한다는 비판이었다. 대통령과 행정부의 권력 비대화도 우려 대상이었고 상당 부분 미국의 전통적 이념과도 결부되는 사안이었다. 보수 연합은 이에 대한 대항 수단으로 반공주의 기치를 내걸게 된다. 민주당의 내부 분열과 공화당 전체의 단결 촉매제로 작용하게 된 셈이다.

3) 분열 이슈, 정당 경쟁, 안보 정책 변화

이러한 역사적 맥락에서 발생한 외부 충격이 바로 1949년 10월 중국 공산화였다. 당시 미국 의회에는 '중국 로비(China Lobby)'라 불리는 그룹이 활발하게 활동하고 있었다. 장개석(Chiang Kai-Shek)과 국민당을 지원하는 세력이었다.[95] 중국 본토가 어이없게도 공산주의 정권 손에 넘어갔다는 소식은 공화당에게 정치적 호재로 작용한다. 소련에 대한 경계심이 한창이던 때 민주당 대통령의 외교 참사(慘事)로 규정하여

95 당시 미국 의회 내 국민당 옹호 세력인 '중국 로비(China Lobby)' 관련 연구는 다음과 같다. Robert David Johnson. 2006. *Congress and the Cold War* (New York: Cambridge University Press, 2006); James A. Fetzer, *Congress and China, 1941-1950* (Ph.D. diss., Michigan State University, 1969)

공격하기에 충분한 소재였다. 공화당은 "누구 탓에 중국이 공산화되었는가? 바로 민주당과 트루먼 탓"이라고 여론에 호소하기 시작한다. 뉴딜 시대의 불리하던 정당 경쟁 구도에 절실했던 새로운 이슈 차원의 도입이었다. 특히 미국 남부에 만연해 있던 반공주의 정서로 인해 중국 공산화 문제는 급속히 민주당 내부의 분열 이슈로 변한다. 뉴딜 시대 북부와 남부가 연합하였던 민주당의 단합을 저해하는 이슈로 작용하게 되었다.[96]

중국 공산화 및 반공주의 이슈가 트루먼 행정부의 대외 정책에 미친 실질적 영향은 무엇일까? 본토를 빼앗긴 후 장개석은 포모사(Formosa)로 쫓겨나 임시 정부를 세운다. 이후 트루먼 행정부는 장개석과 국민당에 대한 군사 원조를 중단하게 된다. 공화당과 남부 민주당 의원들은 이에 대해 격렬하게 반발하였다. 1950년 1월 트루먼 행정부가 제안한 6천만 달러 규모의 한국 원조 법안 시비로까지 이어지게 된다. 공화당은 한국 원조 법안을 통해 민주당의 분열을 부추기려 하였다. 남부 민주당 그룹이 트루먼 행정부의 외교 정책을 비판하고자 이미 준비하고 있었다. 이들 연합 세력은 포모사에 대한 지원을 계속하지 않는다면 한국에 대한 지원도 필요 없지 않은가("If Not Formosa, Why Korea?")라는 주장을 논리적 근거로 삼았다. 미국 의회 내부 보수 연합

96 미국 남부의 반공주의는 다른 지역에 비해 훨씬 강력하였다. 흑인 세력이 공산주의와 결탁("Red-Black Coalition")하여 남부 사회를 붕괴시킬 것이라는 우려도 컸다. 미국 남부와 국제 이슈에 대한 연구도 다양하다. Alfred O. Hero. 1965. *The Southerner and World Affairs* (Baton Rouge: Louisiana State University Press); Jeff Woods. 2004. *Black Struggle, Red Scare: Segregation and Anti-Communism in the South, 1948-1968* (Baton Rouge: Louisiana State University Press); and Joseph A. Fry. 2002. *Dixie Looks Abroad: The South and U.S. Foreign Relations, 1789-1973* (Baton Rouge: Louisiana State University Press)

은 한국 법안을 지렛대 삼아 트루먼 행정부를 몰아붙이게 된다.

이는 불과 9개월 전인 1949년 4월 중국 국민당에 대한 지원 지속 법안 표결 당시 나타났던 초당파적 양상과는 크게 대조된다. 〈그림 14〉는 이를 잘 보여준다. 1949년 4월 중국 지원 법안과 1950년 1월 한국 지원 법안 관련 의회 내 지지도 변화를 대조하여 보여준다. 가로축은 의원들 이념 성향을 지표(DW-NOMINATE Score)로 표시하고 있다.[97] 중국 지원 법안을 살펴보면 찬반 비율이 의원들의 이념 성향과 크게 상관없음을 알 수 있다. 한국 지원 관련 법안에 대한 표결은 확연히 달라진다. 보수 성향일수록, 즉 숫자가 커질수록 한국 지원 법안에 대한 찬성 비율이 줄어든다. 당시 이 표결 상황에 대해 뉴욕 타임스는 주목하여 보도하였다. 한국 지원 법안의 의회 부결 사태를 중시하였음을 뜻한다. "2차 대전 종료 이후 트루먼 행정부가 의회에서 처음으로 겪은 안보 이슈 관련 정치적 패배"라고 대서특필한다.[98] 크리스텐슨(Christensen 1996)에 따르면 냉전 이후 불과 몇 년이 지나지 않아 초당파적 외교 정책 합의가 붕괴되는 치명적 경험이기도 하였다.[99] 정리하자면 민주당

97 DW-NOMINATE Score는 의원들의 개별적 이념 척도로 자주 사용된다. 통과된 법안들을 경제에 대한 정부 역할 기준으로 분류하고 이에 대한 표결 결과를 토대로 의원들 이념 성향을 파악하였다. 가장 진보는 -1, 가장 보수는 +1, 완전 중도는 0이다. 자세한 내용은 voteview.com에 나와 있다.

98 Clayton Knowles, "2 Votes Block Korea Aid Bill; House Test a Blow to Truman," *The New York Times*, Jan 20, 1950

99 트루먼 대통령은 1950년 당시 암 투병으로 칩거중이던 반덴버그(Vandenberg) 공화당 상원 의원에게 편지를 보낸다. 미국 외교 정책이 당파적 이해관계와 선거 목적에 이용되는 상황을 개탄하는 내용을 담고 있다. "You just don't realize what a vacuum there has been in the Senate and in the operation of our foreign policy since you left."(Zelizer 2009, p.5에서 재인용) Julian E. Zelizer. 2009. *Arsenal of Democracy: The Politics of National Security-From World War II to the War on Terrorism* (New York: Basic Books).

지배 연합 내부의 분열 이슈는 중국 공산화 책임론과 반공주의였다. 대선 역전패 이후 1950년 중간 선거를 반드시 승리해야 했던 대통령 반대당 공화당이 단합한 결과이기도 하다. 대통령 소속당 내부의 분열 이슈를 새로운 이슈 차원으로 도입한 또 다른 예다.

〈그림 14〉 중국 지원 법안과 한국 지원 법안 표결 비교, 1949년 vs 1950년

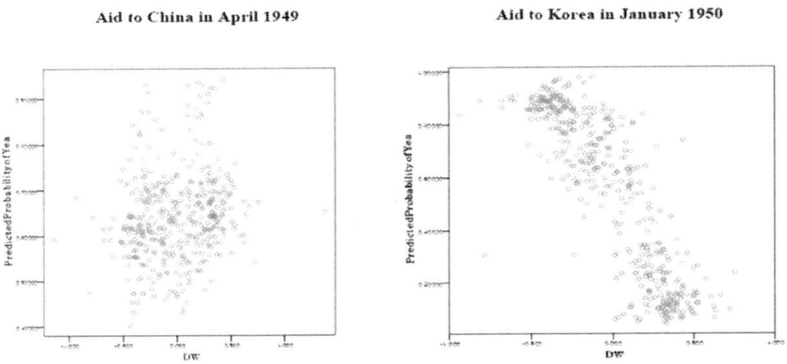

Note: DW-NOMIATE Scores, from -1 (liberal) to +1 (conservative)

출처: CQ Almanac 및 저자 분석

3. 1990년대 중국 무역 정책: 공화당 분열과 민주당 단합

1) 레이건 시대 공화당 지배 연합과 중국 무역 정책 이슈

앞서 살펴본 대로 뉴딜 시대(New Deal Era)는 미국 정치사에서 그 의의가 매우 크다. 대통령 권력과 정부 역할에 대한 긍정적 평가가 가능하도록 만든 중대한 계기였기 때문이다. 그러한 뉴딜 시대도 결국 종말을 고하게 된다. 베트남 전쟁 실패와 미국 경제력 쇠퇴를 주 원인으

로 꼽을 수 있다. 루스벨트에 의해 존경받게 된 대통령 제도(presidency)는 존슨과 닉슨 시기를 거치며 정치 불신의 대상으로 전락하게 된다. 존슨 대통령은 풀브라이트(Fulbright) 상원 의원 등 의회 및 여론의 거센 반대를 무릅쓰고 베트남 확전을 밀어붙였다. 자신의 치하(治下)에서 또 한 번의 아시아 공산화를 허용하지 않겠다는 결단이었지만 불리한 전쟁 진행 상황에 대해 국민에게 제대로 알리지 않은 것은 무리수였다. 결국 정치적 혼란만 가중시킨 채 현직 대통령으로서 1968년 재선 출마를 포기하게 된다. 닉슨 대통령 또한 국내적 반대에도 불구하고 캄보디아 공습을 감행하였다. 권한을 남용하는 '제왕적 대통령' 비판에 직면하게 된다. 더구나 1972년 대선 당시의 불법 행위와 이에 대한 폭로 사태로 인해 하원은 탄핵 결정 직전까지 간다. 닉슨은 1974년 8월에 사임하여 대통령 직에서 중도 하차한다.

닉슨의 부통령이던 포드(Gerald Ford)가 대통령 직을 승계하였다. 포드는 국민 통합에 주력하며 정치 신뢰를 회복하는 듯 보였다. 하지만 집권 한 달만에 닉슨의 사면을 섣불리 단행하는 바람에 급속히 국민적 지지를 상실하게 된다. 당내 도전자였던 레이건 캘리포니아 주지사를 힘겹게 물리치고 1976년 대선에 나섰지만 패배한다. 포드를 물리치고 당선된 카터 대통령은 아웃사이더로 통했다. 소탈한 스타일에 독실한 기독교 신자로 진보-보수 양쪽 모두를 끌고 갈 참신한 지도자로 기대를 모았다. 하지만 유가 급등 사태로 인한 경제 침체, 소련의 아프가니스탄 침공과 이란이 벌인 미국 외교관들 인질 사태로 인해 미국의 국제적 위상이 급속도로 추락하게 된다. 의회 다수당이던 같은 민주당 지도부와의 불협화음도 심해진다. 걷잡을 수 없는 국내외 불안과 위기 증폭으로 인해 결국 카터 대통령은 1980년 재선에 실패한다. 뉴딜 시대 상징이던 훌륭한 대통령과 일하는 정부는 국민적 신뢰를 점점 더 상실하게 되었다.

레이건 혁명은 뉴딜 시대를 종식하고 새로운 개혁 바람을 일으켰다. 미국 정치를 중도 우파 방향으로 다시 설정하였다. 현직 대통령이던 카터와 맞붙게 된 1980년 선거 과정에서 캘리포니아 주지사 레이건 후보는 "중앙 정부는 해결책이 아니라 문제점(Government is not a solution, but the problem)"이라는 강력한 메시지를 미국 국민들에게 던졌다. 또한 탁월한 소통 능력과 유머 감각을 바탕으로 국민들과 교감하는데도 성공한다. 거의 50년 전 루스벨트가 내건 "두려움 그 자체 외에는 두려할 것이 없다"던 선언 하나가 무기력한 정치판을 바꾸는데 효과적이었던 상황과 비슷했다. 1980년 선거 전날 레이건 후보는 "언덕 위의 빛나는 도시(shining city upon a hill)"를 주제로 연설을 한다. 새 시대를 갈망하던 미국 유권자들 뇌리에 깊은 인상을 남겼다(장혜영 2016).

레이건 대통령은 4년 후 1984년 대선에서도 전국적인 승리를 거두며 재선에 성공한다. 2기 행정부 시기 마침내 경제 회복도 이끌어 낸다. 소련 붕괴 사태는 레이건 대통령 임기 말에 벌어진다. 냉전 승리가 공세적 복구 정책(roll-back policy)의 결과물임을 국민들에게 확신시킬 수 있게 된다. 당시 '쌍둥이 적자(twin-deficit)' 문제는 심각했다. 재정적자(budget deficit)는 대규모 국방예산의 증액으로 커졌다. 무역 적자(trade deficit)는 일본과의 무역 불균형이 주된 원인이었다. 그럼에도 불구하고 국민들은 레이건의 후계자인 부통령 부시(George H. W. Bush)를 1988년 대통령으로 선출한다. 대통령제 미국 정치에서 마침내 공화당이 대통령 소속당으로서의 입지를 탄탄히 굳히게 된 계기였다. 국내 문제는 민주당 의회가 다루고 국제 이슈는 공화당 대통령의 리더십을 인정하는 분위기가 만들어진 셈이다. 그런데 새로운 공화당의 지배 연합에 중대한 위기가 닥친다. 1989년 부시 대통령의 임기 첫 해 터진 중국 '천안문 사태(Tiananmen Square Massacre)'였다.

2) 반대당 민주당, 소수파 공화당, 중국 무역 정책 논쟁

중국의 천안문 사태는 미국 외교사 관점에서 볼 때 역사의 반복이 아닐 수 없다. 일찍이 트루먼 행정부는 국민당을 지원하면 공산당의 세력 확장은 막을 수 있을 거라고 믿었다. 하지만 결국 중국 본토의 공산화라는 충격적 결과를 접하게 된다. 1979년 카터 행정부는 중국과 국교 정상화를 이룬다. 이후 10년 동안 양 국가 간 통상 규모는 급증하였고 중국과의 교류 확대는 중국 정치의 민주화와 사회 개방을 가져 올 것이라 믿었다. 무역이 평화와 안정을 가져온다는 해밀턴(Hamilton)식 기대감이었다. 하지만 천안문 광장에서 탱크와 1대1로 맞서며 죽음을 불사하던 TV 속 중국 시민의 모습은 미국 국민들에게 충격 그 자체였다. 해밀턴주의 희망은 급속히 사라졌고 공화당 부시 대통령은 중국이라는 거대 시장과 경제 이익에만 매달리고 있던 것으로 비쳐졌다.[100] 폭압적인 중국 공산당의 눈치만 보고 미국 기업과 시장 이익에만 몰두하

100 중국 민주화에 대한 미국의 환상을 다룬 연구로는 다음이 흥미롭다. James Mann. 2008. *The China Fantasy: Why Capitalism Will Not Bring Democracy to China.* (New York: Penguin Books)

는 것으로 인식되었다. 이를 통해 중국 문제가 다시 한 번 미국 지배 연합의 분열 이슈로 등장한다.[101]

1980년대 말 새로운 이슈 차원이 필요했던 정당은 민주당이었다. 1980년, 1984년, 1988년 세 차례 연속 대권을 공화당에 넘겨주었기 때문이다. 냉전을 승리로 종결시킨 레이건은 공화당을 대통령 리더십의 정당으로 변신시켰다. 반대로 민주당은 의회 다수당 지위만 유지하며 정치적 무력감에 빠져 들었다. 이러한 상황에서 중국 천안문 사태와 미국 국민들의 반발, 그리고 공화당 대통령의 미온적 대응은 민주당에게 호재로 다가왔다. 중국 문제를 공화당 내부의 분열 이슈로 쟁점화할 수 있는 기회였다. 분열 이슈는 특히 중국 통상과 관련된 최혜국대우 조항으로 구체화되었다. 1974년 무역법(Trade Act)에 대한 잭슨-베닉 수정안(Jackson-Vanik Amendment)에 의해 중국과의 무역은 국교 정상화 이후에도 원칙적으로 금지되어 있었다. 미국 행정부는 임시방편으로 잭슨-베닉 수정안에 대한 대통령의 유예(waiver) 조치를 매년 결정하여 공지하였다. 1989년 천안문 사태 이전까지 미국 의회는 이를 묵인하였고 따라서 중국 교역은 가능했었다. 천안문 사태를 계기로 만들어진 민주당의 새로운 전략은 중국과의 통상 문제를 공개적으로 시비 거는 움직임이었다. 최혜국대우(most-favored-nation) 조항과 관련되

101 만(Mann)은 부시 행정부가 천안문 사태에 강력 대응하지 않은 데 대한 반발 여론과 민주당 전략에 대해 다음과 같이 기술하였다. "China was an issue where the Democrats in Congress could oppose the Republican administration and know, with certainty, that they had public opinion on their side. It was the one foreign policy issue where Bush was clearly out of touch with the views of ordinary Americans." (Mann 2000, 199). James Mann, 2000. *About Face: A History of America's Curious Relationship with China, From Nixon to Clinton* (New York: Vintage)

어 묵인해 오던 대통령의 유예 조치를 불승인하는 결의안(disapproving resolution) 통과가 목표였다.[102]

3) 분열 이슈, 정당 경쟁, 무역 정책 변화

중국과의 무역은 1980년 이래 미국 경제에 있어서 구조적 특징을 거의 그대로 유지하고 있다. 이에 따라 미국 국내적으로 상이한 지지 혹은 반대 그룹들이 존재한다. 우선 중국을 주요 농산물 수출 시장으로 삼는 농업 주들은 자유 무역을 절대 옹호한다. 〈그림 15〉는 1990년부터 2000년까지 미국 하원이 취한 중국 최혜국대우 조항 관련 주(州)별 지지도를 보여준다. 중국에 대규모로 농산물을 수출하는 네브라스카, 캔자스, 아이오와 같은 주들은 중국과의 자유무역에 늘 적극 찬성하는 입장이다. 중국으로부터 물건을 싸게 사서 미국 내수 시장에 파는 도매업자들 또한 자유무역에 별 이의가 없다. 반대로 중국으로부터 값싼 수입품이 들어오는 탓에 지역의 제조업이 큰 타격을 입은 경우도 무수하다. 섬유 산업이 중심이었던 사우스캐롤라이나가 대표적이다. 중서부 러스트 벨트(Rust Belt) 지역 의원들 역시 중국과의 자유 무역에 반대하는 주요 세력으로 부상하였다.

---

102 중국과의 무역 및 최혜국대우(MFN) 조항 관련 선행 연구 중 대표적인 것들은 다음과 같다. David J. Jackson, and Steven T. Engel. 2003. "Friends Don't Let Friends Vote for Free Trade: The Dynamics of the Labor PAC Punishment Strategy over PNTR," *Political Research Quarterly* 56: 441–448; Timothy P. Nokken. 2003. "The Ideological Ends Against the Middle: House Roll Call Votes on Normal Trade Relation Status for China, 1990–2000," *Congress and the Presidency* 30: 153–170.

〈그림 15〉 중국 최혜국대우 조항 주(州)별 하원 의원 찬성 비율, 1990-2000

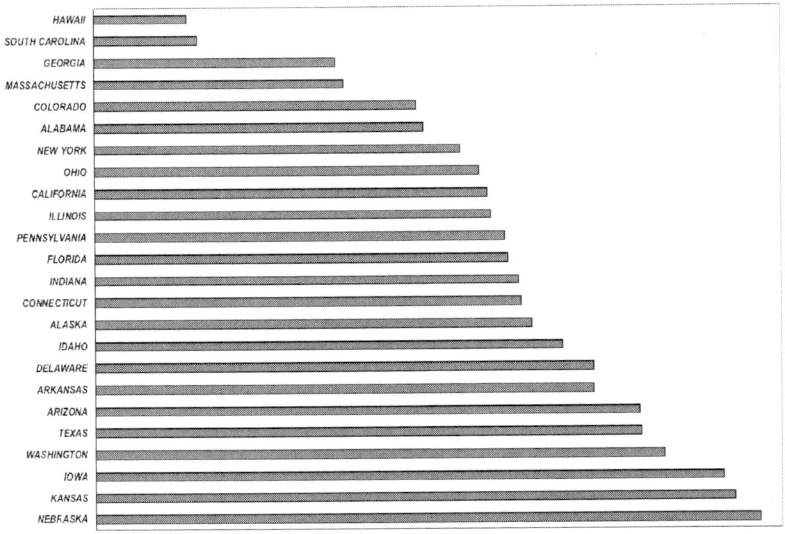

출처: CQ Almanac, 저자 계산

부시 대통령 당시 분열 이슈로 등장한 중국 최혜국대우 논쟁은 공화당의 복잡한 내부 상황과도 관련이 크다. 1980년대 이후 레이건 시대에 정당 재편성이 전개되었고 미국 남부는 공화당의 새로운 지지 기반으로 편입되었다. 동시에 중서부 지역의 사회적 보수주의자들과 경제적 민족주의 그룹도 입지가 강화된다. 개신교 집단 역시 공화당 지지 세력으로 영입된다. 공화당이 지배 연합으로 올라서면서 당세(黨勢)를 확장한 셈이다. 그런데 이들은 전통적 공화당 그룹과는 성격이 달랐다. 기존의 공화당 기반은 동부 출신, 엘리트주의자들, 시장 친화주의자들에 기초하였었다. 이질적 그룹이 당내에 존재하면서 내부적 긴장 관계가 형성된다. 천안문 사태 이후 민주당이 제기한 중국의 최혜국대우 불승인 문제는 공화당 내부 갈등을 수면위로 부상시켰다. 대통령 소속당인 공화당의 분열 이슈가 되었다. 민주주의 가치와 종교의 자유를 무시하고 무차별적 낙태를 허용하는 중국 공산 정권에 대해 공화당 내 보수 세력이 반기를 들었다. 전통적 공화당 성향을 배경으로 한 부시 대통령은 시장 중시 원칙에 따라 중국의 압제 상황에 대해 미온적 대응으로 일관하였다. 공화당 내부의 사회적 보수 그룹은 이에 크게 반발하였고 대통령 반대당인 민주당과 연합하게 된다.

〈그림 16〉 중국 최혜국 대우 조항 반대 결의안과 정당별 찬성률, 1990-1993

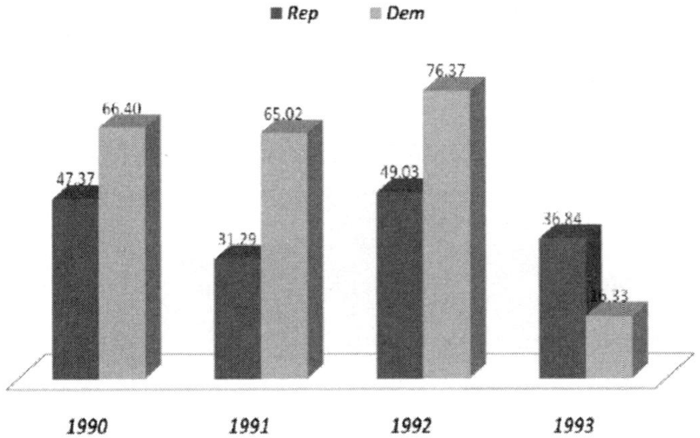

출처: CQ Almanac, 저자 계산

〈그림 16〉은 아버지 부시 대통령 시기 3년(1990-1992)과 클린턴 행정부 임기 첫 해(1993) 벌어진 중국 최혜국대우 불승인 결의안의 표결 상황을 보여 주고 있다. 공화당과 민주당의 당내 찬성 비율, 즉 내용으로 따지고 보면 최혜국대우 불승인(disapproval) 비율을 보여 준다. 부시 대통령 임기 3년 동안 민주당은 단합하여 중국에 대한 최혜국 대우 지위 부여를 반대하였음을 알 수 있다. 공화당은 소속 대통령이 찬성하는 입장이었음에도 불구하고 절반 정도의 지지 비율을 보였다. 달리 말

해 당내 분열 이슈였던 셈이다. 한편 1993년 민주당 대통령 클린턴의 임기 첫 해 표결 양상도 주목할 만하다. 부시 행정부 내내 줄곧 중국 정부에 비판적이던 민주당의 경우 중국이 별다른 변화를 보이지 않았음에도 불구하고 1993년 들어 정당 입장을 크게 바꾼 것이 눈에 띈다. 소속당 클린턴 대통령이 취임 후 경제 활성화를 위해 중국 무역에 조건부 찬성 입장을 보이게 되었고 펠로시(Pelosi)를 비롯한 의회 민주당 의원들은 대통령을 옹호하고 나섰다. 정당 내 분열 이슈로서의 중국 문제가 정당 정치 뿐만 아니라 대통령 정치와도 중첩되어 있다는 사실을 다시 한 번 일깨워 주는 사례다.

제4부

미국 정치와 북한 정책

미국 국내 정치는 북한 이슈를
어떻게 다루는가?

제4부

미국 정치와 북한 정책: 미국 국내 정치는 북한 이슈를 어떻게 다루는가?

현재 미국의 정치와 외교에 영향을 주는 이념적 추세로는 비(非)개입주의인 제퍼슨주의와 잭슨주의를 꼽을 수 있다. 2016년 대선 과정에서 공화당의 대선 후보 트럼프와 민주당의 경선 도전자 샌더스는 더 이상 '정권 교체(regime change)'를 미국 외교 정책의 목표로 삼지 않겠다고 공언하였다. 군사적 수단을 통해 불량 국가(rogue state) 혹은 적대 국가의 정권을 인위적으로 끌어내리지 않겠다는 공개적 입장 천명이었다. 1990년대 이후 심화되고 있는 정치 양극화도 새로운 특징으로 지적하지 않을 수 없다(가상준 2006, 하상응 2016). 유권자, 여론, 선거 등 미국 민주주의 정치 과정의 전반에 걸쳐 나타나는 현상인데 더 이상 중립적 언론을 찾기 어렵고 중도적 유권자들 세력도 미미하다. 미국 외교 정책에 대한 선호도 양극화 현상과 관련되어 있다.

제도 정치의 갈등 또한 해소될 기미가 거의 보이지 않는다. 우선 백악관, 상원, 하원 모두 단일 정당이 지배하는 온전한 단점 정부 사례가 많지 않다. 거부권을 가진 대통령, 필리버스터(filibuster)에 갇혀버린 상원, 규칙과 다수결로만 운영되는 하원이 상호 협력을 위한 유인보다는 갈등하기 쉬운 구도에 노출되어 있다. 예를 들어 1998년 미국 정가를 뒤흔든 공화당의 민주당 대통령에 대한 탄핵 시도는 2019년 현재 공수(攻守)만 바뀌었을 뿐 비슷한 양상이다. 정당 지도부의 영향력도 더욱 커졌다. 선거 자금의 모금-배분 결정 및 상임위원회의 구성-배정 권한 등을 통해 소속 의원들을 동원하고 있다. 상임위원회를 중심으로 한 상향식 의회 정치는 이제 교과서에서나 찾아 볼 수 있게 되었다. 의회도 정당 지도부가 주도하는 하향식으로 변하고 있다.

이러한 배경 하에서 대북(對北) 제재와 관련된 미국 정치 제도의 맥락을 이해하는 일은 중요하다. 현대 외교 정책 결정은 주로 행정부가 주도한다. 그런데 제재 정책이 예외에 속한다. 의회가 주도권을 가지는데 제재 이행에 관한 근거를 법률로 제공해야 하기 때문이다. 미국 의회는 북한에 대해 비교적 많은 제재 법안들을 발의해 왔다. 그런데 최종 법안이 된 경우는 극히 드물다. 하원과 상원의 통과 후 대통령이 서명한 대북 제재 법안은 2016년 북한 제재 정책 강화법(North Korea Sanctions and Policy Enhancement Act of 2016), 2017년 이란, 러시아, 북한을 함께 다룬 '제재를 이용한 적대국 대응법(Countering America's Adversaries Through Sanctions Act of 2017)' 정도가 있다. 국방부 예산안인 국방수권법(National Defense Authorization Act) 수정안도 일부 포함된다.

제재 법안의 이행과 관련된 행정부 재량권에 대해서도 유의점들이 있다. 예를 들어 '제재를 이용한 적대국 대응법' 324항에 북한을 테러지원국으로 지정하는 내용이 담겨 있는데 2017년 8월 2일 입법 이후 90일 이내에 북한이 테러지원국가에 해당하는지 상임위원회에 보고하도록 규정하고 있다.[103] 그런데 폼페이오(Mike Pompeo) 국무장관이 북한을 테러지원국으로 지정한 날짜는 2017년 11월 20일이다. 법률이 정한 시일을 넘겼지만 의회의 별도 대응은 전혀 없었다. 날짜를 어겨서 행정부가 움직이는 경우 의회가 무엇을 어떻게 할지에 대한 법안 규정이 없기 때문이다. 테러지원국 지위를 해제하는 방법도 비교적 간단하다. 테러지원국으로 규정된 나라가 더 이상 국제 테러 행위를 지원하지 않는다는 리포트(report)를 대통령이 의회에 보내면 된다. 결국 제재의 이행 및 완화와 관련된 대부분의 사항은 행정부의 재량 권한에 속한다고 볼 수 있다.

이번 4부에서는 미국 정치와 북한 문제에 초점을 맞추어 보기로

---

103 해당 법안 조항의 원문은 다음과 같다.
Section 324 Determination on Designation of North Korea as a State Sponsor of Terrorism
(a) Determination–(1) In general–Not later than 90 days after the date of the enactment of this Act, the Secretary of State shall submit to the appropriate congressional committees a determination whether North Korea meets the criteria for designation as a state sponsor of terrorism. (2) Form–The determination required by paragraph (1) shall be submitted in unclassified form but may include a classified annex, if appropriate.
(b) STATE SPONSOR OF TERRORISM DEFINED–For purposes of this section, the term, "state sponsor of terrorism" means a country the government of which the Secretary of State has determined, for purposes of section 6(j) of the Export Administration Act of 1979(50 U.S.C. 4605(j)) (as in effect pursuant to the International Emergency Economic Powers Act), section 620A of the Foreign Assistance Act of 1961 (22 U.S.C. 2371), section 40 of the Arms Export Control Act (22 U.S.C. 2780), or any other provision of law, is a government that has repeatedly provided support for acts of international terrorism.

한다. 미국 정치가 '언제 어떻게' 북한 정책의 방향과 전략을 정하는지 살펴본다. 특히 미국 대통령과 미국 의회 간 상호 작용을 주목하여 북한 정책이 가지는 국내 정치적 함의를 다음 차원에서 탐색해 본다. 첫째, 미국 대통령이 북한 지도자와 합의한 핵 위기 해결책이 미국 의회에서 제대로 이행되는가의 차원이다. 행정부가 맺은 국제 합의에 대해 의회가 국내 이행을 존중하는가와 관련된 문제다(정수현 2012). 이와 관련하여 1994년 북미(北美) 간에 체결된 제네바 핵(核)협정(US-DPRK Agreed Framework) 사례를 구체적으로 살펴본다. 당시 북한과 미국 사이의 비핵화 합의는 11월 중간 선거 직전에 이루어졌다. 소위 안보와 선거가 연관된 '10월의 충격(October Surprise)'으로 인식되기도 했다. 미국이 다른 나라와 맺은 합의(agreements)가 국내 정치 맥락에서 이행(commitments)의 정치와 만날 때 어떠한 요소들이 작동하는지 탐색해 본다.

둘째, 탈(脫)냉전 시대 미국의 주요 외교 수단으로 등장한 제재 정책이 북한 이슈에 어떻게 적용되는지의 차원이다. 제재는 의회가 법으로 통과시켜야 하고 이후 행정부에 이행과 관련된 재량권이 주어진다. 합의와 이행이라는 관점에서 생각해 보면 앞선 행정 합의(executive agreements) 경우와 그 순서가 반대라고도 볼 수 있다. 의회가 먼저 틀을 제공하고 행정부가 이를 이행하기 때문이다. 북한 제재 정책에 관해서는 특히 오바마 행정부 시기를 조명해 보기로 한다. 다시 고조된 북한 핵 위기에 대한 의회와 행정부의 대응 방식을 주로 탐구하되 쿠바(Cuba)에 대한 미국 제재 정책도 함께 살펴봄으로써 북한 관련 시사점을 찾아본다.

1장
1994년 북미 제네바 협정과 미국 정치[104]

1. 미국 외교 정책 딜레마: 합의와 이행의 문제

뉴스태드(Neustadt 1960)가 제시한 "설득의 권력(power-to-persuade)"은 미국의 근대 대통령 권한에 대한 고전적 정의라고 할 수 있다.[105] 뉴스태드는 정치학의 효시로 알려진 『군주론』의 저자 마키아벨리를 연상케 한다(김경희 2013). 마키아벨리에게 이탈리아 주군(主君)의 성공이 관심사였듯이 뉴스태드도 미국 대통령의 성공을 관건이라 여겼기

104 1994년 북미 핵협정 분석은 저자의 다음 논문을 토대로 작성되었다. Jungkun Seo. 2015a. "Agreements Without Commitments? The US Congress and the US–North Korea Agreed Framework, 1994–2002," *Korean Journal of Defense Analysis* 27(1): 107–122;

105 Richard E. Neustadt, *Presidential Power and the Modern Presidents* (New York, NY: John Wiley and Sons, 1960).

때문이다. 미국의 대통령은 헌법적 맥락에서 보면 강력한 정치 행위자로 보기 어렵다. 따라서 대통령의 성공은 그가 가지고 있는 설득의 기술에 달려 있다는 결론을 제시한다. 특히 언제 어떻게 의회와 여론, 언론을 적절히 설득하느냐가 중요하다. 뉴스태드가 주로 연구한 미국 정치 시기는 보수 연합에 의해 의회가 운영되던 1950년대였다. 뉴스태드는 타협, 양보, 회유, 압박 등 대통령 개인이 가진 역량을 주목하였다. 설득의 기술 활용을 통해 기회의 창을 열어야 하며 대통령 성공을 위해서는 이를 잘 행사해야 한다는 주장이다(박세일 외 2002). 이후 연구자들은 뉴스태드가 대통령의 개인 자질과 능력만을 지나치게 부각시켰다고 비판하기도 한다. "성공한 대통령이 되기 위해서는 성공적이어야 한다"는 일종의 동어 반복적인 주장이 뉴스태드 제안이라는 문제 제기다. 이들은 개인 차원의 대통령 리더십(personal presidency) 못지않게 제도적 맥락에서의 전략과 역량(institutional presidency)도 연구 대상이어야 한다는 점을 지적하고 있다.

뉴스태드 이후 미국 대통령에 대한 연구 주제 경향은 견제와 균형이라는 제도적 틀에서 대통령의 선호와 선택이 어떠한지로 이동 중이다. 예를 들어 카메론(Cameron 2000)은 제도적 대통령제 개념을 토대로 대통령의 거부권과 연관된 전략적 상황을 분석하였다.[106] 거부권 위협(veto threat) 혹은 거부권 행사는 대통령이 의회와 벌이는 일종의 정치 게임에 있어 중요한 요소다. 특히 카메론은 전통적인 대통령 연구

106 Terry Moe, "The Politicized Presidency" in *New Directions in American Politics*, eds. John Chubb and Paul Peterson, (Washington, D.C.: Brookings Institution Press, 1985), 235–71; Charles M. Cameron, *Veto Bargaining: Presidents and the Politics of Negative Power* (Cambridge: Cambridge University Press, 2000).

방법론의 오류를 파고들었다. 개별 대통령을 단절적 관점에서 파악하는 것이 이전 대통령 연구의 고질적 문제라고 여겼다. 이 경우 대통령을 영웅 혹은 악당으로 묘사하는 결론에 이르기 쉬워진다는 것이다. 카메론은 대통령 리더십을 객관적으로 파악하기 위해서는 대통령제에 대한 실증적 연구가 필요하다고 역설한다. 다시 말해 대통령이 추구하는 효용 극대화 전략과 최선 대응(best response)에 관한 분석을 연구의 토대로 삼아야 한다는 주장이다.[107] 비슷한 맥락에서 케인스 론(Canes-Wrone 2005)도 대통령의 선택과 결정을 여론 영역 및 정책 과정으로 확장하여 분석하였다. 대통령이 여론에 영합하여 정책을 만드는 것인지 혹은 대통령이 여론을 선도하여 정책을 결정하는 것인지에 대해 실증적 연구를 수행한 바 있다.[108]

최근에는 대통령의 일방적 행동(unitary action)에 대해 제도주의 연구자들의 연구 관심이 집중되고 있는 추세다. 대표적 예가 하웰(Howell 2003, 21)인데 "일방적 행동(unilateral action)이야말로 근대 미국 대통령제의 진정한 불변적 요소"라고 주장한다.[109] 하웰에 따르면 커티스-라이트 판결(United States v. Curtis-Wright 1936), 벨몬트 판결(United States v. Belmont 1937), 핑크 판결(United States v. Pink 1942) 등 일련의 연방 대

107 카메론은 "대통령제는 종속 변수(dependent variable)가 아니다"라고 제시한다. 설명 대상이 아닌 독립 변수(independent variable)로 대통령제를 분석해야 뜻이다. 종속 변수인 정책 결정에 독립 변수인 대통령이 어떠한 영향을 미치는가를 연구해야 한다는 제안이다.

108 Brandice Canes-Wrone. 2005. *Who Leads Whom? Presidents, Policy, and the Public* (Chicago: The University of Chicago Press).

109 William G. Howell. 2003. *Power without Persuasion: The Politics of Direct Presidential Action* (Princeton: Princeton University Press)

법원 결정도 대외 정책과 관련된 대통령의 일방적 권력 비대화와 관련이 깊다. 1973년 슐레진저는 닉슨 대통령과 연관된 '제왕적 대통령제' 개념을 고안하였고 이를 이후에 발전시킨 것은 루델러비지(Rudalevige 2005)다. 그는 대통령제의 고유 성격에 주목하였다. 대통령은 선제 행동(acting–first)과 단독 결정(acting–alone)으로 제도적 이점을 누린다. 이러한 대통령제의 특징상 일방적 행정부가 만들어질 가능성 또한 높아진다고 보았다.[110]

특히 행정 합의(executive agreements)라는 외교 정책 수단은 행정부의 일방적 선택이며 루스벨트 시기부터 현직 대통령들이 자주 사용하고 있다. 전략적 효용성을 염두에 둔 행정부의 단독 결정인 셈이다. 대통령이 만드는 일방적 국제 합의에 대한 연구는 적지 않다. 그런데 이후에 필연적으로 수반되는 합의 이행 과정에 대해서는 상대적으로 분석이 많지 않다. 미국 대통령이 외국 정부와 맺은 행정 합의에 대한 이행을 둘러싸고 미국 의회는 대통령의 결정을 존중할 것인가? 아니면 '일상적 정치(politics–as–usual)' 일환으로 대통령의 결정을 검증하고 제한하는 정쟁에 몰두할 것인가? 실제로 1950년 한국 전쟁 사례를 기점으로 미국 의회는 더 이상 전쟁 선포(declaration of war) 권한을 행사하지 않고 있다. 무력 사용에 관한 한 대통령의 권한을 대폭 인정하고 있음을 뜻한다. 또한 1934년 호혜통상관세법의 의회 통과 이후 관세 인하와 자유 무역 등 대통령의 무역 정책 권한 또한 확장일로다. 의회가 스스로 권한을 이양하여 대통령을 정치적으로 지원하여 왔다.

110 Andrew Rudalevige. 2005. *The New Imperial Presidency: Renewing Presidential Power After Watergate* (Ann Arbor: University of Michigan Press)

반대로 대외 정책 이슈가 대통령의 발목을 잡은 사례도 적지 않다. 상원 지도자로서의 경험을 살려 존슨(Lyndon Johnson) 대통령은 국내 정치 및 사회 개혁에 승부를 걸었다. '위대한 사회(Great Society)'라는 슬로건을 내걸고 특히 복지와 교육 정책에 집중하였다. 그런데 1964년 대선에서 압승한 이후 1965년 들어 의회의 반대를 무릅쓰고 베트남 전쟁을 확전(擴戰)한다. '국방과 복지(guns–and–butter)'라는 두 마리 토끼를 잡을 수 있다는 확신에 기초한 선택이었다(Seo 2011b). 하지만 베트남의 끈질긴 저항과 국민 신뢰 상실이 겹치면서 결국 몰락하게 된다. 1980년에 당선된 레이건 대통령은 뉴딜 시대를 종식시키고 보수 혁명을 이끈다. 1984년 대선에서 크게 이긴 후가 또 문제였다. 2기 행정부 후반에 터진 이란–콘트라(Iran–Contra) 스캔들이 결정타였다. 이란에 불법적으로 판매한 무기 대금을 가지고 니카라과 반군(反軍)인 콘트라를 지원하였고 이는 명백한 미국 국내법 위반이었다. 당시 레이건이 대통령으로서 무기 거래와 불법 전용 사실을 몰랐던지 혹은 알면서도 국민을 속였던지 두 경우 모두 정치적으로 크게 비난받을 수밖에 없었던 것은 마찬가지였다.

역사적으로 미국 의회는 종종 대통령의 외교 정책 결정을 공격하거나 뒤집으려했다.[111] 1차 대전 종료 후 윌슨 대통령은 집단 안보와 다

111 관련 연구 또한 방대하다. Cecil V Crabb, Glenn J. Antizzo, and Leila E. Sarieddine. 2000. *Congress and the Foreign Policy Process: Modes of Legislative Behavior* (Baton Rouge: Louisiana State University Press); Ira Katznelson and Martin Shefter. 2002. *Shaped by war and trade: International influences on American political development* (Princeton: Princeton University Press); Robert David Johnson. 2006. *Congress and the Cold War* (Cambridge: Cambridge University Press); Colin Dueck. 2008. *Reluctant Crusaders: Power, Culture, and Change in American Grand Strategy* (Princeton: Princeton University Press); Julian E. Zelizer. 2012. *Governing America:*

자주의 개념을 미국 국방 정책에 도입하려 하였고 파리에서 체결한 베르사이유 조약에 바로 이러한 내용을 담았다. 하지만 1919년 미국 상원에 의해 거부당한다. 조약 체결 과정에서 초당파적 노력을 소홀히 한 윌슨 대통령의 전략적 실수도 문제였다. 찬성표를 던질 수도 있었던 온건파 공화당 상원 의원들과도 사전 협의를 하지 않았던 것이 패착이었다. 미국 국민들도 전쟁이 끝난 후 "정상으로의 복귀(back to normalcy)"를 갈망하였으므로 국민적 거부감도 주 원인이었다고 볼 수 있다. 80년의 세월이 흐른 후 1999년에 비준 실패한 포괄적 핵실험 금지조약(Comprehensive Nuclear Test Ban Treaty)도 민주당 대통령의 대외 정책이 공화당 의회에게 퇴짜를 맞은 사례다. 당시 상원 외교위원장이었던 공화당 헬름스(Jesse Helms) 의원은 "무조건 반대 상원의원(Senator No)"이란 별명의 소유자였다. 사사건건 클린턴 민주당 대통령과 대립하였다. 포괄적 핵실험 금지 조약도 결국 클린턴-헬름스 간의 정치적 대립 구도에 묻혀 국내적 이행에 실패하고 만다. 거의 전(全)세계 모든 국가가 서명했던 핵 실험 금지 조약을 세계 초(超)강대국 미국이 거부해 버린 꼴이 되어 버렸다.

2. 1994년 북미(北美) 제네바 합의(US-DPRK Agreed Framework of 1994)

클린턴(Bill Clinton)은 탈(脫)냉전 시대에 전체 임기를 처음부터 시작했던 최초의 미국 대통령이다. 사실 1992년 대선을 앞두고 현직 공

The Revival of Political History (Princeton: Princeton University Press).

화당 부시(George H. W. Bush) 대통령의 재선 가능성은 높았다. 국제 사회의 전폭적 지지를 기반으로 1991년에 개시한 걸프 전쟁을 대대적 승리로 이끈 치적이 컸다. 그런데 1991년이 지나면서 'V자(字)' 형태의 급격한 경제 침체가 발생하였다. 부시 대통령은 이에 대해 적극적으로 대응하지 않았다. 오로지 외교 정책 성과 홍보에만 치중한다는 인상을 주게 되었고 급기야 미국 유권자들의 반감을 사게 된다. 아칸소(Arkansas) 출신의 젊은 주지사였던 클린턴 민주당 후보는 당시 상황을 콕 짚어주는 캠페인 슬로건을 들고 나왔다. "문제는 경제다, 이 바보야(It's the Economy, Stupid!)"라는 구호를 통해 국민들의 가려운 곳을 긁어주고 지지를 얻게 되었다. 클린턴은 이전의 뉴딜 민주당 이미지를 버리고 '새로운 민주당(New Democrat)' 기치도 표방하였다. 드디어 1993년 1월 백악관에 입성하게 된다.

탈(脫)냉전 시대가 열린 후 최초로 대통령 직을 시작하게 된 클린턴은 취임 후 예상대로 주로 국내 문제에 치중하였다. 소련과의 이념 대결은 마침내 끝났고 따라서 미국 정치의 분위기는 평화 지분(peace dividend)을 통한 국내 문제 집중이었다. 새 대통령도 국정 운영의 초점을 경제 회복, 복지 의제, 균형 예산 등으로 돌리게 된다. 영부인(First Lady)이었던 힐러리 클린턴(Hillary Clinton)의 주도 하에 대대적인 의료 개혁 입법도 추진하였다. 하지만 깅그리치(Newt Gingrich)가 오랫동안 단합시키고 준비시킨 공화당의 역공 또한 만만치 않았다. 이 시기 공화당은 더 이상 시장만을 신성시하여 자유방임만을 찬성하는 정당이 아니었다. 자신들이 주장하는 낙태 금지(pro-life), 총기 허용(gun-right) 등 일련의 사회적 가치를 보호하기 위해서는 정치적 단합과 공세가 필요하다는 사회적 보수주의자들(social conservatives)이 득세하였다. 이들은 클린턴 정부가 추진했던 의료 보험 개혁을 지나친 연방 정부 개입의 결과물로 포장하는데 성공한다. 군대 내 동성애자 허용 문제(Dont Ask, Dont Tell)를 놓고 클린턴 정부를 공격하기도 하였다. 공화당은 결국 1954년 이래 40년 만에 처음으로 중간 선거(midterm elections) 압승을 거두고 상-하원 다수당으로 등극한다. 11월 중간 선거는 이러한 맥락에서 치러졌는데 선거를 코앞에 두고 '10월의 충격(October Surprise)'으로 날아든 국제 뉴스가 북한과의 비핵화 합의 소식이었다.

1994년 10월 21일 제네바(Geneva)에서 북한과 미국은 비핵화를 위한 합의에 극적으로 성공한다. 북한 김정일 정권은 국제원자력기구(International Atomic Energy Agency) 주도의 핵 사찰을 수용하기로 전격 합의하였다. 북한이 핵을 포기하고 검증을 허용하는 대가로 한국과 미국, 일본은 한반도 에너지개발기구(Korean Peninsula Energy Development Organization)를 만들기로 한다. 중유(heavy oil) 공급을 포함하여 북한 경제 지원을 주도할 기구의 설립이었다. 미국 중간 선거 직전 타결된 북한과 미국 사이의 비핵화 결정(US-DPRK Agreed Framework)은 행정부 간 합의였다. 차와 강(Cha and Kang 2003)의 설명처럼 양국의 의회 승인을 거치지 않은 일종의 외교 정책 지침서 같은 성격이었다. 상호 불신이 전혀 해소되지 않은 상황에서 미국과 북한이 향후 협력을 모색한다는 방향 제시 수준의 문서였다.[112]

북미 제네바 합의의 국내적 이행은 이후 클린턴 대통령의 잔여 임

112 Victor D. Cha and David C. Kang, 2003. *Nuclear North Korea: A Debate on Engagement Strategies* (New York: Columbia University Press).

기 동안 진행되었다. 임기 첫 번째 중간 선거에서 대패함으로써 클린턴 시대는 공화당과 민주당이 제도 권력을 나누어 가지는 분점정부 시대에 접어든다. 무엇보다 국제 합의에 대한 국내 이행 문제를 둘러싸고 공화당이 문제를 제기하였다. 의회를 장악한 공화당 강경파 의원들이 제네바 합의를 무력화시키기 위해 법안과 결의안을 제출하였다.[113] 또한 합의 이행을 견제하기 위해 공화당은 의회 예산 권한('power of the purse')을 주로 활용하였다. 한반도 에너지개발기구(KEDO)에 대한 지원을 삭감하여 제 기능을 발휘하지 못하도록 하는 의도였다.[114] 사실상 미국 전체 예산에 비추어 보면 매우 작은 비용과 규모였지만 정쟁의 소재로 이용하기에는 충분했다. 북한 비핵화를 위해 주요 당사국들 간 합의로 설립된 제도적 장치가 오히려 미국 국내 정쟁의 도구로 전락하게 된 셈이다.

클린턴 시대가 끝나고 보수 공화당 세력이 정권을 차지하게 되면서 북미 관계는 더욱 악화된다. 2001년 부시(George W. Bush) 행정부는

113 Terry L. Deibel. 2005. "Intraparty Factionalism on Key Foreign Policy Issues: Congress versus Clinton, 1995–2000," in *Divided Power: The Presidency, Congress, and the Formation of American Foreign Policy*, ed. Donald R. Kelley (Fayetteville: University of Arkansas Press).

114 KEDO에 관한 미국의 한 보고서는 이러한 내용을 잘 지적하고 있다. 원문은 다음과 같다. "All of these required constant and often adversarial briefing sessions with Congressional staff, and opened the door to increasingly burdensome conditions being attached by the Congress to the money. And any appropriated money, moreover, regardless of how obtained, came so late that it was impossible to provide it to KEDO on a reasonable schedule. That, in turn, meant that HFO deliveries to North Korea were frequently late. In fact, it was once necessary to finish shipping the oil in the next calendar year, something the DPRK strongly protested." 출처: Charles Kartman, Robert Carlin, and Joel Wit. 2012. "Policy In Context: A History of KEDO, 1994–2006," *Center for International Security and Cooperation* (Stanford: Stanford University Press).

임기 첫 해 겪은 9/11 사태 이후 대통령제의 방향 전환을 모색하였다. 아들 부시 대통령은 특히 2002년 1월 상하원 합동 연설인 연두 교서(State of the Union Address) 발표를 통해 이란, 이라크, 북한을 "악의 축(Axis of Evil)"으로 규정하였다. 소련을 악의 제국(Evil Empire)으로 묘사하였던 레이건처럼 9/11 사태 이후 미국 국민을 결집시킬 목적으로 사용된 표현이었다. 부시 행정부는 북한의 지속적인 핵개발 활동에 대해 의심하였고 2002년 마침내 북미(北美) 핵 협정을 일방적으로 파기하기에 이른다. 한반도 에너지개발기구의 중유 공급을 중단키로 결정한 것이다. 북한도 이에 대항하여 2003년 1월 10일 자로 핵무기 비확산조약(Treaty on the Non-Proliferation of Nuclear Weapons)을 탈퇴하는 첫 번째 국가가 된다.[115]

잘 알려진 대로 한반도 안보 이슈는 국제 정치학의 주요 관심사이다(이정철 2009).[116] 양자 동맹 위주로 엮인 '부챗살(hub-and-spoke)' 접근

---

115 1994년 북미 제네바 합의에 대한 연구로는 다음을 꼽을 수 있다. Leon Sigal. 1998. *Disarming Strangers: Nuclear Diplomacy with North Korea* (Princeton: Princeton University Press); Curtis H. Martin, "Rewarding North Korea: Theoretical Perspectives on the 1994 Agreed Framework," *Journal of Peace Research* 39, no. 1 (2002); Jonathan D. Pollack, "The United States, North Korea, and the End of the Agreed Framework," *Naval War College Review* (Summer 2003): 11-49; *No Exit: North Korea, Nuclear Weapons, and International Security* (London: International Institute for Strategic Studies, 2011).

116 Cummings, Bruce. 1997. *Korea's Place in the Sun*. (New York, NY: Norton); Noland, Marcus. 1997. "Why North Korea Will Muddle Through," *Foreign Affairs* 76(4): 105-18; Oberdorfer, Don. 1998. *The Two Koreas: A Contemporary History*. (New York, NY: Addison Wesley); Haggard, Stephan and Marcus Noland. 2006. *The North Korean Refugee Crisis: Human Rights and International Response*. (Washington, D.C.: U.S. Committee for Human Rights in North Korea); Chanlett-Avery, Emma. January 17, 2012. "North Korea: U.S. Relations, Nuclear Diplomacy, and Internal Situation," *CRS Report for Congress*

법이 미국의 동아시아 정책 핵심으로 알려져 있다. 미국이 중심에 위치하고 각기 다른 미국 동맹국들이 큰 그림으로 연결되어 있는 모양새다. 워싱턴 정책 결정자들에게 아시아의 지정학적 중대성은 적지 않은데 차(Cha 2010)는 미국이 취한 북한 정책을 구체적으로 명명한다. 41대 부시(George H. W. Bush) 대통령의 "온건 제안(Modest proposal)," 클린턴(Bill Clinton) 대통령의 "합의 협정(Agreed Framework)," 43대 부시(George W. Bush) 대통령의 "6자 회담 방식(Six-Party Talks)과 악의 축(Axis of Evil)," 그리고 오바마(Barack Obama) 대통령의 "전략적 인내(Strategic Patience)" 등이 그 것이다.[117] .

물론 2001년 9/11 사태 이후의 북한 이슈는 미국 대외 정책 원칙의 변화와 일정 정도 관련이 있다. 역사상 전례가 없는 미국 본토 테러 공격을 당한 이후 미국의 탈냉전 시기 안보 정책은 선택에 직면하게 된다. 선제 조치(preemptive action) 위주의 강경책으로 전환할 것인지 아니면 전통적인 협상 방식을 고수할 것인지 여부였다. 논쟁이 이어졌는데 예를 들어 닌식(Nincic 2006, 335) 같은 학자는 북한에 대한 양보에 회의적이다. "통상적 유인책 제공으로 양보를 얻어낼 가능성은 북한 경우가 가장 희박하다"는 것이 그의 분석이다.[118] 차와 강(Cha and Kang 2003, 1)의 주장에 따르면 "북한 이슈는 미국과 아시아 동맹국들 모두에게 가장 분열적 성격(divisive issues)을 띤 난제(難題)"이기도 하다. 한국, 일본, 중국, 러시아 등 동북아 당사국들은 핵 위기, 인질 문제, 경제적 관계, 외

117 Victor Cha, "How to Respond to North Korea: Belligerence and Internal Weakness," *New York Times*, November 23, 2010.

118 Nincic, Miroslav. 2006. "The Logic of Positive Engagement: Dealing with Renegade Regimes," *International Studies Perspectives* 7(4): 321-41.

교적 영향력 등 각기 다른 차원의 북한 이슈에 직면해 있는 것이 사실이다. 북한을 둘러싼 동북아 국가들의 협력과 갈등이 다차원적일 수밖에 없는 이유다.[119]

최근의 북한 핵 위기 상황은 북한 이슈가 동아시아 국제 질서와 미국 대외 정책에 대한 도전으로 다시 부상하였음을 보여준다.[120] 북한 핵 문제와 관련하여 첫 번째 협상과 합의 시도였던 제네바 합의 붕괴의 직접 원인은 물론 북한의 계속된 핵 개발과 불성실한 약속 이행이었다. 그런데 여기에서 살펴보고자 하는 것은 미국도 합의를 제대로 이행하였느냐 여부다. 북한의 책임과는 별개로 미국이 제네바 협정을 국내적으로 철저히 지켰는지에 대해 파악하는 것은 중요하다. 제네바 협정이 미국 의회와 국내 정쟁으로 인해 그 이행에 혼선을 겪은 사실은 비교적 잘 알려져 있지 않다. 이에 대한 이해가 필요한데 핵 협상의 경우 국가 간의 합의 못지않게 국가 내의 실천이 중요하기 때문이다.[121]

---

119 Howard, Peter. 2004. "Why Not Invade North Korea? Threats, Language Games, and U.S. Foreign Policy," *International Studies Quarterly* 48(4): 805–28; Newnham, Randall E. 2004. "Nukes for Sale Cheap? Purchasing Peace with North Korea," International Studies Perspectives 5(2): 164–78; Kang, David. 2010. "The North Korea Challenge," in *Joint U.S.-Korea Academic Studies, Navigating Turbulence in Northeast Asia: The Future of the U.S.-ROK Alliance.* (Washington, D.C.: Korea Economic Institute)

120 O'Hanlon, Michael, and Mike M. Mochizuki. 2003. *Crisis on the Korean Peninsula: How to Deal with a Nuclear North Korea.* (Washington, D.C.: Brookings Institution)

121 북한 문제 관련 미국 의회를 분석한 시도들은 다음과 같다. Hathaway, Robert M. and Jordan Tama. 2004. "The U.S. Congress and North Korea During the Clinton Years: Talk Tough, Carry a Small Stick," *Asian Survey* 44(5): 711–33; Lee, Karin and Adam Miles. 2004. "North Korea on Capitol Hill," *Asian Perspective* 28(4): 185–207; Roehrig, Terence and Lara A. Wessel. 2011. "Congress and U.S. North Korean Relations: The Role of the Entrepreneur," *Asian Affairs: An American Review* 38(2): 89–108

3. 제네바 합의와 국내 이행: 대통령, 의회, 그리고 정치 양극화

행정부가 체결을 마친 국제 합의에 대한 의회 주도의 국내적 이행을 연구한 대표적 학자는 마틴(Martin 2000)을 꼽을 수 있다.[122] 그녀에 의하면 의회가 가진 수단과 영향력은 다양하다. 합의 이행에 필요한 예산 지원을 거부할 수 있고 이행과 관련된 입법(implementing legislation)을 지연시킬 수도 있다. 심지어 이를 부결시킬 수도 있다. 더불어 이양(delegation), 감시(oversight), 세출(appropriations), 청문회(hearings) 등도 의회 활동에 속한다. 이행과 관련하여 행정부에 재량권을 이양할 수도 있고 이행을 감시하기도 한다. 이행에 필요한 예산 배분, 즉 세출 규모를 결정하고 정책 청문회 개최를 통해 이행을 점검한다. 결국 의회 권한과 역할이 적절히 활용되어야 국내 이행이 이루어짐을 알 수 있다. 크러츠와 피크(Krutz and Peake 2009, 7) 또한 대통령이 맺은 국제 합의를 국내에서 제대로 실천하기 위해서는 의회 협조가 필수라는 결론에 도달한다.[123] 기존 연구들은 대통령이 국제 합의 과정에서 의회를 우회하는 이유와 동기, 그리고 행정부 간 협상 과정 등을 주요 분석 대상으로 삼는 경향이 있다. 의회가 연관되어 있는 합의 이행 차원에 대해 연구가 더욱 필요한 실정이다. 1994년 북한과 미국 간에 맺어진 북미(北美) 핵 협정(US-DPRK Agreed Framework)도 이러한 범주에 속한다. 한반도 평화

122 Martin, Lisa L. 2000. *Democratic Commitments: Legislatures and International Cooperation*. (Princeton, NJ: Princeton University Press)

123 Krutz, Glen S. and Jeffrey S. Peake. 2009. *Treaty Politics and the Rise of Executive Agreements: International Commitments in a System of Shared Powers*. (Ann Arbor, MI: The University of Michigan Press)

를 둘러싼 미국의 대외 정책 관련 논쟁은 반덴버그의 주장처럼 국내 경계선에서 멈추는가 아니면 오히려 시작하는가와 관련이 깊다.[124]

입법 과정에서 의원들은 어떤 동기에 따라 어떤 행태를 보이는지 먼저 살펴보자. 의회 본연의 임무가 입법임은 재론할 필요가 없다. 하지만 의원 각자의 역할과 목표에 초점을 맞춘다면 얘기가 다소 달라진다. 의회에서 법을 만드는 일 못지않게 의원들은 입장 표명(position-taking)에 적극적일 수밖에 없다. 의원 개인의 경우 어떤 법안을 통과시켰느냐 여부로 지역 유권자들에게 늘 심판받는 것은 아니기 때문이다(최준영 2004). 다수당과 소수당으로 이미 구분되어 있는 의회의 역학 구조에서 법안 통과 혹은 부결 그 자체로 개별 의원에게 전적인 책임을 묻기는 쉽지 않다. 결국 중요한 것은 의원 각자가 해당 법안에 대해 어떤 입장을 취했느냐다. 즉 법안 혹은 이슈에 대해 드러낸 찬성 혹은 반대 입장 표명이 다음 선거에서 심판 대상이 된다. 이러한 관점에서 볼 때 법안 발의(sponsorship) 및 공동 발의(co-sponsorship)는 개별 의원들에게 유용한 수단이다. 의원 개개인의 입장을 공개적으로 밝힐 수 있다는 점 때문이다. 발의 자체만으로 찬반 표결과 유사한 정치적 효과를 거둘 수 있다.

물론 표결은 발의보다 분명하고 중대한 정치적 결과를 수반한다.[125]

124 Kiron K. Skinner, Serhiy Kudelia, Bruce Bueno de Mesquita, and Condoleezza Rice, "Politics *Starts* (저자 강조) at the Water's Edge," *New York Times*, September 15, 2007.

125 Campbell, James E. 1982. "Cosponsoring Legislation in the U.S. Congress," *Legislative Studies Quarterly* 7(3): 415–22; Mayhew, David R. 1974. *Congress: The Electoral Connection*. (New Haven, CT: Yale University Press); Fenno, Richard F. 1978. *Home Style: House Member in their Districts*. (Boston, MA: Little, Brown);

정당 지도부, 지역구 이익, 대통령 관계, 의원 개인 이념 등 다양한 변수를 고려하여 결정하는 의원의 최종적이고 공개적인 입장이다. 2000년대 들어 미국 의회는 북한 이슈와 관련하여 주로 제재를 입법 수단으로 사용하게 된다. 이에 따라 의원들 표결 자료도 비교적 쉽게 구할 수 있다. 그런데 이후에 살펴보는 대로 북한에 대한 제재 표결은 대개의 경우 큰 논란 없이 일방적 찬성으로 끝나는 경우가 많다. 하원의 435명 의원 전원이 찬성하고 아무도 반대하지 않는 법안 표결에 대한 실증 분석은 의미가 거의 없다. 더구나 제재 정책 도입 이전까지 미국 의회가 북한 문제에 대해 최종 표결까지 이른 사례도 많지 않다. 그런데 1994년 북미 핵 협정의 미국 국내적 이행을 둘러싸고 예외적 상황이 발생한다. 한반도 에너지개발기구(KEDO) 예산의 승인을 둘러싼 대통령 견제와 정당 경쟁이 그 내용이다.

첫 번째 중요 표결은 1996년 리버만 수정법안(Lieberman Amendment)을 둘러싸고 이루어졌다. 리버만 의원은 코네티컷 출신의 민주당 연방상원의원이었고 외교 정책 관련 주로 대통령 입장을 지지하는 전통적 국제주의자다. 1997년에 사용할 외교 정책 운영 예산(foreign operations bill, HR 3540)에 대한 승인 과정 중이었는데 클린턴 행정부를 대신하여 수정안을 제출하게 된다. 수정안은 한반도 에너지개발기구(KEDO)가 북한에 제공 예정인 중유 비용 2천 5백만 달러 지원을 위함이었다. 이는 클린턴 대통령이 애초에 요청한 지원금 규모를 복원하는 성격이

VanDoren, Peter M. 1990. "Can We Learn the Causes of Congressional Decisions from Roll Call Data?" *Legislative Studies Quarterly* 15(3): 311–40; Hall, Richard L. 1996. *Participation in Congress*. (New Haven, CT: Yale University Press)

었다. 수정안이 발의되기 전에 공화당 산하 상원과 하원의 세출위원회(Appropriations Committee)는 KEDO 예산을 1천 3백만 달러로 삭감한 바 있다. 1996년 여름 당시는 대선 캠페인이 한창 열기를 더해 가고 있던 시점이었다. 경제가 호황인데다 개인적 능력 측면에서도 공화당 대선 후보 돌(Bob Dole) 캔자스 상원의원이 클린턴 대통령의 재선을 막기에는 다소 역부족이었다. 따라서 공화당은 대통령 비방에 몰두하는 선거 운동을 전개 중이었고 돌 후보는 합의한지 2년이 채 안 된 북한과의 핵 협정도 주요 공격 수단으로 삼았다. 제네바 합의는 "전 세계를 통틀어 마지막 남은 강성(强性) 공산주의 국가에 공짜로 준 선물"이라는 것이 돌 후보의 비판이었다.[126]

현직 대통령 클린턴 또한 이에 강경 대응으로 맞섰다. 공화당이 시비를 거는 안보 이슈 공세에 밀리면 선거에 불리할 것으로 판단하였다. 한반도 에너지개발기구 관련 공화당 의회가 취하는 일체의 예산 삭감 시도에 대해 대통령으로서 거부권(veto)을 행사할 것이라고 공언하였다. KEDO 예산을 건드리면 북한과의 합의에 혼선이 초래되어 국제 정세가 불안정해질 것이라고도 경고하였다. 민주당 상원 의원들은 클린턴 대통령을 확고히 지지하였다. 소속당 대통령이 주도하는 외교 중심 북한 해법에 전적으로 찬성하였다. 반대로 상원 다수당이었던 공화당은 내부적으로 단합된 공세를 펼치지는 못했다. 전통적 국제주의자 그룹은 여전히 대통령의 안보 정책에 초당파적 지지를 보내야 한다는 입장이었다. 이들은 라이벌 정당의 대통령 발목을 잡고서라도 선거 승리를

126 "Abortion Disputes Slow Aid Bill," *CQ Almanac* 1996, 52nd ed., 10−48−10−53. Washington, D.C.: Congressional Quarterly, 1997.

쟁취해야 한다고 주장한 당내 보수 강경파 의원들과 갈등을 빚게 된다. 1996년 7월 26일에 이루어진 리버만 수정안에 대한 표결이 이를 잘 보여준다. 상원 공화당은 찬성 27명과 반대 26명으로 분열되었고 민주당은 46명 찬성에 1명의 반대로 단합을 과시하였다. KEDO 지원 규모를 삭감 없이 유지해야 한다는 수정안은 결국 큰 표 차이로 상원을 통과하였다.

이와 관련 애리조나(Arizona) 주 출신 공화당 상원 의원 두 명의 비교 사례가 흥미롭다. 당시 맥케인(John McCain) 상원의원과 카일(Jon Kyl) 상원의원은 '동일(同一)-주(州)-동일-당(黨)' 출신이었다. 잘 알려진 대로 맥케인 의원은 대통령의 외교 권한을 존중하고 국가 간 합의를 중시하는 국제주의자 공화당원이었다. 실제로 1994년 중간 선거 직전에 체결된 북미 간 핵 협정은 대통령의 선거 대패 이후 과연 지켜질지에 대한 우려를 낳았다. 민주당 대통령이 체결한 공산 독재 정권과의 국제 합의를 선거에 승리한 공화당 의회가 파기해버릴 가능성에 대한 염려였다. 그런데 당시 맥케인 의원은 이러한 우려를 완전히 불식시키고 언론 인터뷰를 통해 북미 핵 협정을 인정할 것이라고 공개적으로 밝히기도 했었다. 한편 카일 의원은 반대 입장을 보였다. 국제 문제일지라도 상대 정당 대통령에 대해서는 공격과 비판을 주저하지 말아야 한다는 강경파였다. 연관된 쉴러(Schiller 2000)의 연구는 매우 흥미로운 시사점을 던진다. 그녀는 같은 주 출신에 동일한 정당 소속인 상원 의원 두 명의 경우 상이한 정책 입장과 구별되는 지지 그룹 경향을 보인다고 밝혀냈다. 의원의 궁극적 목표인 재선을 위해서는 의원 고유의 연합 세력이 필요하기 때문이라는 것이 쉴러의 결론이다.

1996년 클린턴 대통령에게 재선을 허용한 후 공화당 의원들은 민주당에게 정권을 계속 내어 줄 가능성에 대해 심각하게 우려하기 시작했다. 현재 116대(2019–2021) 상원의 공화당 원내 대표를 맡고 있는 맥코넬 의원이 당시 북한 문제와 관련하여 주도적 역할을 담당하였다.[127] 맥코넬은 중서부(midwest) 지역에 뿌리가 깊은 고립주의 정서를 대변하였다. 일찍이 1994년 7월에도 북한 관련 입법 활동을 벌인 적이 있다. 북한이 핵무기를 개발하고 있지 않다는 클린턴 대통령의 확증 없이는 북한에 일체의 재정 지원을 금지해야 한다는 수정 법안이었다. 사실은 대통령의 입장을 난처하게 하려는 의도가 더 컸다. 대통령 인증(presidential certification)이라는 단서 조항은 주로 대통령 반대당이 대통령을 견제하기 위해 도입하는 수단이다(서정건 2018a). 불확실한 국제관계에 대해 대통령의 책임을 강요하는 성격이기 때문이다. 1994년 당시의 표결 결과는 95명 찬성에 반대 없음이었다. 같은 해 10월 북미 핵협정이 체결되기 전 미국이 북한을 압박하는 정책이었기 때문에 상원에서 쉽게 통과되었다.

1996년의 리버만 수정 법안 표결 이후 북한과 관련된 상원의 표 대결은 1998년에 다시 이루어진다. 1998년 9월 맥코넬 상원 의원이 같은 공화당 소속인 맥케인 의원을 공격하는 모양새가 되었다. 1998년 11월에 예정된 클린턴 대통령의 두 번째 중간 선거를 앞두고 공화당은 대통령 견제에 총력을 기울였다. 맥케인 의원도 한반도 에너지개발기구 예

127 공화당 상원 원내 대표이자 1984년부터 상원 의원을 지내고 있는 맥코넬은 켄터키 출신이다. 켄터키 주(州)에는 특이하게도 코리아(Korea)라는 이름의 동네가 있다. "Tracing Origin of Korea, Kentucky," July 31, 2014. *The Korea Times*

산 지원에 일정한 조건을 붙이는 수정 법안을 제출하게 된다. 북한이 적극적으로 핵무기를 취득하거나 개발하려는 움직임은 없다고 대통령이 보증하라는 내용이었다. 만일 대통령의 확증이 없다면 KEDO 예산을 축소할 수밖에 없다는 취지의 법안이었다. 이는 대통령의 외교 정책 결정권을 존중하면서 동시에 어느 정도 실질적 성과를 내놓으라고 하는 압박 전술이었다. 그런데 맥코넬은 맥케인의 절충안이 클린턴 공격용으로 턱없이 부족하다고 보았다. 무조건적인 KEDO 예산 삭감을 밀어붙여야 한다고 논박하였다. 결국 맥코넬은 맥케인 수정법안을 철폐(table)해야 한다는 동의안을 상원에 제출한다. 상원 내 외교 정책 거물이자 존경받는 동료 의원 맥케인의 합리적 수정안을 폐기하려고 반기를 든 셈이다. 맥코넬 시도는 당내에서도 결국 거부당한다. 맥코넬 본인을 제외한 공화당 상원의원 전원이 맥케인 편을 들었다. 같은 당 대통령의 대북 정책 기조를 옹호하려는 민주당 의원들도 대다수가 맥케인 수정법안에 찬성표를 던졌다. 중간 선거를 앞두고 정당 경쟁이 치열하던 1998년 9월 당시 KEDO에 대한 조건적 예산 지원 법안은 표결 없이 상원에서 통과된다.

북미 핵 협정의 국내 이행에 대한 보다 강력한 견제는 1999년에 공화당 하원이 주도하게 된다. 하원 외교위원회(House Foreign Relations Committee) 위원장 길만(Benjamin Gilman) 의원이 주도하였다. 그는 북한이 핵개발을 완전히 종결시켰다는 대통령의 인증을 요구하였다. 핵 이슈와 관련하여 북한과의 협력을 일체 제한해야 한다는 수정안을 제출하였고 이를 국무부 예산 법안에 첨부하였다. 클린턴 대통령은 공개적으로 반대 입장을 천명하였고 공화당 하원은 크게 반발하였다. 공화당 하원 의원 217명 전체가 찬성함으로써 길만 수정 법안을 통과시키기에 이른다. 민주당 경우 120명의 의원이 반대표를 던졌다. 대통령의 체면을 지키려고 했다. 하지만 또 다른 민주당 소속 87명의 의원들은 소속당 대통령이 공개 반대한 법안이었음에도 불구하고 찬성 표결을 하였다. 두 번째 임기가 얼마 남지 않은 레임덕(lame duck) 대통령을 변호하기보다는 자신들의 정치적 사정을 고려한 결과였다. 특히 북부 출신의 진보 성향 민주당 의원들은 복지가 아닌 안보에 세금을 쏟아 붓는 정부 행태에 반대한다는 것을 보여줄 필요가 있었다. 남부 출신 보수 성향 민주당 의원들의 동기는 다른 것이었다. 압박 위주의 대북 강경책에 찬동함으로써 지역구의 보수 유권자 민심에 부응하고자 하였다.

북미 제네바 협정에 대한 의회 견제는 대통령 선거 해인 2000년에 그 절정에 다다랐다. 무엇보다 캘리포니아 출신인 공화당 콕스(Christopher Cox) 의원의 수정안이 주목받았다. 북한에서 혹시 발생할지 모를 원자로(nuclear reactor) 사고에 대해 미국의 보험 회사가 책임을 질 필요 없다는 내용의 법안을 제출하였다. 미국 등이 북한에 제공한 원자로에 사고가 일어나는 경우에도 정부의 변제 책임(liability claims)을 법적으로 금지한 내용이다. 북미 합의가 이행되는데 커다란 걸림돌로 작용할 것이 분명하였다. 민주당 대통령을 공격해 온 하원 공화당은 예상대로 압도적 찬성표를 던진다. 주목할 차이점은 119명의 찬성과 84명의 반대를 보인 민주당 입장이다. 대통령 견제에 대한 반대 입장이 더욱 약화된 셈이다. 퇴임을 앞둔 대통령의 외교 정책을 굳이 변호할 동기가 약해졌을 뿐만 아니라 인기 없는 북한 정책에 동조할 이유도 없었다.

돌이켜 보면 1994년에 전격 체결된 북미 핵 협정이 미국 국내적으로 이행되던 1990년대 후반의 미국 정치 현실은 양극화 정치와 분점 정부 상황이었다. 사실 한반도 에너지개발기구(KEDO) 예산 관련 미국의 부담은 2천 5백만 달러 정도에 불과했다. 이를 전액 지원할 것인지 절반으로 삭감할 것인지를 두고 상원에서 논란이 벌어졌지만 지원액 규모 혹은 정책 내용에 관한 것이라고 보기는 어렵다. 미국 전체 예산에서 보면 그야말로 미미한 액수이기 때문이다. 과연 삭감하면 어떤 정책 효과가 있는지 공화당이 구체적으로 제시한 적도 없다. '상대당 대통령 발목 잡기(embarrassing their president)' 전략에 다름 아니었다. 대통령당 소속 의원들 경우에도 큰 차이가 없다. 북한과 관련하여 정책 논리를 개발하고 소통하기 보다는 '우리당 대통령 체면 살리기(embracing our president)' 전략만 고수하였다. 클린턴 대통령이 재선 이후 임기를 마치게 되면서 민주당의 북한 정책 지지가 크게 약화된 이유도 여기에 있다. 대통령 지키기만으로는 지역구 지키기가 힘들어지면서 의원 개별 선호를 더욱 중시하게 된 셈이다.

결론적으로 국제 합의에 대한 국내 이행을 매개로 협치(協治)보다는 정쟁(政爭)이 벌어졌음을 알 수 있다. 1990년대 당시 전례 없는 경제 호황 덕분에 클린턴 대통령의 국정 지지도는 매우 높았다. 대통령 반대당이었던 공화당은 공격 소재를 찾아야 했고 의회 공화당과 대선 후보 돌(Dole)이 선택한 이슈 중 하나가 북미 제네바 협정이었다. 민주당 대통령이 공산주의 독재 정권과 은밀히 거래를 한 결과물이며 선거를 앞두고 핵(核) 위기를 무마하려 한 것 뿐이라는 비판을 쏟아 부었다. 공화당의 이런 비판은 안보 이슈를 국내 정치에 이용해 온 고전적 전략이었다. 의원들 입장에서 볼 때 아시아의 먼 나라 북한 이슈에 지역구 이해가 크게 걸려 있지 않았다. 따라서 북미 핵 합의는 정쟁의 대상으로 삼기에 부담이 없는 이슈였다.

2010년대 이후 북한은 대륙간 탄도미사일(ICBM) 개발에 박차를 가했다. 핵무기 탑재 가능성과 미국 본토에 대한 위협 고조는 비교적 최근 일이다. 1990년대 당시의 북한 핵 위협은 동아시아 지정학(geopolitical) 이슈 차원에 머물러 있었다. 클린턴 행정부 시기 북한 핵 이슈는 태평양 너머 혹은 대서양 너머 독재자가 다스리는 공산 정권의 일탈 행위로 비춰졌다. 냉전 승리라는 자부심에 가득 차 있던 미국 국민들에게 북한의 핵 위기는 지역 안보 관리 차원의 문제였다. 1980년대 이후 심화되고 있던 정치 양극화 영향 또한 컸다(이혜정, 김대홍 2012). 2001년 공화당 부시 행정부의 등장 이전까지 민주당 클린턴 대통령과 공화당 의회 간 정치적 기 싸움으로 변질된 측면이 그 것이다. 1994년 체결된 북미 핵 협정(US-DPRK Agreed Framework)은 국가 간 합의에 대한 미국 국내 이행과 관련하여 다양한 시사점을 남겼다. 미국의 이념 전통, 정치 과정, 제도 정치 특성 등을 체계적으로 고려하지 않고서는 합의 이후 이행의 정치학을 제대로 이해하기 쉽지 않다.

2장

대북 제재 정책(North Korea Sanctions Policy): 과정과 사례

2016년 6월 1일 돌연 미국 재무부(Department of Treasury)는 북한을 자금 세탁 우려 대상 국가로 지정한다. 북한과 거래하던 중국 은행들에 대한 일종의 압박 조치였다.[128] 2016년 1월에 북한이 4차 핵실험을 강행한 이후 유엔에서는 안보리 결의 2270호가 통과된다. 중국도 대북 제재에 동참하기 시작하였다. 그런데 북한 노동당 부위원장 리수용이 중국의 시진핑 주석과 회담을 마치고 나오는 바로 그 시점에 미국 재무부가 제재 정책을 발표한 셈이다. 일방적인 미국의 결정에 대해 중국은 즉각 반발하였다. 특정 국가의 국내법에 근거한 북한 제재는 잘못된 접근이라는 주장을 펼쳤다. 미국은 아랑곳하지 않았다. 애국법(Patriot

---

128 "U.S. Moves to Further Penalize North Korea," *US News and World Report*, June 1, 2016

Act of 2001)과 북한 제재 정책 강화법(North Korea Sanctions and Policy Enhancement Act of 2016) 등을 동원하여 북한을 밀어붙였다. 이란 핵협상의 책임자이기도 했던 국무부의 셔먼(Wendy Sherman)은 심지어 북한의 급작스런 붕괴에도 대비해야 한다는 주장까지 제기하였다. 고강도 북한 제재 조치에 대해 미국이 한국 정부와 사전 조율 하였는지에 대해서는 알려진 것이 거의 없다.

미국 정치 과정에서 북한 제재(sanctions) 정책은 누가, 왜, 어떻게 결정하는가?[129] 미국 행정부와 의회, 언론과 여론 등 다양한 정책 결정자와 참여자가 북한의 핵무기 개발과 미사일 실험에 대해 우려하고 있다. 인권 상황에 대해서도 비판적이기는 마찬가지다. 미국의 대북 제재 결정 요인과 과정에 대한 질문거리는 적지 않다. 예를 들어 북한 제재는 행정부와 의회 중 누가 주도하는가? 공화당과 민주당은 대북 제재에 대해 입장 차이가 있는가? 만일 별 차이가 없다면 이는 무엇을 의미하는가? 언론은 북한 제재 이슈를 어떻게 보도할까? 여론 반응은 무엇인가? 북한의 핵무기 개발과 대륙간 탄도미사일 실험은 한반도 평화에 대한 최대 위협 요소가 아닐 수 없다. 동북아시아 국제 질서 변화와 관련하여 더 이상 변수가 아닌 상수가 되었다. 이에 대한 주된 처방은 미국이 주도하는 제재(sanctions)다. 그런데 특정 국가의 제재 정책에 대한 사례 분석은 많지 않다. 제재와 관련된 국제 정치 차원의 연구가 주를 이루고 있다. 군사적 강제력을 동원하지 않고서도 적대국의 행태 변화

129 이후는 "2018년 통일연구원 정책연구시리즈 18-03 대북 제재 현황과 완화 전망" 보고서에 실린 저자의 분석을 바탕으로 수정 및 보완한 내용을 담고 있다(서정건 2018b).

를 이끌어낼 수 있다는 내용이다(Baldwin 1985). 특히 경제 제재와 그 효과성에 논의의 초점이 맞추어져 있다(Martin 1992, 2000; Kaempher and Lowenberg 1988; Tsebelis 1990; Pape 1998; Drezner 1999, Whang 2011). 경제 제재의 실질적 효과에 대해서는 상반된 연구 결과들이 존재한다. 제재가 대상국의 정책과 태도 변경을 실제로 가져오는지에 대해서도 여전히 논쟁이 이어지고 있다.

마찬가지로 대북 제재 경우에도 국제 정치와 관련된 질문들이 대부분이다. 중국의 협력을 통해 북한 무역 거래를 효과적으로 제재할 수 있는가? 2005년 방코 델타 아시아(Banko Delta Asia) 사례처럼 금융 제재 효과를 극대화할 수 있는 금융 기관이 있는가? 그 동안의 연구가 주로 국제 정치 수준과 관점에서 제재 효과성을 다루어 온 데 반해 대북 제재를 주도하는 미국 정치와 관련된 연구는 많지 않다. 아래는 2017년 2월 9일자 중앙일보 워싱턴 특파원의 기사다. 북한 문제에 대한 워싱턴 분위기를 여실히 보여준다.

> "미국 하원이 7일(현지시간) 대륙간탄도미사일(ICBM)과 핵 개발에 나서는 북한을 향해 힘으로 응징한다는 초당적인 대북 규탄 결의안을 발의했다. 의회의 대북 결의안은 트럼프 정부 출범 후 처음이다. 에드 로이스 하원 외교위원장과 조 윌슨 의원(공화당), 엘리엇 엥겔(민주당) 하원 외교위 간사 등은 이날 고고도미사일방어(THAAD·사드) 체계의 신속한 한반도 배치를 요구하고 한·미 합동군사훈련 확대를 촉구하는 결의안을 냈다. 결의안은 한국에 대한 정부 간 무기판매(FMS)를 늘리고 양국 간 기술개발을 확대하라는 내용도 담았다. 숀 스파이서 백악관 대변인은 이날 '북한 위협은 한국과 우리 동맹이 직면한 가장 중요한 이슈(prominent issue)'라며 트

럼프 대통령의 한국 방어공약 이행을 재확인했다. 그는 '미국과 한국, 역내의 안전이 (한반도 정책의) 가장 큰 주안점'이라고 밝혔다. 이날 하원 외교위 청문회에선 공화·민주 의원들이 초당적으로 김정은 정권 전복 방안을 공개 거론했다. 드론과 풍선을 띄워 북한의 인터넷 접속 차단을 뚫는 방안부터 김정은을 국제형사재판소(ICC)에 제소하는 방안, 북한 테러지원국 재지정 방안 등 김정은 정권을 압박하는 제안이 분출했다. 재무부 출신의 앤서니 루기에로 민주주의수호재단 선임연구원은 북한여행금지법을 만들어야 한다고 주장했다."

미국 내 행정부, 의회, 정책 전문가, 언론 등 다양한 행위자가 여러 각도에서 오랫동안 북한 문제를 접근중이다. 한 가지 분명한 것은 트럼프 시대에 미국이 북한을 안보 위협으로 인식하는 정도가 훨씬 커졌다는 사실이다. 미국의 주류 언론 매체가 훨씬 자세하고 심각하게 북한의 핵무기 개발 및 미사일 실험에 대해 각종 보도를 쏟아내고 있다. 오바마 행정부가 임기 8년 동안 북한 문제 해법에 대한 본격적인 국내적 접근을 시도했다고 보기는 어렵다. 소위 '전략적 인내(Strategic Patience)' 접근법은 북한 이슈의 미국 정치화와는 거리가 있었기 때문이다(남궁곤 2010, 이정철 2016). 물론 트럼프 행정부와 공화당 의회, 보수 언론인 폭스 뉴스(Fox News Channel) 등이 새로운 안보 위협을 부각시킨다는 느낌도 없지 않다(조영철, 이병하 2016, 정구연 2016). 가장 특이한 맥락은 공화당 대통령이 북한 지도자와 직접 1대 1 협상에 나서고 있다는 점이다. 미국 외교 정책 사상 닉슨 대통령 이후 거의 유례가 없는 정치적 전개 상황이다.

간단히 말해 미국의 대북 제재를 제대로 이해해야 할 필요성은 커지고 있다(황태희 외 2017). "누가, 왜, 어떻게"에 관련된 구체적 연구와 대북 제재 효과성을 따져보는 일이 중요하다. 제재 정책의 의도가 주로 국내 정치용 상징적 효과를 노린 것일 수도 있다. 혹은 초당파적 협력을 통해 강력한 제재 정책이 만들어지는 경우도 있다. 대상국(target)인 북한의 행동과 선택에 별 변화를 만들지 못한다면 이전보다 더 강력한 제재를 채택할 개연성도 커진다. 기존 연구는 국제 정치 차원에서의 제재 효과에 대해 주로 관심을 가졌다. 미국의 대북 제재를 둘러싼 체계적이고 심층적인 연구가 절실하다. 예를 들어 앞서 살펴 본대로 2016년 6월에 북한을 불법 자금 세탁 국가로 지정한 재무부 결정의 근거는 같은 해 통과되었던 북한 제재법이다. 2001년 9/11 테러 사태 이후에 만들어진 애국법(Patriot Act) 311조도 관련되어 있다. 어떤 법적 근거를 무슨 목적으로 취하는지에 대해 살펴볼 필요가 있다. "향후 180일 이내 지정"이라는 북한 제재법의 행정부 위임 사항도 주목할 만한 내용이다. 180일이라는 기간 중에 왜 미국 재무부가 2016년 6월 초라는 특정 시기를 선택하였는지에 대한 배경과 동기도 주요 분석 대상이다.

1. 미국 의회와 북한 정책

북한 제재를 주도하는 미국 의회가 북한 이슈를 다루는 방식에 대해 먼저 살펴보자. 미국 의회는 그 동안 북한에 대해 인권, 미사일, 핵 개발, 한국과의 관계 등 다양한 차원에서 관심을 가져왔다(Harrison 2002, Howard 2004, Hathaway and Tama 2004, Deibel 2005). 2009년부터

2012년까지 오바마 시대 미국의 111대 및 112대 의회 상황을 예로 들어 보자. 약 26개 가량의 북한 관련 법안 혹은 결의안이 미국 의회에 의해 통과되었다. 〈그림 17〉에 나와 있는 것처럼 북한 관련 미국 의회의 입법 활동 중 과반수 내용은 역시 안보 이슈였다. 미국 정치에서 국교가 없는 북한 이슈가 주로 안보 문제인 점에서 볼 때 그리 놀랍지 않다. 그 다음 주된 관심사는 인권 문제와 탈북자 이슈임을 알 수 있다. 북한이 중동 위험 국가들에게 미사일을 수출할 가능성을 경계하는 결의안도 있다. 천안함 침몰과 관련된 북한 규탄 결의안도 포함되어 있었다(Seo 2013, 김주연·신욱희 2015).

〈그림 17〉 미국 의회와 북한 이슈, 2009-2012

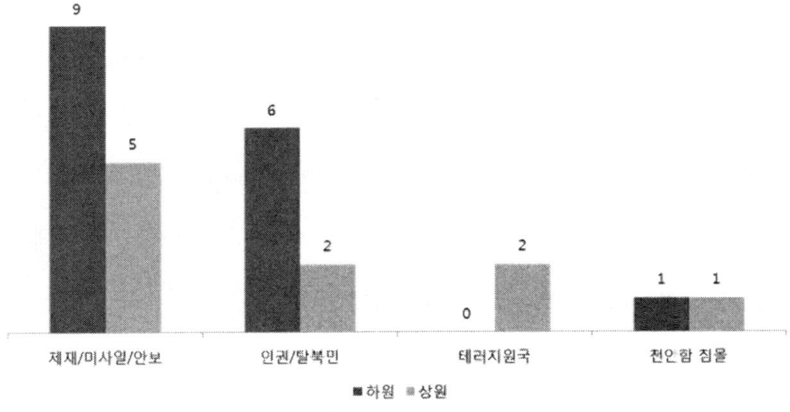

출처: Seo(2013, 204)

미국 의회 내에는 지속적으로 북한 문제에 관심을 보이는 의원들이 있다(Carter and Scott 2009). 115대 의회(2017-2019)를 마지막으로 은퇴한 공화당 로이스(Ed Royce) 하원 의원은 하원 외교위원회 위원장을 역임하였다. 전통적 보수 텃밭인 캘리포니아 오렌지카운티(Orange

County) 출신이다. 로이스 지역구에는 아시아 및 라티노 인구가 유권자의 거의 절반을 차지하고 있다. 이 곳의 한국 커뮤니티는 미국 내에서도 규모가 큰 곳 중의 하나다. 로이스 의원은 의정 활동 기간 중 대표적 친한파(親韓派) 의원으로 자리 잡고 한국 정부 및 교민과의 유대감을 강화해 왔다. 역시 한국 교민이 적지 않은 뉴저지(New Jersey) 주의 스미스(Chris Smith) 의원은 1981년 하원에 당선된 이래 줄곧 외교 정책에 관심을 가지고 있다. 특히 중국의 인권 증진을 위해 주도적 역할을 담당하여 왔고 북한 인권 문제도 자주 지적한 바 있다. 로라베이커(Dana Rohrabacher) 캘리포니아 연방 하원 의원 또한 중국 및 북한 문제에 매파적(hawkish) 입장을 가지고 있다. 그는 특히 중국에 비판적인데 동시에 친(親)러시아적 성향으로도 유명하다.

브라운백(Sam Brownback) 전(前) 캔자스(Kansas) 상원의원은 북한 탈북자 문제에 큰 관심을 가지기도 했다. 이후 캔자스 주지사에도 당선된다. 2008년 공화당 대선 후보 경선에도 참여하였던 그는 탈북자 문제를 정치적 입지 강화에 이용하였다. 북한 인권과 종교 자유를 내세워 공화당 내의 사회적 보수파 지지를 얻고자 한 시도였다. 플로리다 주 로스-레티넨(Ros-Lehtinen) 전(前) 의원도 여성 정치인으로 활발한 활동을 벌였다. 2008년 북한인권법(North Korea Human Rights Act)을 의회가 다시 제정하게 될 때 큰 역할을 한다. 이 법안을 쓴 제안자로서 쿠바계(Cuban-American) 정치인인 탓에 철저한 반공주의자다. 젊은 시절 쿠바 공산 정권을 탈출하여 미국으로 이주했던 개인 경험이 북한 문제 접근에 연계된 사례다. 이처럼 다양한 의원들이 상이한 배경과 동기를 가지고 북한 문제에 다양한 각도에서 관심을 가지고 있다.

북한 문제는 미국의 정당 양극화 현상(party polarization)으로 인해 종종 미국 문제화(Americanization)되기도 한다. 단순한 초당파적 합의가 아니라 공화—민주 정당간 자존심 싸움을 벌이는 경우다. 혹은 대통령을 둘러싼 정당 간 편싸움의 소재가 되기도 한다. 북한을 테러 지원국가(state sponsor of terrorism)로 지정하는 문제를 둘러싸고 오바마 대통령의 임기 첫해 논쟁이 벌어졌다. 111대 의회(2009–2011)에서 온건파 케리(John Kerry) 민주당 상원 의원과 강경파 브라운백(Sam Brownback) 공화당 상원의원이 맞붙었다. 이들은 서로 다른 수정안을 제출하게 되고 결국 당파적 표 대결(party line voting)을 벌이게 된다(그림 18 참조).

〈그림 18〉 미국 정치 양극화와 북한 관련 표결 예시

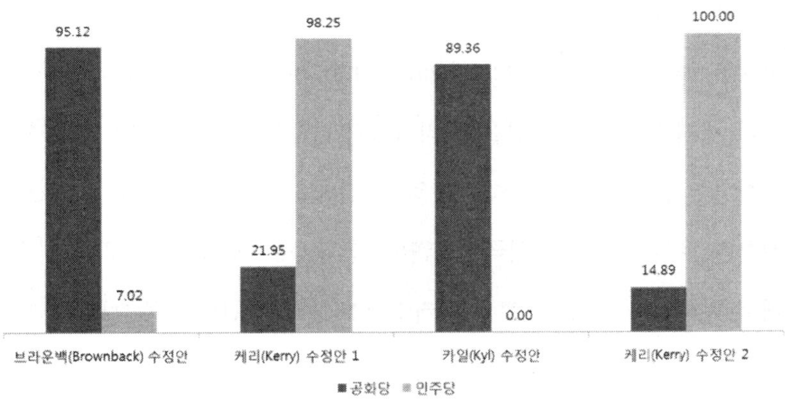

비고: 브라운백(Brownback) 수정안 (S.AMDT.1597)은 북한을 테러지원국으로 다시 지정하도록 국무부에 촉구하고자 제출됨(2009년 7월 22일).
케리(Kerry) 수정안 1(S.AMDT.1761)은 미국이 북한에 대한 기존의 제재를 완전히 집행해야 할 뿐만 아니라 추가 제재를 모색해야 하며 북한을 테러지원국으로 재지정해야 하는지 여부를 검토하도록 요구하는 내용을 포함함(2009년 7월 22일).
카일(Kyl) 수정안(S.AMDT.2354)은 평화 유지를 위한 식량지원법(Food for Peace Act) 제 2조에 따라 북한 지원을 금지하도록 함(2012년 6월 20일).
케리(Kerry) 수정안 2(S.AMDT.2454)는 대통령이 국익을 이유로 유예 조치를 선언하는 경우 (national interest waiver) 북한을 지원할 수 있도록 함(2012년 6월 20일).

출처: Seo(2013, 195)

112대 의회(2011–2012)에서도 양상은 비슷하였다. 보수 강경파인 카일(Jon Kyl) 공화당 상원의원은 핵과 미사일을 개발하는 북한에 대한 식량 원조를 중지해야 한다고 주장한다. 케리(John Kerry) 민주당 상원의원은 오바마 대통령의 대외 정책 리더십을 보호하려는 목적에서 표 대결을 시도한다. 주목해야 할 점은 민주당과 공화당 모두 북한과 직접 관련된 실질적 정책 논쟁을 벌이는 것이 아니었다는 측면이다. 북한을 이슈로 하는 것 처럼 보이지만 자세히 들여다보면 논쟁의 본질은 대통령 권한을 얼마나 보장할 것인가 제약할 것인가에 대한 정당 간 대립이다. 대통령 소속당인가 아닌가 여부에 따라 입장이 달라질 뿐이다.

미국 의회가 결정하는 북한 제재의 다양성과 규칙성에 대해서도 검토해 보자. 북한 핵 위기가 점증하던 오바마 행정부 말기 의회를 대상으로 한다. 〈표 5〉는 114대(2015–2016) 미국 의회에서 발의된 북한 관련 제재 법안과 결의안을 정리하였다. 공화당이 다수당인 하원에서 공화당 의원들이 주도한 측면이 있다. 반공주의자 로스–레티넨 의원과 친한파 로이스 의원이 적극적 역할을 한다. 두 의원은 모두 2018년 말에 은퇴하였다. 상원의 경우 코커(R–TN) 외교위원회 위원장과 메넨데즈(D–NJ) 부위원장이 활발하게 움직였다. 이란과 패키지로 묶여 발의된 법안도 상당수가 된다. 민주당 의원일수록 오바마 대통령의 제재 관련 권한에 무게를 실어주는 법안을 발의한다. 빈번한 북한 관련 제재 법안의 발의에도 불구하고 최종 입법까지 진행된 경우는 극히 드물다. 2016년 의회를 통과한 북한 제재 정책 강화법(North Korea Sanctions and Policy Enhancement Act)과 2017년 이란, 러시아와 함께 묶여 만들어진 제재 법안이 거의 전부다. 언론에 자주 등장하는 미국 의회의 대북 제재 결정 보도를 유의하여 살펴보아야 할 이유 중 하나다.

〈표 5〉 대북 제재 법안 예시

제재 법안	법안 내용
H.R.204 - 북한제재 및 외교적 불인정 법안 (North Korea Sanctions and Diplomatic Nonrecognition Act of 2015)	대통령 확인 이전까지는 북한을 계속해서 국제적 테러주의 지원국으로 인정하여 외교, 경제, 군사적 제재를 이행함
H.R.757 - 북한 제재와 정책 강화법 (North Korea Sanctions and Policy Enhancement Act of 2016)	대통령에게 북한의 대량살상무기(WMD) 프로그램, 무기 거래, 인권 침해, 또는 다른 불법적인 행위에 일조하는 대상을 제재할 것을 요구함
H.R.5208 - 북학의 테러지원국 지정 법안 (North Korea State Sponsor of Terrorism Designation Act of 2016)	테러지원국으로 지정된 경우, 무기관련 수출 및 판매 금지, 이중용도 품목 수출 규제, 대외원조 규제, 지정 정부와 거래 시 금융제재를 시행함.
H.R.5912 - 국무부운영 및 관련 프로그램 예산 법안 (Department of State, Foreign Operations, and Related Programs Appropriations Act, 2017)	경제적 지원 자금(Economic Support Fund)을 통한 북한 정부 원조를 금지함
H.R.6281 - 은행 법안 (BANK Act of 2016)	북한 핵무기 프로그램의 진전을 막기 위해 북한 중앙은행, 다른 금융 기관 및 제재 대상인 개인이 특정 금융 서비스에 직·간접적으로 접근하는 것을 금지함
S.1635 - 국무부 운영 예산과 대사관 안보 법안 (Department of State Operations Authorization and Embassy Security Act, Fiscal Year 2016)	재무부는 북한의 금융 자산, 인권 침해 행위 관련 추가적인 제재를 시행하고, 북한을 테러지원국으로 재지정해야 함
S.1747 - 북한 제재 이행 법안 (North Korea Sanctions Enforcement Act of 2015)	제재 대상인 북한이 관련된 불법적인 활동에 대해 신뢰 가능한 정보 취득을 위해 조사한 후 고의성을 판단하여 제재를 적용할 권한을 대통령에게 부여함
S.2485 - 북한과 이란 제재 법안 (North Korea and Iran Sanctions Act)	이란이 북한으로부터 핵무기 기술을 취득하거나 취득하려고 시도했다는 정보를 국가정보국(CIA)이 확인하는 경우 대통령은 이란에 대해 보류해 온 제재를 즉각 시행해야 함

출처: www.govtrack.us

미국의 대북 제재와 관련된 실무 부서는 재무부 산하 해외자산국(Office of Foreign Asset Control)이다. 트럼프 대통령은 제재 결정과 관련하여 어느 정도 부처 재량권을 인정하고 있는 것으로 보인다. 모든 제재 관련 결정 사항들이 일일이 대통령 재가를 먼저 받는 것은 아닌 것으로 알려져 있다. 트럼프 대통령이 북한 제재를 주목하고 있음은 분명하다. 2019년 상반기에 해외자산국(OFAC)이 북한과 관련된 중국 선박의 제재를 결정한 후 이틀 만에 자신의 트위터를 통해 이를 뒤집는 결정을 내리기도 하였다. 흥미로운 점은 트럼프 시대 행정부의 제재 결정 프로세스에 대통령이 체계적으로 관여하지는 않는다는 것이며 동시에 북한 제재에 대해 트럼프 대통령이 행정부 결정 이후에 반응하기도 한다는 점이다.

북한 제재와 관련된 구체적 사안들은 복잡한 성격을 가지고 있다. 미국 재무부 홈페이지에 공식적으로 게재되어 있는 "자주 묻는 질문들(Frequently Asked Questions)"을 살펴보면 현재 미국 국민은 1인당 1년에 5천 달러 한도 내에서 북한에 송금할 수 있는 것으로 되어 있다.[130] 이

130 관련 원문은 다음과 같다. 462. Can U.S. persons continue to send money to family or friends in North Korea? Yes. Section 510.511 of the North Korea Sanctions Regulations authorizes U.S. depository institutions (including banks), U.S.-registered brokers or dealers in securities, and U.S.-registered money transmitters to process non-commercial, personal remittances to or from North Korea, or for or on behalf of an individual ordinarily resident in North Korea, up to a maximum of $5,000 per year. Such transactions do not require further authorization from OFAC. This general license does not authorize any transactions by, to, or through a financial institution blocked pursuant to the Weapons of Mass Destruction Proliferators Sanctions Regulations, 31 C.F.R. part 544, or the Global Terrorism Sanctions Regulations, 31 C.F.R. part 594, or any person whose property and interests in property are blocked pursuant to any part of 31 C.F.R. chapter V other than part 510. [03-01-2018]

와 같은 일이 실질적으로도 가능할까? 북한은 국제 송금(wire transfer)이 가능한 금융기관을 보유하고 있지 않다. 중국을 통해서는 가능하지만 이 경우 송금이 적발되면 미국의 제재 조치가 뒤따른다는 것이 미국 재무부의 설명이다. 다시 말해 이론적으로 가능하더라도 실질적으로는 불가능하다. 실제로 북한에 송금을 하는 경우 미국 정부의 대응 조치가 이어진다. 더구나 금융 기관들이 미국 정부의 단속 조치라는 위험을 감수할 이유도 없다. 따라서 대북 송금에 관여하기 쉽지 않다. 대통령 혹은 행정부가 제재를 유예(waiver), 정지(suspension), 해제(relief) 할 수 있지만 이러한 예외 상황이 아니라면 실질적인 미국의 대북 제재는 비교적 철저히 유지되고 있다. 다만 미국 정부 홈페이지에 공지되어 있는 설명에 대해서도 재무부의 유권 해석이 필요한 상황에 대해 추후 분석이 필요하다.

2. 미국 제재 정책의 변화 전망: 쿠바 제재 사례 분석

미국과 쿠바의 역사적 관계는 짧지 않고 복잡하다. 1898년 스페인-미국 전쟁(Spanish-American War)까지 거슬러 올라간다. 전쟁이 끝난 후 쿠바의 독립을 둘러싸고 미국이 취한 정책을 검토할 필요가 있다. 일찍이 1823년에 선포된 먼로 독트린 이후 미국은 유럽 주요 국가들이 아메리카(America) 대륙에 행하는 간섭을 반대해 왔다. 1860년대

https://www.treasury.gov/resource-center/faqs/Sanctions/Pages/faq_other.aspx#nk

남북 전쟁이 벌어질 당시에도 영국군의 개입 가능성이 링컨 행정부의 가장 큰 우려 사안이었다. 영국이 남부군을 지원할지도 모른다는 염려였다. 남북 전쟁이 끝나고 노예 문제로 격화되던 미국 내 사회 갈등은 어느 정도 봉합되었다. 이후 급속한 산업 발전과 금융 혁신의 도약기를 거치게 된다. 그리고 미국은 점차 아메리카 대륙에 대한 영향력을 모색하기 시작한다. 미국 남부 플로리다의 해안가에서 불과 90마일 떨어진 지점에 쿠바가 위치해 있다. 1874년에 쿠바는 미국의 야구를 받아들인다. 양국 간 긴밀한 교류를 상징적으로 보여 주는 사례다.

1898년 미국과의 전쟁에서 스페인이 패배한 이후 쿠바는 독립 국가 지위를 얻을 수 있게 되었다. 하지만 1899년부터 미국은 군사 수단을 통해 쿠바를 점령한다. 1901년 미국 상원에서는 플랫 수정안(Platt Amendment)이 통과되었다. 설탕 수입 등 경제적 관심과 지정학적 중요성이 주된 동기였다. 플랫 법률은 소위 "쿠바의 독립을 유지하기 위해" 미국의 개입이 허용된다는 것을 주요 골자로 한다. 특히 쿠바에 위치한 해군 기지의 사용권을 미국이 가져가기로 하였다. 사실상 쿠바의 독립을 방해하는 것이었다. 예상대로 쿠바인들은 이 법안을 주권 침해 조치로 이해하였다. 1934년 루스벨트 대통령이 선린(善隣)정책(Good Neighbor Policy)을 선언하면서 이를 폐기할 때까지 유지되었다. 더구나 루스벨트의 정책도 미국이 보유한 쿠바 해군 기지 사용권은 존속시켰다. 현재까지도 미국은 관타나모 베이(Guantanamo Bay)를 테러 용의자들의 수용소로 사용하고 있다. 이처럼 쿠바에 대한 미국의 전면적 개입은 역사적으로 뿌리가 깊다.

쿠바는 1930년대 이후부터 친미 성향인 바티스타 정권에 의해 통치되었다. 1950년대까지는 베네수엘라에 이어 남미에서 생활수준이 가장 높은 국가 중 하나이기도 하였다. 하지만 친미 정권의 부패와 과도한 미국 의존 경향은 국내 경제와 사회적 불안정을 가중시키기에 이른다. 마침내 1959년 1월 1일 피델 카스트로(Fidel Castro)가 혁명을 통해 공산 정권을 수립하게 되고 카스트로는 미국 자산 국유화를 단행한다. 또한 미국 수입품에 초고율 관세를 부과하였다. 반미 정서를 활용한 통치 방식이었다. 잘 알려진 대로 1962년 '쿠바 미사일 위기(Cuban Missile Crisis)'가 발발한다. 카스트로가 쿠바에 공산 정권을 세운 이후 소련 흐루시초프가 쿠바에 미사일 기지를 건설하려고 시도하였다. 케네디 정권은 핵전쟁 일촉즉발의 위기를 잘 넘기고 그 해 11월 중간 선거에서도 선전한다.

실제로 케네디 행정부는 1961년 집권 첫 해에 피그만(Bay of Pigs) 공격을 무리하게 추진하다가 군사적 실패를 경험하였다. 미국의 쿠바에 대한 전면적 금수(embargo) 조치는 1960년대 초부터 시작되었고 사실상 오바마 시대에 이르기까지 미국은 쿠바와 갈등 관계에 놓이게 된다. 해외 원조법(Foreign Assistance Act of 1961)과 적성국 교역법(Trading with the Enemy Act of 1917)에 근거하여 1962년 최초로 통상 금수(trade embargo) 조치가 쿠바를 상대로 시행된다. 연이어 쿠바와 거의 모든 금융–통상 거래를 금지하는 정책이 수립되었다. 1963년 재무부는 쿠바 자산관리 규제(Cuban Assets Control Regulations; CACR)를 발표한다. 수차례 수정을 거치게 되는데 오늘날 쿠바 금수 조치의 중요 내용이다. 금수 조치 대상국이므로 쿠바로 향하는 모든 수출품은 상무부의 수출 행정규제(Export Administration Regulations; EAR)에 따른다. 미국 의회는 이후 쿠바 금수 조치 강화 법안을 여러 차례 제정한다. 1992년 쿠바 민주화법(Cuban Democracy Act of 1992), 1996년 쿠바 자유 및 민주주의 공고화법(Cuban Liberty and Democratic Solidarity Act of 1996), 2000년 무역 제재 개혁 및 수출 진흥법(Trade Sanctions Reform and Export Enhancement Act of 2000) 등이 그 것이다.

주목할 점 중 하나는 쿠바에 대한 경제 제재 시도들이 주로 미국 대통령 선거 해에 이루어졌다는 사실이다. 전통적 대선 경합주(swing state)인 플로리다에 거주하는 쿠바계 미국인 유권자들을 의식한 포석으로 이해된다. 투표 참여율이 높은 1세대 쿠바계 미국인들은 쿠바의 공산 치하를 경험하였다. 가족과의 생이별 아픔도 가진 이들은 주로 공화당을 지지하는 세력이 된다. 2016년 경선에서 트럼프와 경쟁을 벌였던 유력 정치인 크루즈(Ted Cruz) 텍사스 상원의원이나 루비오(Marco Rubio) 플로리다 상원의원 모두 쿠바계 미국인이자 공화당 의원들이다. 2018년 정계 은퇴 때까지 북한 문제 강경파로 유명했던 로스-레티넨(Ros-Lehtinen) 플로리다 하원 의원도 공화당 소속이다. 민주당 의회와 대통령도 쿠바에 대한 강경책과 관련하여 공화당에 동조할 수밖에 없었던 상황이 지속되었다.

1996년에 통과된 쿠바 제재 법안은 의회가 주도하는 제재 정책의 극단적 사례라는 점에서 특히 중요하다. 의회가 입법하고 클린턴 대통령이 서명한 '쿠바 자유 및 민주주의 공고화법(Cuban Liberty and Democratic Solidarity Act; LIBERTAD)'인데 미국 의회가 공격적 외교를 취한 대표적 경우라고 볼 수 있다(표 6 참조). 공화당 소속인 헬름즈(Helms, R-NC) 상원의원과 버튼(Burton, R-IN) 하원의원은 공동으로 쿠바 자유 및 민주주의 공고화 법안을 발의하였다. 주요 내용은 다음과 같다. 첫째, 국제 금융 기관이 미국의 반대에도 불구하고 쿠바에 대출(loan)을 강행한다면 그 금액만큼 미국은 해당 금융 기관에 대한 지불을 유예한다(Title I). 둘째, 쿠바 정부가 사법부와 노조의 독립을 허용하지 않는다면 금수(embargo) 조치는 강화될 예정이다(Title II). 셋째, 몰수된 미국 자산을 거래하는 제 3국 기업이나 은행이 있다면 미국 국내법을 근거로 기소된다(Title III). 넷째, 그러한 기업의 임원과 가족에 대해서는 미국 입국 비자를 거부한다(Title IV).

〈표 6〉 쿠바 자유 및 민주주의 공고화법
(Cuban Liberty and Democratic Consolidation Act of 1996)

법적 근거 (Statutory Basis)	제재 (Restriction)	해제/유예 권한 (Authority to Lift or Waive)
제103조(a), 1996년, 쿠바 자유 및 민주주의 공고화법(LIBERTAD) (22 U.S.C. 6033(a))	미국 국민에 의해 소유된 쿠바에서 압수된 재산과 관련된 거래에 대해 미국 사람이나 자금을 조달하는 것을 금지함.	대통령은 쿠바에 과도정부가 집권중이라고 판단하면 이 조항을 정지(suspend)할 수 있다. 203항과 204항에 명시된 대로 민주주의로의 전환이 충족되면 대통령은 이를 종료할 수 있음.
1996년 104조 (a), 쿠바 자유 및 민주주의 공고화법(LIBERTAD) (22 U.S.C. 6034(1))	재무장관은 쿠바의 국제 금융 기관 가입을 반대하도록 행정관들에게 지시해야 함.	대통령은 쿠바에 민주적으로 선출된 정부가 집권하고 있다고 판단하면 이 조항 적용을 정지(suspend)할 수 있음.
1996년 111조 (2)항,	쿠바 자유 및 민주주의 공고화법(LIBERTAD) (22 U.S.C. 6041조)	주라구아(Juragua) 소재 핵 시설을 완성하기 위해 쿠바를 도운 제 3국에 대해 원조를 보류해야 함.

출처: CRS Report(2018), 저자 정리

초강경 내용을 담은 이 법안에 대해 클린턴 대통령과 국무부는 애초에 반대 입장이었다. 1조(Title I)를 따른다면 결국 쿠바로부터 설탕을 수입하는 어떤 나라도 미국에 더 이상 설탕 수출을 할 수 없게 된다. 이는 미국이 전통적으로 반대해 온 '세컨더리 보이콧(secondary boycotts)' 정책과 상충된다고 클린턴 정부는 주장한다. 2조는 쿠바 민주화와 관련된 미국 대통령의 정책 권한을 중대하게 침해하고 있고 3조와 4조에 걸쳐 있는 트래피킹(trafficking)의 개념 또한 너무 광범위하였다. 불특정 당사자들에게 지나친 피해를 초래할 수도 있었다. 결국 워렌(Christopher Warren) 국무장관은 쿠바 자유 및 민주주의 공고화 법안에 대해 공개적인 반대를 표명하였다. 이 법안으로 인해 과도한 압박이 쿠바에 가해지게 되고 오히려 쿠바의 평화적인 민주화 가능성을 차단하게 될 것으로 보았다. 만일 공화당 의회가 이 법을 통과시키면 대통령에게 거부권(veto)을 행사하도록 권고하겠다는 입장도 밝혔다. 하원 공화당은 당파적 표결(party-line voting)로 법안을 통과시켰지만 결국 상원에서는 민주당의 필리버스터(filibuster) 벽을 넘지 못했다. 법안을 주도하였던 공화당 헬름스 의원은 3조와 4조가 삭제된 쿠바 자유 및 민주주의 공고화 법안에 일단 만족해야 했다.

이 와중에서 1996년 2월 26일 쿠바 정부가 4명의 쿠바계 미국인을 태운 민간 항공기를 격추한 초유의 사태가 벌어졌다. 미국 내 분위기는 급변하였다. 여론은 들끓었고 쿠바 자유 및 민주주의 공고화 법안은 자연스럽게 강화되었다. 상하원 합동위원회(conference committee)가 보다 강력한 내용을 추가하였다. 결정적 변화는 디아즈-발라트(Diaz-Balart, FL-R) 공화당 의원이 주도하였는데 이전의 모든 경제 제재 법안들을 쿠바 자유 및 민주주의 공고화 법안에 일괄적으로 포함시켰다. 이로 인해 쿠바 금수 조치 일체가 미국 국내 법률화(codification)되는 효과가 발생하였다. 쿠바가 민주화되기 전까지는 미국이 어떠한 전향적 외교도

모색할 수 없도록 만들어 버렸다. 대통령이 보유한 금수 조치 해제(lift) 권한마저 의회에 다시 이양되는 효과도 발생하였다. 이는 행정부의 외교 정책 재량권을 극단적으로 제약한 경우라고 할 수 있다. 결국 상원과 하원 모두 압도적 표차로 쿠바 자유 및 민주주의 공고화 법안을 통과시켰고 클린턴 대통령도 1996년 3월 12일 성대한 법안 서명식을 치렀다.

현재 미국과 북한의 관계를 고려해 볼 때 쿠바 사례는 여러 가지 시사점을 제공한다. 첫째, 쿠바 자유 및 민주주의 공고화 법률이라는 고강도 제재 법안 내용을 주목해야 한다. 제재 해제 조치가 이루어지려면 쿠바 민주화(democratically elected government)가 선행되어야 한다는 조건을 내걸었다. 이 내용이 법조문(codification)으로 만들어졌다. 미국 외교사에서 유례를 찾아볼 수 없는 초강경 의회 정책인 셈이다. 만일 유사한 법안이 북한 관련 미국 의회에서 통과된다면 북미 관계는 급속도로 불안해질 것이 분명하다. 이전의 모든 경제 제재 조치들을 이 법안에 포함시킴으로써 쿠바 금수 조치 자체에 미국 법 지위를 부여한 점 또한 중요한 의미다. 기본적으로 행정부에 부여했던 제재 재량권을 대폭 축소한 것이기 때문이다. 지금까지는 북한 관련 제재 조치들에 대해 미국 의회는 나름 미국 대통령과 행정부의 재량권을 인정하고 있다. 하지만 쿠바 자유 및 민주주의 공고화 법안과 유사한 상황이 발생할 가능성을 배제할 수 없다. 글자 그대로 의회가 변경하거나 혹은 폐지하는 경우가 아니라면 대북 제재 완화를 전혀 기대할 수 없는 국면이 생길 수 있다.

둘째, 쿠바 자유 및 민주주의 공고화 법안 제정 과정에서 드러난 특이점이 중요하다. 공화당 의회가 취한 민주당 대통령에 대한 정치적 공격이라는 점이 그렇다. 헬름즈 상원 외교위원장과 클린턴 대통령 간의 갈등 관계는 잘 알려져 있다. 버튼 하원 의원도 외교 정책 강경파였고 한반도 문제에도 관심이 많았다. 1994년 중간 선거에서 40년 만에 상하원 다수당이 됨으로써 공화당은 기세를 올리게 되었고 쿠바 문제를 빌미로 클린턴 대통령이 받아들일 수 없는 수준까지 대통령 권한 약화를 시도하였다. 소위 '세컨더리 보이콧(secondary boycotts)' 정책이 미국 외교 전통에 어긋난다고 국무부가 주장한 점도 주목할 만하다. 공화당 주도의 강경 쿠바 법안을 저지하기 위한 목적이긴 하였지만 미국 행정부가 북한에 대해 고려하는 세컨더리 보이콧을 두고 당시에는 스스로 반대 입장이었다는 점 또한 흥미롭다.

또 다른 시사점이 있다. 민간인 4명을 모두 사망에 이르게 한 쿠바 정부의 비행기 격추 사건이 도화선이었다는 점이다. 본래 대통령의 외교 정책 권한을 대폭 제한하는 법안은 대통령 소속당 출신 상원 의원들의 필리버스터에 의해 저지되는 경우가 많다. 대통령 거부권 행사까지 갈 필요도 없다. 그런데 쿠바 자유 및 민주주의 공고화 법안은 달랐다. 마치 1941년 일본 진주만 공격이 미국 여론을 완전히 뒤바꾸어 놓았던 것과 유사한 상황이다. 쿠바 정부에 의한 미국 민간 비행기 격추 사건은 미국 여론과 언론을 들끓게 하였고 해당 법안에 대한 이성적 토론 자체를 불가능하게 만들었다. 만일 북한에 의한 돌발적 상황이 초래된다면 유사한 전개가 예상된다. 마찬가지 상황이 벌어질 가능성이 크다. 이미 팽배해 있는 미국 내 북한에 대한 불신감이 적대감으로 급격히 변할 것으로 예상된다. 쿠바 자유 및 민주주의 공고화 법안과 유사한 강경 법안이 대통령 지원 속에 쉽게 통과될 것이 틀림없다.

미국의 쿠바 정책은 오바마 대통령 시대에 이르러 큰 변화를 겪게 된다. 2014년 11월 중간 선거에 패배한 오바마 대통령은 쿠바 정책 변화를 천명하고 장기간 지속되었던 제재 정책을 변경하고자 하였다. 관여(engagement)와 정상화 방향으로 변화를 시도한 셈이다. 오바마 대통령의 세 가지 주요 정책 요소로는 첫째, 2015년 5월 쿠바를 국제 테러 지원국 명단에서 제외하였다. 수출행정법(Export Administration Act) 등에 근거하여 미국 국무부는 1982년부터 쿠바를 국제 테러지원국으로 지정해 오고 있었다. 국무부는 오바마의 쿠바 정책 변화 지시에 따라 쿠바 지위를 면밀히 검토하였고 결국 2015년 5월 29일 쿠바의 테러지원국 지위를 해제(rescission)하였다.

둘째, 2015년 7월 쿠바와 외교적 관계를 복원하였다. 아이젠하워 행정부는 1961년 1월 쿠바와의 외교적 관계를 단절하였는데 이는 미국 대사관 직원 수를 48시간 이내에 축소하라고 협박했던 카스트로에 대한 강경 대응이었다. 오바마 대통령은 쿠바와의 외교 관계를 복원하고 2015년 7월 워싱턴과 하바나에 양국 대사관을 다시 개설한다. 셋째, 오바마 대통령은 여행과 상업, 정보 유통 증대를 통해 쿠바와의 교류를 늘리고자 하였다. 이에 따라 재무부와 상무부는 쿠바 자산 통제 규정(Cuban Assets Control Regulations) 및 수출 행정규제(Export Administration Regulations)를 수정한다. 수정 조치들은 여행, 송금, 통상, 정보통신, 금융 분야에 있어 이전의 금수 조치(embargo)들을 대폭 완화하는 효과를 가지게 되었다.

주목할 점은 오바마 대통령이 자신에게 쿠바 금수 조치 자체를 전면적으로 해제할 권한이 없음을 인정하였다는 사실이다. 오직 의회가 쿠바 자유 및 민주주의 공고화 법안을 수정하거나 폐지하는 방법 외에 대안이 없다는 것이 대통령의 설명이었다. 실제로 쿠바 자유 및 민주주의 공고화 법 규정에 따르면 쿠바 정권의 민주적 변화를 대통령이 인증해야 금수 조치의 전면적 해제가 가능하다. 더구나 오바마 행정부가 취했던 쿠바 유화 정책은 트럼프 시대에 뒷걸음치고 있다. 트럼프 대통령이 2017년 6월 16일 새로운 쿠바 정책을 발표한 것인데 내용상 강경책 위주였다. 쿠바 군부 혹은 정보 당국에 의해 지배받는 기업과의 금융 거래를 제한하고 민간 차원의 여행도 금지하였다. 다만 외교 관계의 복원과 여행, 통상 거래 관련 부분은 트럼프 행정부도 용인하고 있다. 결론적으로 쿠바에 대한 제재의 역사와 그 전개를 둘러싼 미국 정치에 대해 다양한 관점에서 파악해 본다면 북한 관련 시사점을 얻을 수 있다.

제5부
트럼프 대통령 및 양극화 시대 미국의 정치와 외교
무엇이 달라졌고 무엇이 그대로인가?

제5부

트럼프 대통령 및 양극화 시대 미국의 정치와 외교: 무엇이 달라졌고 무엇이 그대로인가?

2017년 1월 20일 미국 제 45대 트럼프 대통령이 새로 취임하였다. 백악관, 상원, 하원을 공화당이 모두 장악하는 시대가 개막되었고 1953년 아이젠하워 대통령 시기 이후 처음 만들어진 상황이었다. 두말할 필요도 없이 트럼프 대통령 시대의 미국 정치와 외교 변화를 제대로 분석하기에는 아직 이르다.[131] 현직 대통령이 앞으로 무엇을 어떻게 할지는 예측 불가라는 단순한 이유 때문만은 아니다. 트럼프 개인의 어제와 오늘 입장이 너무도 빈번히 다르기 때문이다. 사례는 무수히 많다.

131 트럼프가 어떻게 대통령이 되었는지에 대한 연구는 쏟아지고 있다. 트럼프 대통령 취임 이후 미국 정치 변화 연구는 진행 중이다. Michael Nelson. 2018. *Trump's First Year.* (Charlottesville: University of Virginia Press); David Cay Johnston. 2018. *Its Even Worse Than You Think: What the Trump Administration Is Doing To America.* (New York: Simon and Schuster)

부동산 사업과 엔터테인먼트 활동으로 명성을 쌓은 트럼프는 1988년 대선 후보 출마를 저울질하다가 포기한 적이 있다. 2012년 공화당원이 되기 전까지 12번 당적을 바꾸기도 하였다(Nelson 2018). 2000년에 힐러리 클린턴이 뉴욕 연방 상원 의원 선거에 출마했을 당시 선거 자금 후원 행사를 개최하기도 하였다. 이 자리에서 트럼프는 힐러리에 대해 "대단한 일을 하는 훌륭한 여성(terrific woman)"이라고 치켜세운 바 있다. 2016년 캠페인 슬로건으로 사용했던 "미국을 다시 위대하게(Make America Great Again!)" 문구는 자신이 만든 것이라고 주장하지만 사실은 1980년 대선에서 레이건 후보가 처음으로 사용하였다.[132]

대통령이 된 후에도 트럼프는 변한 것이 거의 없다. 불법 이민 가족은 부모와 아이들이 떨어져 지낼 수밖에 없다는 발언으로 여론의 뭇매를 맞았다. 며칠 되지 않아 입장을 바꾸었는데 국경을 넘어 온 가족도 같이 지낼 수 있도록 마치 자기가 배려한 듯 행정 명령을 발동하였다. 미국의 국방 예산이 지나치게 많다고 불평한지 일주일이 채 되지 않아 세계에서 가장 강한 군대를 만들겠다고 선언하였다. 중간 선거에서 하원을 민주당에 내준 후 앞으로 공화당을 의료 보험 정책 정당으로 변신케 할 것이라고 외쳤지만 막상 공화당 지도부는 시간이 필요하다며 한 발 뺐다. 그러자 자신이 재선된 후에 추진하겠다고 말을 바꾼다. 새벽에 수시로 트윗을 날리고 자주 주변 인사들에게 전화를 걸어 자신의 입장을 옹호하는 대통령이다. 원고 없이 두세 시간 내내 지지 집회에서 자기 할 말만 하고 플로리다 별장으로 가기도 한다.

132 Brooke Seipel. 2019. "Trump: 'Make America Great Again' slogan 'was made up by me'" *The Hill*. April 2, 2019.

트럼프 대통령 시대에 미국 국내 정세가 불확실한 것은 확실하다. 트럼프 개인을 주목하면 더더욱 그렇다. 그럼에도 불구하고 트럼프 시대 미국 정치와 외교가 오로지 트럼프 개인의 창작물이라고 보기는 어렵다. 트럼프 시기 또한 미국 정치의 연장선상에 있고 미국 정치사의 한 장면일 수밖에 없다.[133] 관련된 여러 가지 질문을 상상해 보자. 2015-16년 공화당 대선 후보 경선 당시 중서부 지역의 포퓰리즘 정서를 간파한 다른 후보가 선전했더라면 어땠을까? 2016년 당시 민주당의 경선 규칙처럼 공화당도 정당 지도부의 영향력이 미치는 슈퍼 대의원(super delegate) 제도를 운영하였더라면 어땠을까? 트위터, 페이스북 등 소셜 미디어가 트럼프 후보에게 큰 관심을 보이지 않고 공짜 홍보를 해주지 않았더라면 어땠을까? 민주당 힐러리 후보가 국무장관 재직 시절 국무부 이메일 계정을 성실히 사용하였더라면 어땠을까? 여론 조사가 보다 정확해서 힐러리 후보가 막판 위기의식을 느끼고 러스트 벨트 지역에 유세를 집중하였더라면 어땠을까? 오바마 대통령이 미시건, 위스콘신, 펜실베니아 주에 거주하는 흑인 유권자들의 투표 참여를 최대한 독려하였더라면 어땠을까? 백인 저소득 보수 유권자들이 혐오하는 뉴욕타임스와 워싱턴포스트가 트럼프 비방을 자제하였더라면 어땠을까? 코미(Comey) FBI 국장이 힐러리의 이메일 게이트를 다시 조사하겠다고 나서지 않았더라면 어땠을까? 미국 대통령 선거 방식이 주(州) 중심의

133 트럼프 시대에 이르기까지 미국 대통령에 대한 견제 실패는 단순히 최근의 의회 문제만은 아니라는 주장도 있다. 관료, 동맹, 국제기구 등 광범위한 영역에서 미국 대통령의 권력은 거의 무제한적이라는 분석이 그 것이다. James Goldgeier and Elizabeth N. Saunders. 2018. "The Unconstrained Presidency: Checks and Balances Eroded Long Before Trump," *Foreign Affairs*, Sep/Oct : 144-156.

대통령 선거인단 제도가 아니라 우리처럼 1인 1표를 모두 합산해 승자를 가리는 제도였더라면 어땠을까? 이와 같이 가상 질문은 무궁무진하지만 모두 부질없다. 그 이유는 비현실적이기 때문이다. 결국 미국 정치의 현실은 트럼프가 선거를 통해 당선되었고 트럼프 대통령 시대가 개막되었다는 사실이다.[134]

〈그림 19〉는 미국 내 선거권을 가진 백인 노동자 계층의 분포 현황을 보여준다. 그리핀 등(Griffin et al 2017)에 따르면 미국의 백인 노동자 그룹은 1980년 당시 총 유권자의 약 70퍼센트 정도에 달했다고 한다. 36년이 지난 2016년 대선 시기에 이들은 전체의 45퍼센트로 줄어들었다. 현재는 과반 이하이고 2040년에는 35퍼센트 정도까지 줄어들 것으로 예측된다. 그럼에도 불구하고 백인 노동자 유권자들의 정치적 영향력은 여전히 작지 않다. 선거의 나라인 미국의 경합주(swing states)와 경합 지역구(swing districts)에 이들 중 상당수가 거주하고 있기 때문이다. 물론 인구 및 사회 변화로 인해 노스캐롤라이나(North Carolina) 혹은 버지니아(Virginia) 같은 주들이 대선 경합주로 등장하였다. 2020년 대선에서는 텍사스(Texas), 애리조나(Arizona), 조지아(Georgia) 같은 전통 공

134 미국 대통령 10명의 성공과 실패를 다룬 정치사학자 수리(Suri 2017, xi) 분석 중 다음 내용이 관련 있다. "The widening gap between power and values produced President Donald Trump, elected to promote raw power above all. He is the final fall of the founders' presidency—the antithesis of what they expected for the office. This book is not about Trump's election, but one of its aims is to help us understand the deep historical forces that made it possible. Although President Trump was not inevitable, the rise and fall of America's highest office has a historical logic that explains the current moment, and how we might move forward." Jeremi Suri. 2017. *The Impossible Presidency: The Rise and Fall of America's Highest Office*. (New York: Basic Books)

화당 텃밭도 민주당이 공략해 볼만한 상황이다. 하지만 백인 노동자 계층이 밀집해 있는 중서부 러스트 벨트 지역은 미국 대선의 향배를 가를 최대 격전지 지위를 당분간 유지할 것으로 보인다. 특히 2016년 대선에서 이들의 존재감은 확실히 부각되었다. 보수 백인 노동자들의 투표율이 상승했고 66퍼센트가 트럼프에게 표를 던졌다. 미국을 다시 위대하게 만들겠다는 정치 신인 아웃사이더 후보를 세계에서 가장 강한 힘을 가진 백악관 주인으로 만들었고 자신들의 분노를 제대로 표출한 셈이다.

〈그림 19〉 2016년 대선 당시 선거권을 가진 백인 노동자 계층 분포 상황

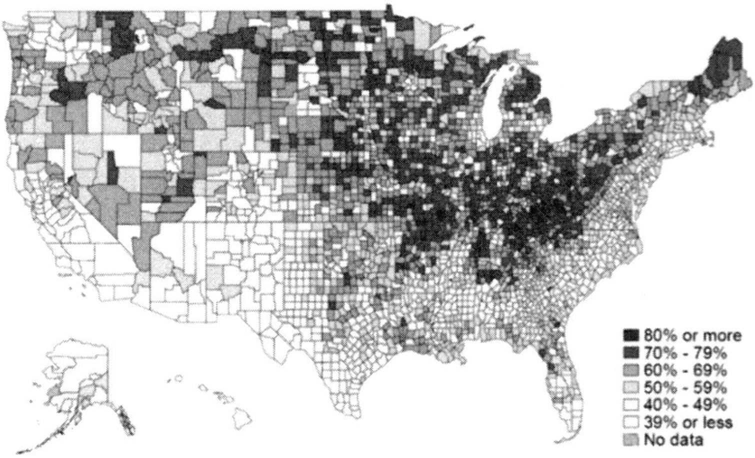

출처: Griffin et al(2017)

트럼프 시대에 대한 이해는 미국 정치와 외교의 변화와 지속을 파악하기 위해 필수적이다. 트럼프 시대가 탄생한 근본적인 이유는 무엇일까? 정치 양극화가 심화된 시대에 트럼프 대통령이 바꿀 수 있는 것은 무엇이고 바뀌지 않는 것은 무엇일까? 트럼프 대통령도 바꾸기 어

려운 미국 정치의 구조와 현실이 있다면 무엇이고 그 이유는 무엇일까? 과연 트럼프 이후에는 트럼프 이전으로 미국 정치가 회귀할까 그리고 돌아간다면 어디로 돌아갈까? 자유 무역과 안보 동맹을 수호하는 자유주의적 국제주의로의 회귀인가? 아니면 대전략(grand strategy) 부재 상태의 경제 이익 우선주의일까? 미국 정치 양극화는 언제까지 지속될 것인가? 보다 근본적으로 양극화 정치는 누구 탓이며 과연 해악인가? 트럼프 시대의 미국 정치는 수많은 질문을 제기하고 있다. 그에 대한 해답을 모색하는 과정 자체가 미국 정치와 외교를 이해하는 방편이기도 하다.

5부에서는 앞서 제시한 미국 정치 분석틀을 사용하여 트럼프 시대와 미국 정치 양극화를 탐색해 보기로 한다. 이념 전통, 정치 과정, 제도 정치, 정당 정치 관점에 따른 관찰이다. 첫째, 이념 차원에서 트럼프 시대의 화두라고 할 수 있는 포퓰리즘에 대해 알아본다. 특히 우파 포퓰리즘 및 도시–농촌 대립에 관해 그 역사적 기원과 정책적 의미를 점검해 본다. 둘째, 미국 정치 양극화 논쟁을 따져 보기로 한다. 트럼프 시대 절정으로 치닫고 있는 것으로 보이는 양극화 정치의 실체와 배경 그리고 파급 효과를 분석하는 일이 중요하다. 셋째, 트럼프 대통령 정치의 특징과 한계에 대해 제도적 관점에서 파헤쳐 본다. 재임 첫 2년 동안 트럼프 대통령이 할 수 있었던 것과 할 수 없었던 것을 구분해 보는 작업이다. 넷째, 정당 정치와 관련하여 분열 이슈(wedge issue) 접근법의 적실성에 대해 진단해 본다. 더 이상 다수파–소수파 대립 구도가 아닌 50대 50 양극화 시대에 분열 외교 이슈는 더 이상 존재하지 않을까? 마지막으로 트럼프 시대 미국 국내 정치와 대외 정책의 상관성에 대해 총괄하여 정리해 본다. 글로벌 리더십을 위한 미국의 가용 권력(usable power)은 트럼프 시대에 상당 부분 약화되었다는 것이 중론이다. 동시에 북한 이슈에 대한 미국의 접근법 중 트럼프 시대에 새롭게 등장한 내용은 무엇인지 파악해 보기로 한다.

1장
이념 전통: 미국 포퓰리즘 역사와 특징

포퓰리즘(populism)은 정의하기 쉽지 않다. 직접 보지 않고는 실체를 알 수 없다는 주장부터 차라리 정의하지 않는 편이 낫다는 지적까지 있다.[135] 포퓰리즘은 이상적 정치 방향을 제시하는 일종의 정치 이념으로 간주되지는 않는다. 현실 정치의 문제점과 폐해를 부각시키는 주장이자 동원(mobilization)을 위한 수단에 더욱 가깝다. 넓게 정의한다면 소수 엘리트에 반감(resentment)을 가진 다수 대중이 기존 정치 행태를 부정하는 선동가를 따라 세상을 변혁시키고자 하는 운동으로 볼 수 있다. 포퓰리즘 개념을 구성하는 요소들의 범주는 명확하지 않다. 엘리트 개념을 어디까지 누구로 할 것인지 일정치 않다. 일반 대중을 어느 계

135 정치경제학의 권위자인 아이켄그린(Barry Eichengreen 2018, 8)은 포퓰리즘을 다음과 같이 정의한다. "a political movement with anti-elite, authoritarian, and nativist tendencies."

층까지 포함시키느냐에 따라 세력 규합의 폭 또한 달라진다. 선동가로 등장했던 포퓰리스트가 이후 기성 정치권에 흡수되는 사례도 적지 않다. 포퓰리즘 단체가 기존 정당 체계의 일부로 통합되는 경우와 유사하다. 세상을 바꾼다는 정책 목표는 종종 분명하지 않거나 비현실적이다. 감정적 요소도 기복이 적지 않다.

역사적으로 미국 포퓰리즘이 엘리트의 이익 독점과 기성 정치권의 무능에 저항했던 사실은 잘 알려져 있다. 독점적 경제 이익을 누리는 소수 집단에 기성 정치 세력이 야합하였다. 정당한 몫을 분배받지 못한 농민 및 노동자 그룹이 생겨났고 이들은 부당한 이익을 가져가는 소수 엘리트 그룹을 식별하게 된다. 19세기 후반 산업 발전의 시기에 철도 운수 사업을 독점한 세력이 그들이다. 20세기 세계 경제를 주도하게 된 미국의 대규모 자본 기업 세력도 마찬가지다. 21세기 금융 자본주의 시대에는 일부 월스트리트(Wall Street) 세력이 소득 양극화를 초래한 것으로 여겨지고 있다. 이들과 결탁한 기존 정치 세력 또한 포퓰리즘의 공격 목표물이 된다. 19세기 후반 공화당은 농민들이 제기한 철도 운임 인하 요구를 무시하고 철도 사업자를 감쌌다. 20세기 이후 포퓰리즘 세력은 민주당-공화당 가릴 것 없이 워싱턴 정치인들은 모두 금융 자본주의 하수인이라는 인식을 가지게 된다(Hacker and Pierson 2012).[136]

앞서 미국 민주주의와 외교정책의 이해를 위해 다양한 이념 전통적 사조(思潮)를 살펴보았다. 마찬가지로 미국 정치와 포퓰리즘을 제대

136 Jacob S. Hacker and Paul Pierson. 2012. *Winner-Take-all Politics: How Washington made the Rich Richer and Turned its Back on the Middle Class.* (New York: Simon & Schuster)

로 이해하기 위해서는 좌파 포퓰리즘(left-wing populism)과 우파 포퓰리즘(right-wing populism)에 대한 구분이 필요하다. 주디스(Judis 2016)에 따르면 좌파 포퓰리즘은 경제 엘리트와 기득권 세력에 저항하는 나머지 모든 대중 세력을 대변한다. 이들은 19세기 후반 노동자와 농민을 주축으로 금본위제도 폐지를 요구하였다. 금융 독점 자본주의 세력을 배척하며 엘리트와 대중이라는 이분법적 구도로 사회와 정치를 바라본다. 다만 계급 갈등 개념이나 자본주의 혁파 주장과는 다소 거리가 있다. 이 점에서 사회주의 혹은 사회적 진보주의와는 다르다. 다양한 세력 간 타협과 협상이라는 원칙을 가진 민주당 내부의 진보(progressive) 그룹과도 또 다르다.

미국의 좌파 포퓰리즘과 관련된 역사적 사례는 민중당(People's Party)을 들 수 있다. 남부와 중서부 출신의 농민 및 노동자 세력들이 결성한 집단인데 급진 결사체 노동 기사단(Knights of Labor)과 근로자 정당(Workingman's Party) 등이 연합하였다. 특히 1892년 대통령 선거에서 독자 후보 위버(James Weaver)를 선출하여 대선에 출마하도록 하였다. 정당 강령은 핍박과 불의와 빈곤을 타파하기 위한 정부 역할의 확대를 주된 내용으로 하였다. 정부 개입 최소화를 선호하는 우파 포퓰리즘과 차이점이 드러나는 대목이다. 1894년 중간 선거에서 민중당은 그 위세가 절정에 이르렀다. 연방 하원 의원 선거에서 10퍼센트 득표율을 기록하였고 주(州)의회 선거에서도 선전하였다. 한편 1896년 기성 정당인 민주당은 네브라스카 출신의 포퓰리스트 브라이언(William Jennings Bryan)을 대선 후보로 선출한다. 그리고 은본위제도, 철도 운임 규제, 외국인 노동자 제한 등 이미 대두되었던 포퓰리즘 정책을 망라하여 적극 수용하게 된다. 이에 대해 민중당은 민주당 후보인 브라이언을 지지하기로 결정하였는데 독자 노선을 포기한 민중당은 결국 급속히 세력 약화를 경험하게 된다. 또 다른 좌파 포퓰리즘 운동은 1930년대에 루이지애나 주지사였던 롱(Huey Long)이 주도하였다. 롱은 민주당 루스벨트(Franklin D. Roosevelt) 대통령이 소득 불평등에 적극적으로 대처하지 않는다고 보고 불만을 품게 된다. '부(富)를 공유하는 사회(Share Our Wealth Society)'라는 단체를 만들고 세금을 통해 가구당 소득 상한선을 제한하자는 제안을 하였다. 뉴딜 민주당에게는 정치적 위협 요소로 다가왔지만 롱 주지사는 1935년 암살되었고 소득 재분배 실험 또한 실패로 끝나고 말았다.

트럼프 시대의 미국 정치 이해를 위해서는 우파 포퓰리즘에 더욱 주목할 필요가 있다. 우파 포퓰리즘도 대중(people)과 엘리트 사이의 대립 구도를 기본 축으로 한다는 점은 마찬가지다(Judis 2016). 결정적 차이는 대중이 누구인가의 문제로 귀착된다. 우파 포퓰리즘이 상정하는 대중 세력에는 경제적 빈곤층, 사회적 소수파, 외국인 노동자 등이 포함되지 않는다. 주디스(Judis 2016, 14)에 따르면 좌파 포퓰리즘은 대중-엘리트 간 2차원(dyadic)인데 반해 우파 포퓰리즘은 대중-엘리트 외에 '외부 그룹(out group)'으로 이루어진 3각(triadic) 관계를 특징으로 한다. 우파 포퓰리즘 세력은 엘리트 그룹과 기득권 세력뿐만 아니라 자신들보다 경제적-사회적으로 형편이 못한 외부 그룹에 대해 배타적 성향을 보인다. 백인 노동자 계층을 분석한 윌리암스(Williams 2017)도 빈곤층을 포용하지 않는 우파 포퓰리즘 특성에 주목하였다. 한 걸음 더 나아가 기성 정치권이 사회적 약자 그룹을 자기편으로 포섭하여 연합 세력으로 활용한다고 본다. 오직 땀 흘려 일하는 토착 '미국인' 농민과 노동자들만이 소수 엘리트에 배신당하고 기성 정치권에 의해 배제되고 있다고 믿는다.

시기적으로 보면 미국 우파 포퓰리즘의 등장은 소위 '견고한 남부(Solid South)' 시대가 막을 내리는 때와 일치한다. 1861년 남북 전쟁(Civil War) 발발부터 1964년 인권법(Civil Rights Act) 통과까지 거의 100여 년 동안 미국 남부는 민주당의 텃밭이었다. 이러한 남부를 '견고한 남부'라고 불렀는데 뉴딜 시대를 지나면서 흑인들의 정치적 및 사회적 권리를 보장하는 제도들이 속속 만들어지게 된다. 남부의 백인 저소득층 노동자들과 농민들은 이에 대해 반감을 가지기 시작하였다. 1970년대 공화당 닉슨(Nixon) 대통령은 이러한 변화를 간파하고 '남부 전략(southern strategy)'의 일환으로 군사 기지들을 남부 지역으로 이전하였다. 1980년대 레이건 대통령 또한 소위 '바이블 벨트(Bible Belt)'라고 불릴 정도로 개신교도들이 많은 남부 지역 공략을 위해 낙태 문제와 반공 문제에 집중하였다. 그 결과 남부 유권자들은 공화당 지지로 돌아서게 된다.

사실 약자 층과 엘리트 계층 모두에게 반감을 가진 미국의 우파 포퓰리즘이 기존 공화당의 일부로 전면 편입되기는 쉽지 않았다. 우파 포퓰리즘의 구체화는 1968년 앨러바마 주지사 월러스(George Wallace)의 대선 출마로 이루어진다. 무너진 중산층 복원을 기치로 내건 월러스는 빈곤 문제 해결과 인종 차별 철폐에 대해서는 소극적이었다. 오히려 진보 엘리트 세력이 경제적 빈곤층과 흑인을 포함한 소수 인종 요구를 무차별적으로 수용하고 있다고 비판한다. 이들을 위한 복지비용은 결국 중산층이 대신 감당하고 있다는 주장을 반복적으로 펼쳤다. 월러스 주지사 본인도 초기에는 인종 문제에 배타적이지 않았지만 인종 이슈가 경제 문제와 연결된다고 인식하게 되었고 이후 우파 포퓰리즘 입장에서 소수 인종을 배격하기 시작했다.

한편 미국 경제가 세계화(globalization)를 겪게 되면서 기성 정치권 및 엘리트 그룹에 대한 정의 또한 변화를 겪게 된다. 1992년 자수성가 기업인 페로(Ross Perot)와 1996년 보수 논객 뷰캐넌(Pat Buchanan)은 우파 포퓰리즘을 기치로 내걸고 대선에 나서게 선다. 이들은 타도해야 할 엘리트 그룹에 외국 정부와 로비 단체까지 새로 포함시켰다. 잘 알려진 대로 중서부 지역의 제조업 공장들이 경쟁력을 상실하고 폐업하는 사태가 벌어지면서 이 지역은 점차 '러스트 벨트(Rust Belt)'로 불리게 되었다. 1992년 대선 과정을 통해 이 문제를 부각시키면서 페로는 북미자유무역협정(NAFTA)을 결사반대하고 나섰다. 우파 포퓰리즘의 새로운 공격 대상물로 자유 무역 협정이 대두된 셈이다. 브랜즈(Brands 2008, 78)에 따르면 페로는 "최우선적 외교 정책은 우선 미국 국내를 다시 정비하고 미국이 제대로 굴러가게 만드는 것"이라 선포하였다. 닉슨의 연설문 작성자였던 뷰캐넌도 1996년 대선 과정에서 비슷한 주장을 한다. "바다로 둘러싸여 안전이 보장된 이점이 있는데도 불구하고 왜 미국이 여전히 다른 나라 분쟁에 끼어들어야 하는가?" 페로와 뷰캐넌의 주장은 자유 무역 질서를 부정하고 해외 문제 개입에 부정적인 트럼프 포퓰리즘의 뿌리라고 볼 수 있다.

미국은 지리적으로 광대한데 반해 포퓰리즘은 진보주의 혹은 보수주의처럼 지역 경계를 초월한 보편적 이념이라고 보기는 어렵다. 포퓰리즘은 미국 내 지리적 분포 그리고 격차와 상관성이 매우 높다. 다시 말해 미국 포퓰리즘은 도시 지역에서는 찾아보기 쉽지 않다. 주로 농촌 지역과 연관되어 있다. 이는 현재 미국이 경험하고 있는 도시(urban)와 농촌(rural) 간 심각한 괴리 현상을 분석해야 하는 이유다. 현재 미국의 도시 지역에서는 민주당 지지세가 상대적으로 강한 반면 농촌 지역은 공화당을 주로 지지한다. 도시 외곽 지역(suburb) 정도가 이슈와 인물, 그리고 경제 상황에 따라 지지 정당과 후보를 변경하고 있는 상황이다.[137] 미국도 다른 나라와 마찬가지로 도시화(urbanization)가 상당 부분 진행되었음은 물론이다. 인종이나 민족 단위로 보면 다양화 추세가 대세다. 하지만 농촌 지역의 정치적 중요성은 여전히 크다고 볼 수 있다.

위스콘신(Wisconsin) 주를 분석한 크레이머(Cramer 2016) 연구를 예로 들어보자. 역사적으로 위스콘신 주 역시 도시화 및 다양화를 경험하게 되는데 거주 인구수가 가장 크게 증가한 지역은 밀워키 외곽(Milwaukee suburbs)이다. 이 곳은 백인이 절대 다수이고 공화당 지지세가 강하다. 크레이머는 이 지역을 포함한 위스콘신 농촌 지역에서 보편적으로 발견되는 정서를 '농촌 의식(rural consciousness)'이라 부른 바 있

137 2018년 미국 중간 선거(midterm elections) 당시 하원 선거 결과를 결정 짓는 소위 경합 지역구(swing district)들은 주로 캘리포니아, 펜실베니아, 일리노이, 플로리다 등의 도시 외곽(suburban) 지역에 밀집되어 있었다. 이 지역구들에는 대학 이상 교육을 받은 백인 여성 유권자들 수가 많다. 상당수는 기존 병력(pre-existing conditition) 관련 차별을 금지하는 오바마케어(ObamaCare)를 지지하였고 민주당 득표에 큰 도움이 된 것으로 알려져 있다. Julie Rovner. "FACT CHECK: Who's Right About Protections For Pre-Existing Conditions?" *NPR*, Oct 11, 2018; Paige Cunningham. "How preexisting conditions became a central issue ahead of the 2018 midterm elections" *The Washington Post*, Oct 25, 2018; Rebecca Shabad. "As Republicans run on pre-existing conditions, Dems say they're running from their record" *NBC News*, Oct 28, 2018.

다. '농촌 의식'의 기본 정서는 워싱턴 정책 결정자들이 농촌 지역을 무시하고 있고 농촌 지역은 공평한 몫을 받지 못하고 있으며 농촌 고유의 문화와 삶의 방식이 도시민들에 의해 경멸당하고 있다는 것으로 파악된다(Cramer 2016, 12). 쉽게 말해 '반감(resentment)' 정서라고 볼 수 있다. 미국 전체 인구에서 농촌(rural) 지역 인구는 약 15 퍼센트 정도로 알려져 있다. 〈그림 20〉은 농촌 지역이 2016년 트럼프 대선 승리에 어느 정도 결정적 역할을 했는지 잘 보여주고 있다. 농촌 지대로 갈수록 트럼프 지지율은 거의 70퍼센트에 육박하고 있는 것으로 나타났다. 다만 트럼프 대통령의 대(對)중국 무역 전쟁은 미국 농산물 수출에 타격을 주고 있는 만큼 이 지역의 향후 트럼프 지지는 주목하여 관찰할 필요가 있다. 트럼프를 지지하는 정서적 유대감과 트럼프로 인한 경제적 손실 사이에서 미국 농촌 유권자들이 2020년 대선에서 어떤 선택을 하게 될지 예단하기 쉽지 않은 상황이다.

〈그림 20〉 2016년 도시-농촌 지역 구분과 힐러리-트럼프 득표율 비교

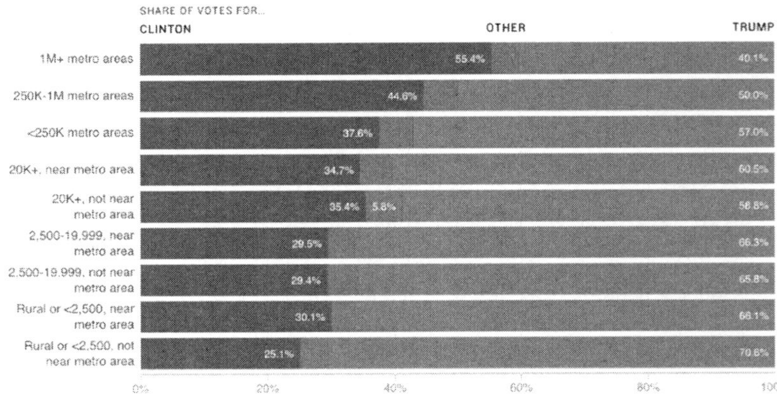

출처: 미국 공영 라디오(National Public Radio)

현대 미국의 포퓰리즘 현상과 관련하여 세밀한 분석이 필요한 또 다른 주제는 소득 불평등(income inequality)과 정치 양극화 문제를 꼽을 수 있다.[138] 임금 소득이 제대로 오르지 않고 금융 자본주의를 주도하는 월스트리트의 소수 엘리트에게만 부(富)가 편중되는 현상은 최근 미국 포퓰리즘 생성의 근본적 원인이다. 특히 2008년에 1930년대 대공황 이후 최악의 금융 위기가 발생하였고 실업률은 10퍼센트 넘게 치솟았다. 대공황 시기에 통과된 루스벨트의 개혁 법안 중 하나인 글래스-스티걸 법안(Glass-Steagall Act of 1933)이 클린턴 대통령 시기 규제 개혁의 일환으로 1999년에 폐지되었는데 이로 인해 투자 은행(investment bank)과 상업 은행(commercial bank) 간의 업무 영역 분리가 허물어졌다. 이

〈그림 21〉 최상위 1퍼센트 소득이 미국 전체 경제에서 차지하는 비율 변화

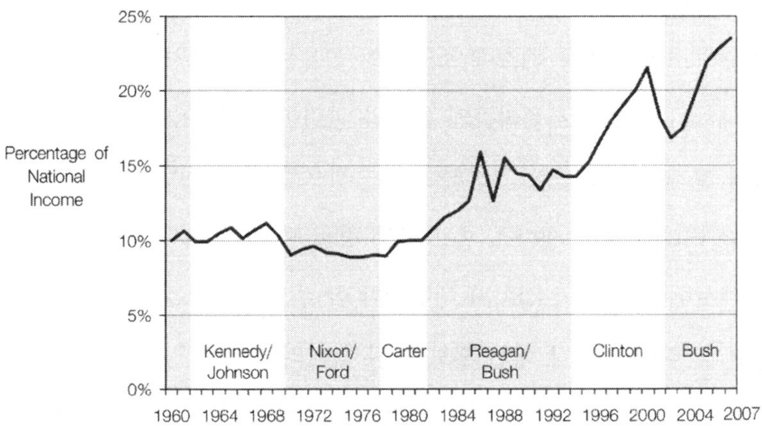

출처: Hacker and Pierson(2010, 18)

138 서정건, 김예원. 2014. "소셜 미디어 시대의 사회운동과 정당정치: 미국의 소득 불평등과 점령하라 운동(Occupy Movement) 사례를 중심으로" 『한국정당학회보』 13(2): 101-129

는 2008년 금융 위기의 원인 중 하나로 지적되고 있다.[139] 결국 금융 자본가들과 고소득층에만 부가 편중되어 온 미국 특유의 소득 불평등 실체가 드러나게 되었다. 〈그림 21〉은 레이건 시대 이후 최상위(最上位) 1퍼센트 소득 그룹이 미국 전체 경제에서 차지하는 비중이 얼마나 급격히 증가하였는지 잘 보여준다.

주목할 점은 최상위 소득 계층에만 부(wealth)가 집중되는 소득 불평등 현상과 관련된 미국 정치의 반응이다. 간단히 말해 미국의 우파 포퓰리즘은 경제 양극화 문제에 대해 상대적으로 관심이 덜하다. 주요 관심사에서 벗어나 있다. 2016년 대선에서 우파 포퓰리즘으로 무장한 트럼프 후보가 내세운 정책 이슈는 미국 위주의 무역 정책, 이민 규제, 그리고 사회간접자본의 확충 등이다. 소득 불평등 해소에 대해서는 트럼프 혹은 다른 어떤 공화당 후보도 언급한 적이 없다. 이들 보수 정치인들이 소득 불평등 해소에 소극적인 이유는 엘리트와 빈곤층을 동시에 배격하는 우파 포퓰리즘의 특징과 관련이 크다. 이에 반해 소득 양극화 문제를 정면으로 거론하고 집중적으로 다룬 정당은 민주당이었다. 힐러리 후보나 샌더스 후보 모두 경선 당시 미국 사회의 소득 불평등 현상에 대해 미국 정치가 해결해야 할 주요 현안으로 부각시켜 토론하였다. 다만 민주당 대선 후보가 된 힐러리가 소득 양극화 시대 기득권의 화신으로 비판의 대상이 된 점은 미국 정치의 모순적 상황이라 하지 않을 수 없다.[140] 결론적으로 우파 포퓰리즘은 소득 불평등 해소에는

---

139 조찬수. 2019. "성장주의 정책연합과 금융탈규제의 정치: 글래스-스티걸 법 폐지에 대한 한 설명" 『한국정치연구』 28(1): 281-306.

140 해커와 피어슨(Hacker and Pierson 2012)의 연구는 1980년대 이후 민주당이 점차 노동조합(labor unions)이 아닌 월스트리트(Wall Street) 이익을 대변하는 정당으

큰 관심이 없어 보이며 이는 미국 포퓰리즘의 특이점이라 하지 않을 수 없다.

로 변신하는 과정과 이유를 설명하고 있다. 막대한 정치 자금이 소요되는 TV 광고 중심의 미국 선거에서 승리하기 위해서는 월스트리트의 지원이 불가피해졌다. 따라서 민주당도 금융권의 이익을 대변하지 않을 수 없게 되었다는 것이 주된 설명이다.

2장
정치 과정: 트럼프 시대와 정치 양극화

트럼프 시대의 미국 정치와 외교를 이해하기 위해서는 점차 심화되고 있는 정치 양극화에 대한 점검이 필수적이다.[141] 선거, 언론, 정당, 의회 등 거의 모든 미국 정치 영역에서 트럼프 대통령은 양극화의 정점에 서 있는 것으로 보이기 때문이다. 미국 정치는 19세기의 '견제와 균형(checks and balance)' 시대, 그리고 20세기의 '위임과 감시(delegation and oversight)' 시기로 대별해 볼 수 있다. 1980년대 이후는 '정치 양극화(political polarization)'를 주된 특징으로 꼽는데 별 이견이 없다. 의회를 구성하는 공화당과 민주당 경우 양당 내부적으로 이념 결속력이 높다. 그리고 두 정당 사이의 정책 입장 차이가 극명하다. 정당 양극화

141 이 부분은 저자의 이전 저작 일부를 수정 및 보완한 내용이다. 서정건. 2014. "의회 정치의 양극화: 미국의회와 한국국회를 중심으로" 『도전과 변화의 한미정치』 31-66. (서울: 서울대학교출판부)

의 정의 그대로인 상황이며 이에 대한 미국 학계의 분석 또한 방대하다(Binder 1996; Coleman 1997; Roberts and Smith 2003; Stonecash et al. 2003; Sinclair 2006; Kupchan and Trubowitz 2007; Theriault 2008, 2013; Lee 2009; Abramowitz 2010; Bafumi and Parent 2012).

현대 미국 의회 정치의 양극화 현상과 관련하여 몇 가지 기본적 내용들은 다음과 같다. 첫째, 의회 양극화는 단순히 의원들의 표결 기록(voting records) 혹은 이념 지표(ideological score)만으로 설명할 수 있는 현상이 아니다. 법안 발의부터 토론 과정, 규칙 제정 등에 이르기까지 광범위한 의회 정치 영역을 포함하고 있다. 둘째, 하원과 상원 공히 양극화를 경험하고 있다는 점이다. 철저히 다수당 중심으로 운영(majority rule)되는 하원에서 양극화 정도가 더 심한 것은 사실이다. 하지만 필리버스터(filibuster) 등 상원 의원의 개별적 권한이 전통적으로 강한 상원에서도 점차 양극화 현상을 보이고 있다. 셋째, 미국 전역에서 온 의원들이 전반적으로 양극화 현상과 연관되어 있지만 지역적으로 특히 북부와 남부 출신 의원들이 양극화 심화에 기여하고 있는 것으로 이해된다. 또한 민주당이 더욱 진보적이 되는 경향보다 공화당이 더욱 보수적이 되는 정도가 더 큰 것도 미국 정치 양극화의 특징 중 하나다. 보다 단합에 익숙한 공화당이 미국 남부를 장악하면서 발생하는 현상으로 보인다. 넷째, 새로 의회에 입성한 의원들이 기존 의원들보다 더욱 극단적 이념을 가지고 의회에 진입하는 경향을 보인다. 물론 경합 지역구(swing districts) 출신 의원들은 온건 중도 성향을 가진다.

미국 정치 양극화와 관련하여 두 가지 근본적인 문제 제기를 우선 살펴보자. 첫째, 양극화가 실체적으로 존재하는가에 대한 논란이 있다.

이에 대해 상반된 견해가 대립중이다. 우선 일반 국민은 여전히 중도적 성향을 보임에도 불구하고 정치권이 양극화 현상을 확대하고 재생산한다는 지적이 있다. 소위 '문화 전쟁(culture war)'에 대한 논란이 여기에 포함되는데 노장 정치학자 피오리나(Morris Fiorina) 등에 따르면 문화 전쟁 관련 주장은 사실에 기초하지 않은 신화 내지 소설에 불과하다. 지난 20-30여 년간 공공 정책에 대한 시민들의 선호는 거의 변한 것이 없다는 조사 결과가 주된 비판 근거다. 이슈에 따른 정당 재배열(party sorting) 주장도 실제로는 부풀려진 측면이 적지 않다는 입장이다(Fiorina et al 2006).

반대로 미국 대의 민주주의가 현재 유권자들의 이념적 양분 상황을 그대로 반영 중이라는 주장이 있다. 에이브라모위츠(Alan Abramowitz)를 위시한 다수의 의회 및 정당 연구자들에 따르면 미국 정치는 이념, 정당, 지역, 종교, 정치 참여 등 거의 모든 부분에서 양극화 양상을 경험하고 있다. 예를 들어 비숍(Bishop 2008)은 미국 유권자들의 양극화 정도를 제대로 파악하기 위해서는 주(state) 단위가 아니라 지역 공동체(community) 단위로 관찰 범위를 좁혀야 한다고 제안한다. 양극화가 실재한다고 주장하는 학자들도 경제 정책에 관한 국민들의 선호에는 큰 변화가 없다고 동의한다. 대신 낙태, 총기 규제, 기후 변화 등 각종 사회 이슈 및 정책에 관해 양극화가 심화되고 있다는 주장을 펴고 있다. 언론과 방송 등 미디어(media)의 이념 편향적 보도 또한 뉴스 소비자인 유권자 집단의 양극화를 부채질하고 있다. 결론적으로 양극화의 실체를 둘러싼 논쟁은 여전히 진행 중이며 이 논쟁은 정책과 선거 모두에 중요한 함의를 가진다.

또 하나의 문제 제기는 과연 정치 양극화가 해소해야 할 나쁜 현상인가 하는 점이다. 미국정치학회(American Political Science Association)는 1950년에 정당 연구위원회(Committee on Political Parties)를 발족시킨 후 미국의 정당 개혁에 대한 심층 분석을 진행한 바 있다. 결론으로 '책임 정당제도(responsible party system)'를 내세웠다.[142] 내부적으로 응집되어 있고 외부적으로 입장 차이가 뚜렷한 양당제 시스템이 개혁에 필수적이라는 내용을 적시하고 있다. 이는 국민들의 선택을 용이하고 의미 있게 만들 뿐만 아니라 정당의 책임 소재를 분명히 할 수 있다는 장점을 가지고 있다. 하지만 1960년대를 지나면서도 미국 정당 시스템의 경우 여전히 내부적 분열과 정책적 모호함이 그대로 지속되었다. 민주당 내 남부 출신 보수 그룹과 공화당 내 동부 출신 온건파 의원들이 연합하여 일종의 비토(veto) 세력으로 군림하고 있었기 때문이다. 1968년 대선에 출마했던 제 3당 후보 월러스(Wallace) 앨러바마(Alabama) 주지사는 당시의 양당 체제에 대해 쓴 소리를 마다하지 않았다. "두 정당 간에는 1 다임(one dime) 어치의 차이점도 발견할 수 없다(There is not a dime's worth of difference between the two parties)."

흥미로운 사실은 현재 나타나는 정당 양극화 현상이 실제로는 미국정치학회가 일찍이 제시한 정당 발전의 방향과 사실상 일맥상통한다

142 1950년 당시 미국정치학회(APSA)는 99 페이지 분량으로 된 이 보고서를 학회 공식 입장으로 공론화하지는 않았다. 게다가 보고서 발표 바로 다음 날 중공군(中共軍)이 압록강을 건너 한국 전쟁에 개입하게 된다. 결국 이 보고서는 당시에는 언론의 주목을 별로 받지 못한다. 미국 정당 양극화가 진행되면서 후일 오히려 더 자주 인용되고 있다. Mark Wickham-Jones. "This 1950 Political Science Report Keeps Popping Up in the News. Here's the Story Behind It." *The Washington Post*, July 24, 2018

는 점이다. 공화–민주 양당의 정책 관련 정체성 혼란 문제가 양극화 현상을 통해 비로소 정리되었다. 정당 노선의 차이에 대해 미국 국민은 이제 분명하게 구분할 수 있게 되었다. 무한 갈등과 입법 교착으로 비판받는 정당 양극화의 이면에는 바로 일관되게 차별화된 정당 정치가 존재하고 있다. 같은 당 소속 의원들의 정책 선호가 유사하므로 소속 정당의 정책을 입법하기 위해 의회 내에서 단합하게 된다. 정당 지도부는 의원들이 자발적으로 이양한 권한을 위임받아서 소속당 대통령의 어젠다를 밀어붙이거나 혹은 상대당 대통령 의제를 결사반대한다. 정치 양극화 시대에 비로소 정치 성공과 실패의 책임 소재가 명확해졌다. 선거로 심판받고 다수제를 원칙으로 하는 나라가 미국이라는 점을 고려한다면 정치 양극화는 정치 개혁의 출발점이 될 소지가 충분하다. 과연 양극화 정치를 무조건 타개하고 해소해야 할 대상으로만 다루는 것이 옳은지에 대해 논란이 빚어지는 이유다.

정치 양극화에 대한 보다 심층적인 이해를 위해 의회 안팎의 배경 요인 및 전개 상황에 대해 알아보자. 우선 의회 외부의 양극화 요인으로는 미국 특유의 지역구 재획정(redistricting)을 꼽지 않을 수 없다. 미국 헌법은 10년마다 인구 조사(census)를 실시하고 그 결과에 따라 주별로 하원 의석수를 재분배(apportionment)하도록 규정하고 있다. 의원 한 명이 대표하는 인구수를 조정하여 전국적으로 각 지역구가 동등한 대표성을 유지하도록 하기 위한 시도다. 역사상 첫 번째 인구 조사는 1790년 당시 국무장관 제퍼슨의 주도하에 진행되었고 현재는 개별 하원 지역구에 평균 80–90만 명 정도의 인구가 포함되고 있다. 1912년 이래 미국 하원의 전체 의석은 435석으로 고정되어 있다. 가장 최근에

행해진 2010년 인구 조사 결과에 따라 텍사스(Texas)는 하원 의석 4석, 플로리다(Florida)는 2석을 늘리게 되었다. 반대로 인구가 감소하고 있는 뉴욕(New York) 주와 오하이오(Ohio) 주의 경우 각각 2석의 하원 의석을 잃게 되었다. 인구 조사 결과와 변화된 하원 의석수를 토대로 하여 각 주의 주지사와 의회는 선거구 재조정 작업을 벌인다. 그리고 숫자 2로 끝나는 해(2002년, 2012년, 2022년 등)의 선거 시기에 새로 획정된 지역구를 기준으로 하여 선거가 치러진다.

선거구 재조정은 주 의회의 다수당이 주도하는 경우가 일반적이다. 이 과정에서 주로 같은 당 소속 현직 의원들을 보호하고 상대 정당 후보가 불리하도록 선거구 경계를 다시 만들기도 한다. 선거구 재획정으로 인해 유권자가 대표자를 선출하는 시스템이 아닌 대표자가 유권자를 선택하는 상황으로 변질되고 있다는 비판이 등장한 이유다. 결과적으로 지역구의 정치적 성향이 특정 정당 쪽으로 기울어지게 되고 보수 혹은 진보 할 것 없이 타협보다는 이념에 치중하는 의원들을 양산해낸다(Carson et al. 2007). 온건 중도 후보는 의회에 진출할 수 있는 길이 아예 막히고 정치적 교착 상태는 빈번해진다. 재미있는 사실은 선거구 재조정에 기초한 의회 양극화 설명이 상원에는 적용되지 않는다는 점이다. 전체 주(州)를 하나의 지역구로 하는 미국 상원 선거의 경우 선거구 재조정과는 무관하기 때문이다. 현재 상원에서도 정치 양극화가 심화되고 있는 이유에 대해 다양한 연구가 진행되고 있다.[143]

143 예를 들어 떼리올트(Theriault 2013)는 하원 의원 경력을 가진 특정 상원 의원 그룹을 주목한다. 1990년대 공화당의 깅그리치(Newt Gingrich) 의장과 더불어 하원에서 양극화 성향 정치를 함께 경험한 의원들이 상원 의원이 되어 상원에 진출한 이후에도 하원에서의 양극화 전략과 태도를 그대로 유지한다는 주장이다. 이

지역구 경계의 재설정 못지않게 유권자들의 자발적 이주 및 커뮤니티 형성 또한 양극화에 적지 않은 영향을 미치고 있다. 동질적 정치 성향을 가진 커뮤니티를 선택하여 거주하는 미국 국민들의 경향이 점차 늘고 있다. 유권자가 재배열되고 이에 따라 정당 양극화가 초래되는 현상과도 관련 있다. 결국 하원 선거구의 재조정과는 별개로 커뮤니티 단위에서 양극화가 일어난다는 주장이 나오는 근거이기도 하다. 미국 전체가 보수주(red states)와 진보주(blue states)로 확연히 갈라섰는지에 대한 논쟁은 여전히 진행 중이지만 미국 유권자들이 점차 정치 이념적으로 스스로를 재배치하고 있다는 관찰에는 거의 이견이 없다. 교육과 소득 수준, 인종과 민족 출신 등 정치적 결정과 밀접한 관계를 가진 요소들을 공유하며 커뮤니티를 선택하여 살고 있다. 민주당 의원들은 인종적으로 다양하고 소득 수준이 낮은 유권자들을 주로 대변하고 있다. 공화당 의원들은 백인 위주의 중산층과 부유층을 대표하는 경향을 보인다. 의회 내 동질적 지역구민들을 대표하는 의원들도 점점 늘어가고 있는 상황이다. 결과적으로 경쟁이 사라진 확실한 지역구(safe districts) 출신 의원들은 의회 내에서의 타협과 대화 필요성을 크게 느끼지 못한다. 정치 양극화의 또 다른 배경이다.

의회 내부 상황에 대해 본격적으로 초점을 맞추어 보자. 역사적으로 의회 정치 운영과 관련된 핵심 사안은 상임위원회 위원장(committee chair) 중심인가 정당 지도부(party leadership) 중심인가 여부라고 할 수

들을 "깅그리치 상원의원(Gingrich Senator)"이라고 부른다. 양원제로 구성된 미국 의회의 특징과도 관련이 깊다. Sean M. Theriault. 2013. *The Gingrich Senators: The Roots of Partisan Warfare in Congress*. (Oxford: Oxford University Press)

있다. 윌슨(Woodrow Wilson) 대통령은 자신의 1884년 정치학 박사 학위 논문 주제로 의회를 연구할 만큼 의회 정치에 관심이 많았다. 그는 상임위원회 활동이야말로 의회가 일하고 있다는 증거라고 지적한 바 있다. 연방 차원의 정책 결정 및 조율에 대한 요구가 점점 높아지면서 19세기 후반 리드(Thomas Reed) 하원 의장은 소수당의 의사 진행 방해 행태를 규제하는 의회 규칙들을 도입한다. "독재자 리드(Czar Reed)"라는 별명을 얻을 정도로 큰 권력을 휘두르며 의회 운영을 의장 중심으로 변화시켰다. 그런데 리드 의장에 이어 막강한 권한을 행사하던 하원 의장 캐넌(Joseph Cannon, R-IL)이 1910년 민주당과 공화당의 온건파 의원들에 의해 축출되는 사태가 발생한다('Revolt against Cannon'). 의장직과 규칙위원회(Rules Committee) 위원장직을 겸직하던 관행이 금지되면서 정당 지도부의 권한이 대폭 축소되었다. 이후에는 소위 '교과서식 의회(Textbook Congress)' 시대가 열렸다. 상임위원회 위원장들이 정책 분야별로 막강한 권한을 누리며 미국 의회를 운영하게 된다. 예를 들어 1960년대 레이번(Sam Rayburn) 하원 의장은 다선 원칙(seniority)에 의거하여 선출된 상임위원회 위원장들에게 철저히 권한을 이양하였다. 이에 따라 상임위원장들의 개별적 정치 성향과 스타일이 중요해졌다. 의회 선거에서 승리가 보장되어 있던 남부 출신 민주당 의원들이 선수(選數)를 쌓아 점점 위원장직을 독식하는 사례 또한 늘어났다.

앞서 살펴 본대로 중대선거(critical elections) 등을 통해 만들어진 정치 지형의 변화는 신진 세력의 의회 진입을 가능케 하였다. 원래 상임위원회 중심의 의회는 정당 지도부의 독단을 막고 정책 분야별로 행정부를 견제할 목적을 가지고 있었다. 하지만 남부 출신의 상임위원장들이 위원장 자리를 내놓지 않고 권한을 키우면서 또 다른 형태의 독단적 의회 운영이 이루어지게 되었다. 새로 의회에 대거 진출한 북부 출신의 진보 성향 민주당 의원들은 복지, 환경, 교육 등 정치 개혁과 관련하여 같은 당 남부 출신 의원들과 갈등을 겪게 된다. 이들은 위로는 정당 지도부, 아래로는 소위원회(subcommittee)로 의회 운영의 권한을 재분배할 것을 요구하며 투쟁하게 된다. 상임위원회 위원장은 의원 총회(caucus)에서 선출하기로 하는 등의 방식을 통해 위원회 중심의 의회 운영 체제를 서서히 허물어뜨리는데 성공하게 된다. 더구나 중요성이 점점 커진 선거 자금(campaign finance) 확보와 관련하여 정당 지도부가 당 조직을 동원하여 중심적 역할을 맡게 되었고 법안을 초기 단계부터 심사하는 소위원회(subcommittee) 위원장들의 실질적 권한이 커지게 되었다. 결국 타협에 성공할 때까지 대화를 계속하던 상임위원회 중심의 의회 시스템은 종말을 고하게 된다. 대신 정당 지도부가 양극화 시대 정당 입장이라는 정책 목표 달성을 위해 의회 운영의 전권을 다시 쥐게 되었다.

위원회의 법안 심사 기능이 약해지고 정당 지도부의 입법 정치 권한이 커지면서 보여주기 위주의 의회 정치가 활발해진 측면이 있다. 본회의 수정안 발의와 의사 진행발언이 빈번해졌다. 필리버스터(filibuster) 등을 통해 유권자와 이익 단체를 염두에 둔 양극화 성향의 의정 활동도 활발해졌다. 미국 상원에 고유한 제도적 특징인 필리버스터(filibuster)는 상원의 양극화 현상과도 밀접하다. 미국 헌법에 보면 의회의 의사 규칙(rules)은 하원과 상원이 각자 자율적으로 정하도록 규정되어 있다. 다른 나라 입법부와 다를 바 없이 미국 하원은 1811년에 표결 규칙(previous question rule)을 채택한다. 일정 시점에는 토론(debate)을 종결하고 안건에 대한 표결(voting)로 넘어가는 일반적인 의회 절차의 도입이었다(Binder 1997). 특이하게도 미국 상원은 20세기 초까지도 표결을 강제하는 의사 규칙을 별도로 제정하지 않았다. 다시 말해 소수당의 전형적 의사 진행 방해 수단인 무제한 토론 즉 필리버스터를 종료시킬 상원 규칙이 따로 마련되어 있지 않은 상황이었다.

표결과 관련된 미국 상원의 개혁은 국제 위기를 둘러싸고 이루어졌다. 1917년 미국이 1차 세계 대전에 휘말리게 되면서 무제한 토론을 끝내는 상원 규칙(Senate Rule XXII)이 만들어졌다.[144] 당시 독일과의 긴장이 고조되는 가운데 미국 상선(商船)의 무장을 허용(armed ship)하는 법안이 제기되었다. 고립주의 성향의 일부 상원 의원들이 이 법안을 필리버스터로 가로 막고 있었다. 법안 통과는 결국 미국의 유럽 전쟁 참전을 부추기게 된다는 이유에서였다. 1916년 재선에 성공하여 2기 임기를 막 시작한 윌슨은 이들을 "고집불통 집단(a little group of willful men)"이라고 규정하여 격렬하게 비판하였다. 자국민의 안전을 경시하는 것으로 비쳐진 이들 상원 의원들에 대해 국민 여론도 나날이 악화되

144 미국 상원의 필리버스터(filibuster)와 한국 국회의 무제한토론(국회법 106조 2항)은 유사한 성격임과 동시에 적지 않은 차이점을 가지고 있다. 첫째, 미국 상원 경우 필리버스터는 상원 의원 개인에게 주어진 의사 진행 방해 권한이다. 한국 국회 경우 재적 의원 1/3 이상이 요구해야 무제한토론이 가능해진다. 둘째, 무제한토론 혹은 필리버스터를 종결하기 위해 재적 의원 3/5 찬성이 필요한 점은 같다(미국 상원 60명, 한국 국회 180명). 미국은 기명 투표, 한국은 무기명 투표인 점은 다르다. 셋째, 무제한토론 중 해당 회기가 끝나는 경우 무제한토론 종결이 선포된 것으로 보고 다음 회기에서 지체 없이 표결하는 것이 한국 사례이다. 이에 반해 미국은 정해진 회기가 없는 관계로 해당 사항이 없다. 넷짜, 한국 국회법 조항이 무제한토론(필리버스터)을 의회 개혁 차원에서 새로 도입한 조항인데 반해, 미국 상원 규칙 22조는 관행으로 인정되어 온 무제한토론(필리버스터)에 대해 종결 절차를 명시한 것이다.

었다. 이러한 배경 하에 미국 상원은 마침내 토론 종결 절차(cloture)를 규칙으로 채택하게 되었다. 당시에는 2/3 찬성으로 토론이 종결되었지만 이후 1975년 새로운 의회 개혁의 일환으로 상원의 3/5, 즉 60표로 보다 문턱을 낮추었다.

특히 필리버스터가 세간의 이목을 끌게 된 배경으로 1960년대 흑인 민권 운동과 이에 대한 상원의 저항을 언급하지 않을 수 없다. 흑인 인권 보호와 참정권 보장을 위한 법안들이 상정되자 남부 출신 민주당 상원 의원들은 이에 강력히 반발하였다. 여전히 흑인을 차별하던 대다수 남부 백인들의 정서를 반영한 셈이다. 이들은 인종 차별 금지 법안에 대한 공격 수단으로 무제한 토론을 적극 활용하기 시작하였다.[145] 이후 꾸준히 필리버스터 혹은 필리버스터를 감행하겠다는 위협(filibuster threat)의 빈도수가 상원 내에서 증가한다. 현재는 상원에서의 법안 통과를 위해 우선 필리버스터 종결에 필요한 60표가 확보되어야 한다는 인식이 관행처럼 굳어져 있다. 무제한 토론은 개별 상원 의원의 권한이고 어떤 의원이 어떤 이유로 필리버스터를 제기할지 모르는 상황이 초래한 미국 의회 정치 현실이다. 무제한 토론이 종결된 이후의 해당 법안 통과 여부는 단순 과반인 51명 이상으로 정한다. 50 대 50의 표결이 이루어지는 경우 헌법 1조 3항(Article I, Section 3)에서 정한대로 부통령이 표결에 참여하여 결과를 정하게 된다. 현실적으로 미국 상원에 고유한 필리버스터 혹은 필리버스터 위협은 어느 정당도 절대 물러설 수 없

145 당시 민주당 소속이었던 사우스 캐롤라이나(South Carolina) 스트롬 써몬드(Strom Thurmond) 상원 의원이 1957년에 인권법(Civil Rights Act of 1957) 통과를 막기 위해 벌인 무제한 토론 발언 시간은 24시간 18분이었고 그 기록은 지금도 깨지지 않고 있다.

는 주요 법안들과 관련하여 이루어지고 있다. 하원에는 부재한 필리버스터 현상이 상원의 양극화 요인 중 하나로 꼽히는 이유이기도 하다.

대통령 정치와 의회 양극화 관계는 어떨까? 대통령-의회 관계 연구는 주로 대통령이 의회를 상대로 자신의 정책 목표를 성공적으로 입법화하는지 여부에 집중되어 왔다. 이 과정에서 의원들과 정당들이 다양한 정치적 동기에 따라 어떤 입장과 전략을 취하는지가 주된 관심사였다. 그런데 거꾸로 대통령 리더십과 정치가 의회 내 입법 활동에 어떤 영향을 미치는지에 대해서는 체계적이고 구체적인 분석이 상대적으로 결여된 측면이 있다. 의회 정치와 관련하여 대통령의 전략보다는 대통령의 성공에 더 초점을 맞추어 온 결과로 보인다. 다시 말해 대통령이 의회 양극화에 미치는 구체적 영향과 경로에 대한 실증적인 분석이 의외로 충분치 않으며 대통령을 독립변수로 다루는 연구가 더욱 필요한 실정이다. 리(Lee 2008)의 연구가 예외적인데 그녀는 대통령이 분명한 입장을 취하는 정책 의제일수록 의회 반응이 양극화된다는 사실을 실증적으로 밝혀냈다. 사실 의원들의 정책 선호는 어느 한 쪽으로 분명하지 않은 경우가 많다. 지역구 이해와 직접 연관이 없거나 이념적 색채가 분명하지 않은 법안에 대한 입장은 유동적일 수밖에 없다. 이 경우 소속당 여부 등 대통령과의 정치적 관계가 중요한 변수로 작용하게 된다.

사실상 대통령이 추진하는 정책 의제들은 단순히 의회 내에서 고려되고 토의되는 사안의 성격 이상의 의미를 가진다. 대통령이 소속된 정당을 대표하는 정책으로 자리 매김하게 되기 때문이다. 선거에서 쟁점 이슈로 부각되고 평가받는다. 정당 이름값(party brand name)에도 큰 영향을 미치게 된다. 결국 현대 미국 의회 정치는 대통령이 추진하는 입법 과제 중심으로 운영되고 있다. 〈그림 22〉는 소속 정당에 따라 의회 내에서 대통령을 지지하는 정도를 보여준다. 닉슨 행정부 당시만 해도 소속 당적과 크게 상관없이 의원들의 대통령에 대한 다양한 지지도가 형성되어 있었다. 레이건 대통령 시기부터 점점 상대당 대통령이면 반대, 소속당 대통령이면 찬성하는 비율이 높아지기 시작한다. 41대 부시 대통령에 이어 클린턴 시기에 이르면 대통령 지지 관련 정당 양극화가 상당히 진행되었음을 알 수 있다. 미국 대통령은 미국 정치 양극화의 피해자(victim)인가 아니면 양극화를 부추기는 주범(culprit)인가에 대한 논쟁도 동시에 등장하여 이어지고 있다. 미국 정치 양극화에 대한 정치 제도 차원의 분석이 더욱 요구되는 상황이다.

〈그림 22〉 소속 정당에 따른 의회 정당별 대통령 지지도 변화

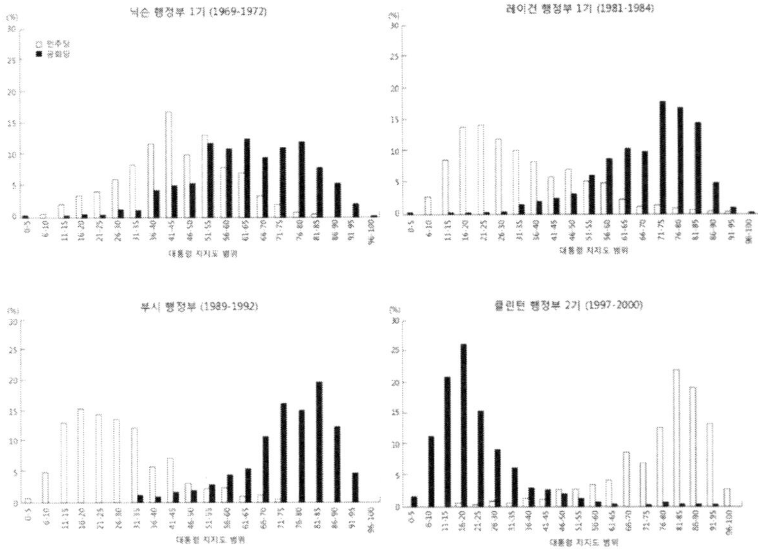

출처: Jacobson(2003, 7)

트럼프 대통령 시대 미국 정치의 양극화 양상은 그 정점에 도달한 것처럼 보인다. 기후 변화, 이민 규제, 총기 규제, 낙태 이슈 등 기존 사회 및 문화 이슈 갈등이 해결될 기미는커녕 점점 더 증폭되고 있다. 의회 정치와 관련된 민주당과 공화당의 이념 갈등과 차이는 더욱 커지고 있다. 선거 차원도 마찬가지다. 특히 의회가 해결하지 못하는 사회 문제 갈등에 대해 최근 연방대법원이 판결을 통해 일종의 교통정리를 하는 사례가 늘어감에 따라 대법관 선출과 관련된 상원을 구성하는 선거가 중요해 지고 있다. 자신들이 지지하는 대통령과 상원이 대법관 지명과 인준을 처리하는 것을 바라기 때문이다. 트럼프 시대에 두드러진 양극화 특징을 꼽자면 바로 대통령 연관성이라고 할 수 있다. 아무리 미국의 정치 양극화가 심화되어 왔더라도 대통령이 이를 공개적으로 부추기거나 조장한 적은 없다. 미국의 대통령은 적어도 공식 입장이나 대중 연설을 통해 통합된 미국을 반복하여 호소해 왔다. 이와 관련 클린턴 대통령, 부시 대통령, 오바마 대통령 모두 마찬가지다. 하지만 트럼프 대통령은 다르다. 지지층 중심의 정치에만 몰두하고 있다. 양극화된 정치를 자신의 정치적 자산으로 활용하는 것처럼 보인다. 보수와 진보의 대결 상황이 대통령 개인에 대한 호불호라는 블랙홀로 완전히 빨려 들어가고 있는 중이다.

〈그림 23〉을 살펴보면 이러한 현상이 잘 드러난다. 트럼프 대통령의 임기 중간에 치러진 2018년 중간 선거(midterm elections) 상황이다. 민주당 지지자들이 트럼프에 대한 반대 표시로 중간 선거에서 투표하겠다는 비율은 61퍼센트에 달하였다. 반대로 중간 선거를 통해 트럼프 지지를 입증하겠다고 나선 공화당 유권자 비율도 52퍼센트에 이르고

있다. 이는 공화당 대통령으로서 두 번째 중간 선거를 치른 조지 W 부시의 2006년 사례와 크게 대조된다. 당시에도 상대당 대통령인 부시에 대한 반대가 주요 투표 동기라는 민주당원들의 응답은 65퍼센트를 기록하였다. 그런데 소속당 대통령에 대한 지지는 공화당원들 사이에서 33퍼센트에 그쳤다. 결국 2006년 중간 선거에서 공화당은 대패하였고 미국 최초의 여성 하원 의장이 탄생하였다. 오바마 대통령의 경우도 크게 다르지 않다. 2010년과 2014년 치러진 두 차례의 중간 선거에서 공화당원들이 민주당 대통령을 반대한 비율은 각각 54퍼센트와 51퍼센트로 매우 높았다. 반면 중간 선거에서 민주당원들이 오바마에 보낸 지지는 43퍼센트와 35퍼센트 정도에 그쳤다. 이와 달리 2018년 중간 선거는 특이한 양상을 보였다. 트럼프 대통령에 대한 찬성과 반대가 팽팽하게 대립한 선거였다. 트럼프 개인에 대한 호감 혹은 비호감이 미국 정치의 모든 것을 결정하고 있다고 해도 과언이 아닌 상황이다.

〈그림 23〉 2018년 미국 중간 선거와 트럼프 대통령 변수

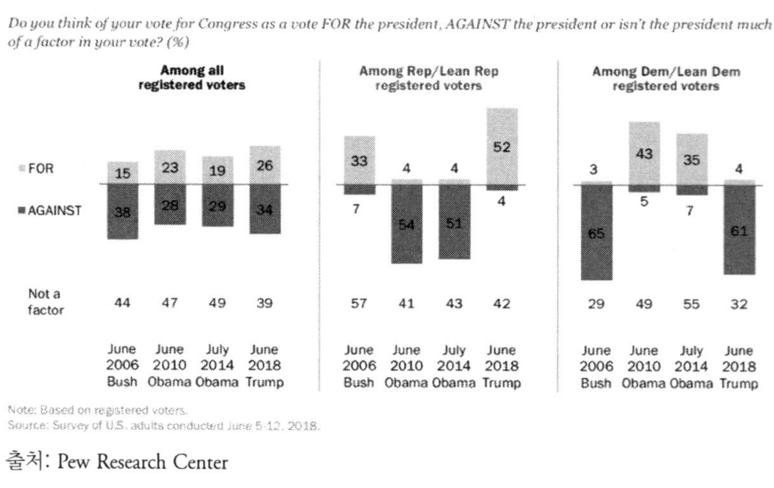

출처: Pew Research Center

3장
제도 정치: 트럼프 시대 대통령-의회 관계의 지속과 변화

레이건 대통령은 뉴딜 시대를 종식시키고 1980년 대선을 통해 새로운 미국 정치 시대를 열었다. 중도 우파가 대세를 장악하였다 (Skowronek 1997, 2011). 세금을 거둬 복지를 늘리는 민주당 주도의 적극적 정부 시대는 미국 경제의 쇠퇴를 초래하며 마감되었다. 새로운 경제 방향은 기업과 중산층의 세금을 인하하고 규제를 푸는 것이었다. 한편 미국의 전통적 애국주의, 군사주의, 민족주의 경향은 냉전 승리와 9/11 사태를 경험하며 보수 정권 시대에 더욱 공고해졌다. 경제와 안보 분야에서 보수 우파 기조가 시대적 대세로 자리 잡게 되었다. 인구 변화에 따른 정당 일체감의 대립 구도 또한 확연히 갈리고 있다. 조지 W 부시 대통령 시기만 해도 공화당은 급증하는 라티노(Latino) 유권자를 어떻게 포섭할지에 대해 내부적으로 고민하였다. 그런데 미국 역사상 최초의 흑인 대통령인 오바마가 청년, 여성, 흑인, 라티노 및 동성연애자 그룹을 묶어 2008년과 2012년 연거푸 선거를 승리하면서 판세가 바뀌었다. 전통적으로 민주당을 지지하던 백인 저소득 계층이 특히 대선 경합 지역 중서부를 중심으로 공화당 후보를 전폭 지지하게 되었다. 라티노 표를 놓고 민주당과 경쟁하는 것보다 백인 유권자들을 더 확보하는 것이 공화당에게는 훨씬 수월한 지지 기반 확충 전략이 된 셈이다. 결과적으로 사회 이슈 영역과 더불어 유권자 그룹 전반에 걸친 양극단의 미국 정치 편 가르기가 극대화되고 있는 상황이다.

이처럼 정치 양극화를 배경으로 등장한 트럼프 대통령은 취임 이후에는 더욱 본격적으로 지지 지역과 우호 계층에만 공을 들이고 있다. 미국 전체를 대표하는 통합형 대통령과는 거리가 멀다. 양극화를 해소하기 위한 노력은 커녕 오히려 더욱 부추기고 있는 것처럼 보일 정도다. 정책 관련 특이점은 오바마가 재임 기간 만든 정책들을 무효화 및 철회하는데 매진하고 있다는 것이다. 트럼프는 우선 취임하자마자 곧바로 환태평양동반자협정(TPP)을 탈퇴하였다. 특정 중동 국가 국민들의 입국 금지, 기후변화 협정 철회, 불법 이민자 가정 자녀의 출국 유예(Deferred Action for Childhood Arrivals) 폐지, 이란 핵협정(JCPOA) 탈퇴 등 오바마가 공들였던 거의 모든 정책을 뒤엎는 중이다. 일명 오바마케어(ObamaCare)라고 불리는 의료 개혁 정도만이 남아 있을 뿐인데 의회가 폐지 및 대체(repeal and replacement)에 실패하였기 때문이다.

트럼프 대통령은 자신을 백악관에 입성시켜 준 중서부 지역의 백인 노동자 계층을 특별히 신경 쓰고 있다. 소위 러스트 벨트 지역의 공장 문이 다시 열리도록 국내외 기업들을 회유 혹은 협박하고 있다. 관세 폭탄을 통해 중국과의 무역 전쟁을 대대적으로 진행 중이다. 〈그림 24〉는 취임 후 6개월이 지난 시점의 여론 조사 결과다. 트럼프 대통령에 대한 다양한 입장이 나타나 있다. 전통적 정당 일체감을 가지고 있는 유권자들은 트럼프에 대해 극단적인 찬성 혹은 반대 성향을 보이고 있다. 트럼프를 선택했던 지지자들의 충성도는 그대로 유지되고 있다. 원래 트럼프가 싫어서 힐러리를 찍었던 유권자들의 반(反)트럼프 성향도 그대로다. 그렇다면 2012년에는 오바마를 지지했지만 2016년에는 정당을 바꾸어 트럼프를 선택했던 소위 "오바마–트럼프 유권자들(Obama–Trump voters)"은 어떨까? 트럼프 충성파들에 비해서는 상대적으로 트럼프 국정 운영 지지가 약하지만 여전히 트럼프 대통령에 대해 우호적인 입장을 가지고 있다.[146] 트럼프 대통령이 자신의 선거 공약을

〈그림 24〉 유권자 그룹별 트럼프 대통령 지지 현황, 2017년 7월

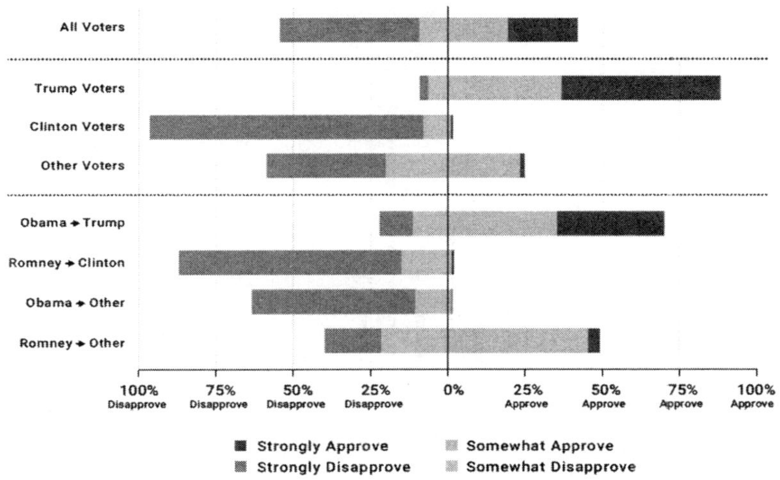

출처: Griffin(2017)

146 엇갈리는 평가도 물론 있다. John Sides, "New Poll: Obama–Trump Voters Are Starting to Sour on Trump," *Washington Post*, September 6, 2017.

취임 이후에 적극적으로 실천 중인 사실과도 관련이 있는 것으로 추측된다.

임기 3년차인 2019년 현재 트럼프 대통령 시대의 특징은 높은 행정 명령 의존도와 낮은 입법 정치 성공률 두 가지로 집약된다고 볼 수 있다. 잘 알려진 대로 트럼프 이전 세 명의 대통령들은 재선에 성공하며 각각 8년씩 재임하였다. 클린턴, 부시, 오바마 시대에 공통적으로 나타나는 현상은 임기 초반 개혁 입법을 시도하여 어느 정도 성공을 거두었다는 점이다. 넬슨(Nelson 2018)의 지적대로 클린턴 임기 첫 해 가족 및 치료 휴가법(Family and Medical Leave Act) 통과, 부시 대통령 임기 초반의 대규모 감세 법안과 교육 개혁법(No Child Left Behind Act) 승인, 오바마 행정부 초기의 의료 보험 개혁법(Affordable Care Act; 일명 ObamaCare) 성공 등이 그 예다.

〈그림 25〉 역대 미국 대통령 행정 명령 발동 횟수, 2019년 1월 21일 현재

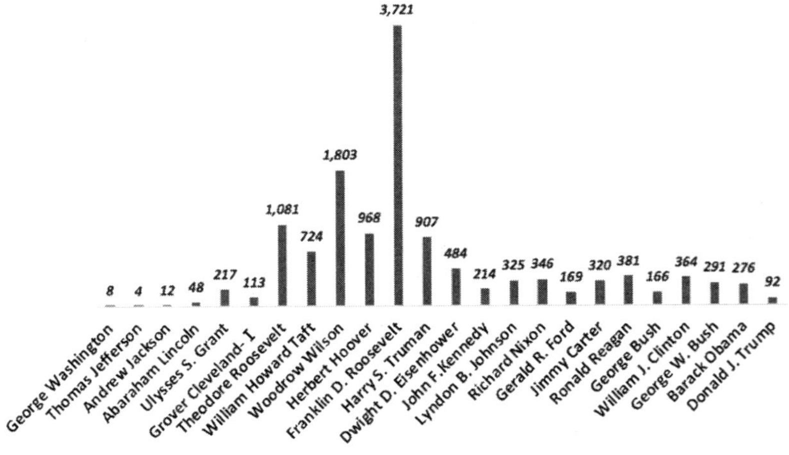

출처: Peters and Woolley(2017)

한편 클린턴, 부시, 오바마 대통령 또한 행정 명령을 빈번히 사용하였다. 〈그림 25〉에 따르면 씨어도어 루스벨트(Theodore Roosevelt) 대통령 시대부터 행정 명령이 급증하였음을 알 수 있다. 특히 대공황과 세계 대전 당시 프랭클린 루스벨트(Frankling D. Roosevelt) 대통령이 역대 최다 행정 명령 기록을 세우게 된다. 이후 대통령들 역시 19세기에 비해 현격하게 많은 수의 행정 명령에 의존하게 된다. 행정 명령은 미국 헌법에 따른 대통령 권한 중의 하나이다. 연방 헌법 2장(Article II) 1조(Section 1)에 의해 행정부 권한(executive power)은 대통령에게 주어져 있다. 이를 "부여 조항(vesting clause)"이라고 부른다. 3조(Section 3)는 의회가 만든 법을 성실히 이행하도록 노력해야 하는 대통령의 관리 의무를 적시하고 있다. "관리 조항(take-care clause)"이다. 대통령이 발동하는 행정 명령은 구체적으로 명령(order), 선포(proclamation), 각서(memorandum) 등 다양한 형태를 띤다. 반드시 법률에 그 근거가 있어야 함은 물론이다. 대체로 대통령의 행정 명령 사용 빈도는 임기 중반과 후반에 두드러진다. 트럼프 대통령은 예외다. 대통령 임기 첫 2년과 겹치는 115대 의회(2017.01–2019.01) 경우 의석수 차이가 크지는 않았지만 상원과 하원 모두 공화당 지배하에 놓여 있었다. 유리한 의회 구성 및 환경에도 불구하고 트럼프는 대통령의 입법 리더십("Legislator-in-chief")에 큰 관심을 기울이지 않았다. 대신 임기 초기부터 서명(sign) 하나로 정책 결정이 가능한 행정 명령을 애용하고 있다. 트럼프 시대 거의 유일한 의회 입법 성과라면 2017년 연말에 통과된 세금 인하법 정도다.

그렇다면 집권 초반부터 행정 명령에 의존하고 있는 트럼프와 달리 역대 미국 대통령들이 손쉬운 행정 명령 보다는 힘겨운 입법 개혁에 리더십 자원을 쏟아 부었던 이유는 무엇일까? 무엇보다 행정 명령은 후임 대통령에 의해 같은 방식으로 수월하게 번복되거나 심지어 폐지도 가능하기 때문이다. 예를 들어 넬슨(2018)의 지적처럼 1981년 레이건 대통령 시기부터 현재까지 두 정당 간 정권이 바뀌는 경우 낙태와 관련된 해외 기관의 원조(foreign aid)를 둘러싼 행정 명령이 예외 없이 변경되어 왔다. 공화당 집권 시 중단되고 민주당 정권은 재개하는 형식이다. 전임 오바마 대통령은 취임 첫 해 의료 개혁 입법에 전력을 쏟아 부었고 개혁 입법에 어렵사리 성공하게 된다. 하지만 2010년 첫 중간선거에서 보수 성향 티파티(Tea Party) 운동의 등장으로 인해 참패한 후 의회 주도권을 상실한다. 이후 주목할 만한 입법 성과가 없다. 주로 행정 명령과 행정 합의로 국내 정치 및 외교를 이끌어 갔다. 정반대 성향인 트럼프가 대통령이 되면서 오바마 시대 행정 명령을 대부분 취소 및 철회하였다. 이전 정부 행정 명령의 번복과 폐지는 트럼프 대통령 정치를 대표하는 특징이라고 할 수 있다.

비교적 잘 알려져 있지 않지만 행정 명령 위주인 트럼프 시대 미국 정치의 또 다른 맹점이 존재한다. 간단히 말해 트럼프 대통령이 발동한 행정 명령이 행정부에 의해 제대로 이행되지 않고 있다는 점이다. 물론 환태평양동반자협정(TPP), 이란 핵 협정(JCPOA), 파리기후협정(Paris Climate Change Accord) 등 주요 대외 정책과 관련된 행정 합의(executive agreement)는 대통령 서명으로 탈퇴 및 철회가 이루어졌다. 이에 비해 환경, 이민, 규제, 재정 등 국내적으로 중요한 이슈와 관련된 행정 명령(executive order)의 경우 실질적인 대통령의 권한 범위가 제한적이다. 이미 뉴딜 시대 과도하게 늘어난 행정 권력에 대해 의회가 견제 장치들을 여기 저기 만들어 놓았다. 1946년 의회가 제정한 행정절차법(Administrative Procedure Act)이 대표적이다. 뉴딜 정책 성공의 사활이 걸린 법안이라고도 불릴 만큼 의미가 컸던 정치적 결정이었다.

행정절차법 제정은 뉴딜 시대 의회 역할을 재정립하는 계기가 된다. 앞서 살펴본 대로 경제 위기 극복과 세계 대전 승리를 위해 루스벨트(FDR) 대통령은 행정부 권한 확대를 주도하였다. 이에 대한 미국 의회 및 사회 전반의 우려도 커졌다. 일종의 정치적 양보를 통해 루스벨트 대통령도 재임 당시 행정부 권력과 절차에 대한 조사에 동의한 바 있다. 행정절차법에는 행정 명령을 견제하는 장치들이 담겨 있는데 '고지 및 제언(notice-and-comment)' 규정이 대표적이다. 행정 명령은 반드시 서면으로 공개하고 일반 국민의 의견 수렴을 허용해야 한다는 내용이다. 새로운 행정 명령에 대한 합리적 근거와 내용을 일반에게 고지해야 한다. 관련 당사자들은 각자 이해관계에 따라 수정 제안을 할 수 있다. 행정 명령의 적법성에 대한 사법부 심사(judicial review) 과정도 포함되었다. 현실적으로 이러한 과정을 통해 행정 명령 자체가 번복 혹은 취소되는 경우는 드물다. 하지만 이러한 절차로 인해 시간이 소요된다는 사실이 중요하다. 행정 명령이 제 때 이행되지 않고 지연되는 효과가 발생함에 따라 결과적으로 행정 명령이 실효성을 상실하게 된다. 트럼프가 선포한 국내 이슈 관련 행정 명령들이 단지 선언으로 그칠 가능성도 없지 않다.

트럼프 시대 미국의 제도 정치 현실을 단적으로 보여 주는 또 다른 사례는 2019년 1월 국경 장벽 건설을 둘러싼 트럼프 대통령과 민주당 하원 간의 대립 사태다. 트럼프 대통령은 멕시코와의 남방 국경에 장벽을 세우기 위해 57억 달러 규모 예산을 의회에 요구한다. 2018년 11월 중간 선거를 통해 하원 다수당이 된 민주당은 이를 결사반대하였다. 결국 공화당과 민주당은 연방 정부 운영을 위한 예산 사용 연장 합의에 실패한다. 부분적 연방 정부 폐쇄(government shutdown)가 2018년 12월 22일 자정을 기해 일어났다. 연방 정부 운영이 정지된 상황은 2019년 1월 25일까지 무려 35일간 이어졌다. 미국 역사상 최장 기록이다. 연방 정부의 일상적 업무가 정지되고 상당수 공무원들이 봉급을 받지 못하게 되는 등 정치적 부담이 점점 커지자 트럼프는 민주당과 일단 정부 운영 정상화에 합의하였다.

이후 자신이 새로 제안한 예산 증액 요구도 받아들여지지 않자 트럼프 대통령은 2019년 2월 중순 마침내 국가 비상사태(national emergency)를 선포한다. 이미 정해진 국방부(Department of Defense)의 예산 중 일부를 전용하여 국경 장벽 건설에 사용한다는 것이 핵심이다. 장벽 관련 비용 일체는 멕시코가 지불하게 될 것이라던 선거 운동 당시의 주장과 관련하여 트럼프는 새로운 해석을 내놓았다. 취임 이후 자신이 주도한 북미자유무역협정(NAFTA) 재협상을 통해 멕시코와의 무역 적자가 줄어들었고 경감된 적자 액수가 결과적으로 멕시코가 낸 장벽 비용이라는 주장이다. 트럼프에 비판적인 진보 미디어가 예상대로 트럼프의 허언(虛言)을 집중 공격하였지만 애시 당초 진지하게 받아들인 유권자들이 많지 않았던 만큼 여파는 크지 않았다.

실제로 대통령의 국가 비상사태 선포 권한은 미국 역사상 민감한 주제가 아닐 수 없다. 건국 헌법 제정 당시 로크가 주창했던 비상 대권(emergency power; *gubernaculum*) 논란에서부터 비롯된다. 국가 비상사태 국면에서 대통령에게 초헌법적인 대권(prerogative power)을 부여하여 강력한 리더십을 용인해야 한다는 내용이다. 물론 미국 건국 헌법은 이를 채택하지 않았다. 더구나 제퍼슨 시대 이후 미국의 제도 정치는 급격히 의회와 주(州) 중심으로 전환되었다. 상당 기간 국가 비상사태라 인식될 일도 일어나지 않았다. 실제로 미국 역사상 최초의 국가 비상사태 선포는 1차 세계 대전에 참전하기 직전인 1917년 2월 윌슨 대통령에 의해 이루어졌다. 전쟁 위기가 고조된 상황에서 선박에 대한 국가 관리를 천명한 내용을 담고 있었다.

1950년대 트루먼(Truman) 대통령이 주도하였던 국가 비상사태 선포는 우리에게도 중요한 의미가 있다. 한국 전쟁 와중인 1950년 12월 16일 '2914 선포(proclamation 2914)'를 통해 트루먼은 공산주의 위협에 따른 국가 비상사태가 발생하였음을 공표하게 된다. 모든 국민이 정부의 리더십에 따를 것을 규정한 트루먼 선포는 매우 광범위한 성격을 가지고 있었다.[147] 이에 근거하여 트루먼 대통령은 1952년 4월 상무장관 소이어(Charles Sawyer)에게 한국 전쟁 수행을 이유로 전국의 제철소 운영을 국가가 장악하도록 지시한다. 이는 미국 연방대법원의 위헌

147 2914 선포 중 일부 내용은 다음과 같다. "I summon all citizens to make a united effort for the security and well-being of our beloved country and to place its needs foremost in thought and action that the full moral and material strength of the Nation may be readied for the dangers which threaten us. I summon our farmers, our workers in industry, and our businessmen to make a mighty production effort to meet the defense requirements of the Nation and to this end to eliminate all waste and inefficiency and to subordinate all lesser interests to the common good. I summon every person and every community to make, with a spirit of neighborliness, whatever sacrifices are necessary for the welfare of the Nation." Gerhard Peters and John T. Woolley, *The American Presidency Project* https://www.presidency.ucsb.edu/node/230541

결정에 의해 중지되었다. 잘 알려진 오하이오 주(州) 영스타운 판례다(Youngstown Sheet & Tube Company v. Sawyer). 특히 이 결정은 성실히 법을 수행하도록 헌법이 대통령에게 부여한 관리 조항("take-care clause")에 대한 엄격한 해석으로 유명하다. 헌법 2장 3조 관리 조항이 대통령에게 법 제정 권한까지 허용한 것은 아니라는 중요한 판결이었다.

미국 의회는 1976년 국가 비상사태법(National Emergencies Act) 제정을 통해 대통령의 비상사태 선포 권한을 견제하고자 하였다. 이는 트럼프 사례에도 그대로 적용되었다. 사실 법안 명칭은 다소 오해를 불러일으킬 소지가 있다. 이 법은 국가 비상사태 선포 권한을 대통령에게 부여하자는 취지가 아니다. 반대로 대통령이 선포한 국가 비상사태를 최단 시간에 종결 짓기 위한 의회의 대응을 구체적으로 명시하고 있다. 대통령이 국가 비상사태를 선포하면 의회가 이를 불승인하는 결의안(disapproving resolution)을 통과시킬 수 있다. 특징적인 내용 중 하나는 이에 대한 표결 기간이 정해져 있고 단축되어 있다는 점이다. 의회의 행정부 견제 및 균형 역할에 대해 매우 구체적으로 보장한 예외적 사례다.

2019년 2월 말 민주당이 다수당인 하원은 예상대로 과반수 찬성을 통해 트럼프 비상사태 선포 불승인 결의안을 통과시켰다. 공화당이 다수당인 상원의 결정이 곧바로 주목을 끌게 되었다. 결국 12명의 공화당 상원 의원이 불승인안에 찬성표를 던졌다. 트럼프 대통령의 비상사태 선포에 대한 미국 의회의 반대 의사를 분명히 한 셈이다.[148] 트럼프

148 트럼프의 국가 비상사태 선포에 대해 불승인 표결을 한 공화당 상원 의원들 규모는 작지 않았다. 외양상 소속당 대통령에 대한 반란표로 인식될 수 있었다. 하

대통령도 예상대로 취임 후 첫 거부권(veto) 행사를 통해 자신의 의지를 관철시키고자 하였다. 상원과 하원 공히 2/3 찬성이 필요했던 만큼 결국 의회는 대통령의 거부권 부결(override)에는 실패하였다. 연방대법원이 최종 결론을 낼 수밖에 없는 상황이 되었다. 국경 장벽 건설을 위해 비상사태 선포 권한까지 발동한 트럼프의 행보는 예상대로 예측불허였다. 이후 나타난 의회의 견제, 대통령의 거부권, 사법부의 최종 판단 등은 양극화 맥락에서 어느 새 익숙한 미국 정치의 전개가 되어 버렸다. 더구나 트럼프 대통령이 주도하는 예측 불가능 정책 행보가 전통적인 제도 정치와 부딪치게 되는 사례는 앞으로도 적지 않을 것으로 예상된다.

지만 그 면면을 살펴보면 반드시 그렇지는 않다. 12명 반대 의원들 중 단 한 명인 콜린스(Susan Collins) 의원만 2020년 선거에 나서야 하는 의원이었다. 게다가 콜린스 의원 경우 2016년 대선에서 힐러리가 승리한 메인(Maine) 주 출신이다. 나머지 11명은 2020년 선거에 나가지 않는 의원들이었다. 후보 선출을 위한 경선(primary) 과정에서 트럼프 충성파들로부터 트럼프 반대에 대한 공격을 당장은 받지 않아도 되는 경우였다. 다시 말해 12명 반대를 트럼프의 공화당 내 영향력 쇠퇴로 보는 것은 다소 무리다.

4장

정당 정치: 동시 분열 이슈와 양극화 시대 정당 경쟁 구도 변화

앞서 3부에서는 분열 이슈(wedge issue)에 관한 이론과 사례에 대해 살펴보았다. 다수파와 소수파가 경쟁하는 정당 정치 구도를 전제로 하였다. 양당제를 중심으로 한 미국 정치 맥락에서 다수파는 내부 분열의 가능성을 안고 지배 연합으로 등장한다. 다수파 지배 연합이 새로 짜는 미국 정치의 판을 스코우로넥(Skowronek 1997)은 “재건 정치(Politics of Reconstruction)”라고 불렀다. 이후에 전개되는 “공고화 시대(Politics of Articulation)”는 지배 연합의 전성기를 가리킨다. 하지만 단합된 소수파가 점차 효율적으로 갈등 구도를 확대하면서 지배 연합의 내부 분열이 드러나게 된다. 종종 국제 이슈가 소수파의 주목을 받은 갈등 이슈로 나타나기도 한다. 이 과정에서 국제 이슈의 미국 정치화(Americanization) 상황이 연출되며 다수파의 내부 분열 이슈로 작동하기도 한다.

그렇다면 정치 양극화가 심화되고 있는 상황에서도 분열 이슈 이론이 그대로 적용될 수 있을까? 민주당과 공화당이 50 대 50의 백중세를 보이는 양극화 시대는 다수파-소수파 구도와는 다소 거리가 있어 보인다. 어느 정당도 지배 연합으로 등극하지 못한 채 대립과 갈등만 증폭되는 상황이다. 구체적으로 정치 양극화는 우선 정당 내 단합을 특징으로 한다. 정당 지도부의 영향력과 소속 의원들 사이의 동질성이 동시에 커졌다. 중도 성향을 가진 무당파(independents) 유권자들이 점점 줄어들고 있고 지지 기반 위주의 정치는 가속화되고 있다. 현역 의원이 초당파적 의견을 제시하더라도 당내 단합을 저해하는 것으로 비친다면 곧바로 소셜 미디어(social media) 공격에 노출된다. 이념 편향적 라디오 진행자들도 합세한다. 결국 다음 선거를 위한 예비 경선에서 탈락할 각오를 할 수 밖에 없다. 또한 정치 양극화는 거의 모든 이슈에 걸쳐 두 정당의 입장 차이가 명확해졌음을 뜻한다. 쉽게 말해 어느 정당도 확실한 다수파 지배 연합으로 등극하지 못하고 있다. 대신 대통령이 현직 프리미엄을 이용해 재선에 성공하는 시대가 정당을 번갈아 가며 진행 중이다.[149] 다수파 내부를 분열시키고 소수파를 단합시키는 분열 이슈(wedge issue)가 양극화 시대에도 적실성을 가지는지 검토가 필요하다.

우선 이슈 성격과 정당 구도의 상관성에 대해 체계적으로 분류해

149 1993년부터 8년간 클린턴 대통령, 2001년부터 8년간 부시 대통령, 2009년부터 8년간 오바마 대통령이 재임한 시기, 즉 현직 대통령이 재선에 성공한 사례가 세 차례 연속 이루어진 경우는 미국 역사를 통틀어 딱 한 번 전례가 있다. 1801년부터 1825년까지 24년간 소위 버지니아 왕조(Virginia Dynasty)라고 불린 제퍼슨, 매디슨, 먼로 대통령이 세 차례 연속 재선에 성공한 현직 대통령들이다.

보자. 초당파적 이슈, 당파적 이슈, 분열 이슈, 동시 분열 이슈 등 네 가지 경우를 상정해 볼 수 있다. 앞서 3부와 마찬가지로 중국 관련 정책으로 사례를 들어 본다면 첫째, 초당파적 이슈(bipartisan issue) 경우 공화당과 민주당 두 정파 간 입장 차이가 없거나 혹은 논쟁이 불필요하여 쉽게 합의되는 이슈다. 냉전 시기에 공산주의에 반대하는 내용 혹은 동맹을 보호하는 내용의 법안 경우 쉽게 초당파적 합의가 이루어졌다. 클린턴 2기 행정부 마지막 해인 2000년에 중국에 대한 영구적 최혜국대우(Permanent Normal Trade Relations) 지위 부여 법안이 어렵사리 의회를 통과하였다. 이후에도 빈번히 중국 이슈와 관련된 의회 활동은 지속되어 왔다. 특히 인권 신장, 무역 관행, 지적 재산권 보호 등 중국을 견제하기 위한 법안 대부분이 초당파적 지지를 받고 있다.[150]

둘째, 당파적 이슈(partisan issue)는 민주당과 공화당이 첨예하게 대립하는 이슈를 가리킨다. 정당 양극화 시대에 쉽게 등장하는 현상이다. 2005년 아들 부시 행정부 당시 중국의 환율 조작 논란을 둘러싸고 당파적 대립이 발생하였다. 민주당 카딘(Cardin, D-MD) 의원은 공화당의 반대를 무릅쓰고 매우 강경한 입법 조치를 시도한다. 미국 무역대표부(USTR)로 하여금 중국이 환율 조작 국가인지 조사하여 대응할 것을 강제하는 법안을 발의하였다. 전통적 공화당 정권인 부시 행정부에게 큰 정치적 부담을 안기는 내용이었다. 공화당 227명 의원이 반대표를

150 특히 초당파적 합의는 미국 대통령 외교 정책 리더십과 책무감(commitment)을 위해 중요하다는 연구들이 적지 않다. Kenneth A. Schultz. 2017. "Perils of Polarization for U.S. Foreign Policy," *The Washington Quarterly* 40(4): 7–28; Peter Trubowitz and Peter Harris. 2019. "The End of the American Century?: Slow Erosion of Domestic Sources of Usable Power," *International Affairs* 95(3): 619–639

던졌고 반대로 민주당은 194명이 찬성이었다. 중국 문제와 관련된 당파적 대립을 극명하게 보여주는 사례다.

셋째, 분열 이슈(wedge issue)는 앞서 살펴 본 대로 한 정당(주로 소수당)을 내부적으로 결속시키고 경쟁 정당(주로 다수당)을 분열시키는 이슈다. 2000년에 중국의 최혜국대우(MFN) 논란이 종결된 이후 중국과의 경제 교류와 관련된 미국 내부의 정치적 비판은 중국 정부의 환율 조작(currency manipulation) 가능성 여부에 집중되었다. 위안화의 인위적 평가 절하를 통해 중국 수출품의 국제 가격을 낮춤으로써 미국 제조업의 경쟁력이 크게 훼손되고 있다는 의구심이 그 배경이다. 보조금 지급 등 불공정 무역 관행에 대한 시비 또한 이어졌다. 2010년 9월 오바마 1기 행정부 당시 미국 의회는 중국 정부의 보조금 지원 물품에 대한 수입 관세 부과 권한을 상무부에 일임하는 법안을 밀어붙였다. 공화당은 내부적으로 분열하게 된다. 중국 정부가 만일 보복 관세로 대응한다면 미국 기업이 피해를 볼 가능성에 대해 공화당 내 일부 그룹이 염려하였다. 표결 결과는 공화당 찬성 99명 반대 74명으로 단합된 대응과는 거리가 멀었다. 반대로 중간 선거를 앞두고 민주당은 내부 단합을 과시하였다. 249명이 중국 견제 법안에 찬성하였고 단지 5명만이 반대하였다. 한 가지 주목할 점은 당시 백악관과 의회를 모두 장악한 정당은 민주당이었고 중국의 보조금 관행을 견제하려는 법안에 대해 민주당은 단합하였다는 사실이다. 다수당 지배 연합을 교란시키는 분열 이슈 속성과는 맞지 않는 현상이 양극화 시대에 종종 벌어진다고 볼 수 있다.

넷째, 따라서 동시 분열 이슈(cross-cutting issue)를 정당 양극화 시대에 주목할 필요가 있다. 분열 이슈(wedge issue)는 한 정당만 분열시키는 반면 동시 분열 이슈는 공화당과 민주당 모두를 내부적으로 갈라놓는다. 예를 들어 1989년 천안문 사태 이후 이에 대한 응징 차원에서 미국과 유럽 연합(EU)은 중국에 대해 무기 수출을 금지하고 통상 제한 조치를 취해 왔다. 시간이 흐른 뒤 2005년 유럽 연합은 태도를 바꾼다. 미국의 반대에도 무릅쓰고 중국에 대한 무기 수출을 재개하기로 결정하였다. 미국 의회는 이에 크게 반발하였다. 특히 미국 하원 외교위원회 하이드(Hyde, R-IL) 위원장은 어떤 유럽 국가가 중국에 무기 수출을 하는지 조사하여 대통령이 의회에 보고하도록 규정하는 법안을 제출한다. 국제 이슈와 관련하여 행정부 영역에 구체적으로 개입하는 법안에 대해서는 통상적으로 대통령이 반대해 왔다. 당시 부시 대통령도 예외가 아니었다. 표결은 진행되었고 정치 양극화 시대에 보기 드문 현상이 발생하게 된다. 공화당 118명 찬성과 106명 반대, 민주당 96명 찬성과 97명 반대 표결이 이루어졌다. 양극화 시대에 흔히 나타나던 정당 내부의 단합 양상과는 전혀 다른 결과였다. 찬성 이유는 중국에 대한 견제부터 부시 대통령 발목잡기까지 다양하였다. 반대 이유도 대통령의 외교정책 권한을 제한할 수 있다는 우려부터 EU 국가만 적용하는 것에 대한 불만까지 제각각이었다. 이처럼 두 정당 내부를 한꺼번에 분열시키는 이슈를 동시 분열 이슈라고 구분해 볼 수 있다.

〈그림 26〉은 분열 이슈(wedge issue)와 동시 분열 이슈(cross-cutting issue) 사이의 차이를 보여준다. 네모 크기는 정당 규모를 나타내고 선은 대립 양상(cleavage line)을 표시한다. 왼쪽 그림은 분열 이슈와 정당 정치 구도다. 지배 연합은 내부적으로 다수파 A와 소수파 A*로 분열

된 상태다. 단합된 소수당 B가 같은 입장을 가진 다수파 내부의 소수파 A*와 연합을 시도하는 정당 구도다. 결과적으로 A*+B의 정치적 연합은 다수당 내 다수 그룹인 A를 견제하거나 그 자체로 일시적 다수 연합이 된다. 이에 비해 오른쪽 그림은 동시 분열 이슈 상황을 묘사하고 있다. 50대 50으로 대립하는 양극화 시대에 두 정당은 그 규모가 비슷하다. 그런데 두 정당 모두의 내부 분열을 불러일으키는 동시 분열 이슈가 존재한다. A+B 와 A*+B*가 발생하는 경우다. 양극화 시대에는 주로 당파적 이슈(partisan issue)가 지배적인 점을 고려해 볼 때 예외적인 상황이 아닐 수 없다.

〈그림 26〉 분열 이슈 vs. 동시 분열 이슈

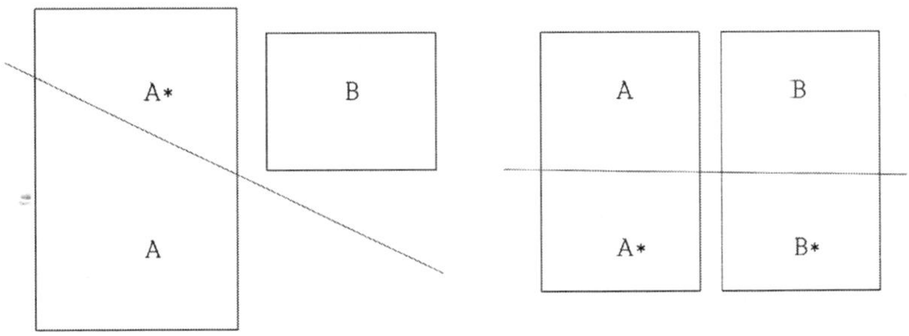

동시 분열 이슈는 양극화 시대의 미국 정치와 외교를 이해하는데 중요한 단서를 제공한다. 다수당-소수당 정당 구도 하에서는 분열 이슈가 정당 재편성과 정치 변화에 영향을 미쳤음을 앞서 확인하였다. 하지만 공화당과 민주당 중 어느 한 정당도 확실한 정국 주도권을 가지지 못한 상황, 즉 양극화 시대에는 동시 분열 이슈의 영향이 상이하다. 정책 변화보다는 입장 표명(position-taking) 중심의 정치 현상이 더욱 빈번해진다. 양보와 협상을 통한 입법(law-making)의 어려움이 양극화 시

대 특징이다. 더구나 양극화 시대에는 의원들이 입장을 명확히 정해야 하는 이유가 이전보다 더욱 분명하다. 재선(reelection)이 최고 목표인 의원들에게는 자신의 지역구 혹은 자금 지원 그룹이 원하는 정책 입장을 취하는 것보다 중요한 일은 없다. 보통 의회가 입법에 성공하거나 혹은 실패하는 경우 주로 정당의 집단적 결정으로 간주된다. 역설적으로 의원 개개인이 우려하는 정치적 비난은 입법 패배와는 크게 관련이 없다. 잘못된 입장을 표명한 경우가 치명적이 된다. 다시 말해 소수당 의원인 경우 다수당이 주도하는 입법을 막지 못했다고 비난받는 일은 거의 없다. 그런데 소수당 의원이 지역구 의사에 반해 다수당 법안에 찬성하는 경우 이는 잘못된 선택으로 크게 비난받는다. 재선이 물 건너간다. 결국 입법 못지않게 입장이 의원에게는 중요하다.[151] 양극화 시대에 주로 대외 정책의 변화가 이루어지기보다는 현상이 유지되는 또 다른 이유 중 하나다.

동시 분열 이슈와 관련하여 또 다른 중요 변수는 대통령의 외교 정책 리더십이다. 대통령은 자신이 주도하는 대외 정책 결정의 국내 정치적 성공에 대해 민감할 수밖에 없다(Trubowitz and Seo 2012). 그런데 국제 이슈가 동시 분열적 성격을 내포하는 경우 선불리 리더십을 발휘하기 어려워진다. 우선 의회 내 정당 구도 상 확실한 다수파 지지를 확보

151 이와 관련 메이휴(Mayhew 1974, 117)의 지적은 흥미롭다. "We can all point to a good many instances in which congressmen seem to have gotten into trouble by being on the wrong side in a roll call vote, but who can think of one where a member got into trouble by being on the losing side?" 결국 의원 개인에게 문제 되는 것은 잘못된 편(wrong side)에 서는 것이고 지는 편(losing side)에 서는 것은 크게 문제되지 않는다는 점을 지적하고 있다. 의원의 의정 활동 동기와 관련하여 매우 중요한 시사점이 아닐 수 없다.

하기가 쉽지 않다. 대통령 소속당 또한 양분되어 있는 상황에서 자기 정당의 내부 분열을 부추길 수도 있다. 자칫 잘못하면 대통령 리더십이 손상되고 향후 정국 운영의 주도권을 상실하게 될 수도 있다. 결국 새로운 외교 정책을 적극적으로 추진하기는 어려워진다. 이러한 경우 대통령은 대외 정책을 주도하기보다 관망하는 편이 낫다고 판단할 수 있다.[152] 정당 지도부 상황도 비슷하다. 정당 전체 차원의 정책 선호가 통일되지 않는 가운데 특정 외교 정책 사안에 대해 입장을 정했다가 자칫 당내 분란이 생길 수 있다. 양극화 시대에 내분을 노출하는 정당 이미지는 지도부에 치명적이다. 차라리 정당 구성원들이 각자 입장 표명을 하도록 눈감아주는 편이 낫다고 판단할 수 있다. 결론적으로 대립과 갈등의 양극화 시대에 대통령, 정당 지도부, 의원 개개인 모두 새로운 정책 추구에 부담을 가지게 된다. 정책 결정이 아닌 입장 표명 위주의 정치로 흘러갈 수밖에 없는 형국이다.

2005년에 벌어진 중국 내 원자력 공장 건설과 관련된 미국 의회의 논란은 이러한 상황에 대한 예시다(Seo 2017).[153] 영국 회사 웨스팅하우스(Westinghouse Electric Corporation)는 중국에 원자력 공장을 짓기 위

152 트루보위츠와 해리스(Trubowitz and Harris 2019, 623)는 외교 정책에 대한 국내 지지를 얻기 위해 대통령이 할 수 있는 다양한 시도를 다음과 같이 분류한다. 유화책(appeasement), 양보(concessions), 권한 공유(power-sharing), 야당 분열(splitting the opposition), 손발 묶기(tying of hands), 주고받기(log rolls), 야당 인사 내각 포함(appointment of opposition politicians to cabinet-level positions) 등이 그 예다. 두 정당 모두 내부적으로 입장 정리가 안 되는 경우 대통령의 이러한 시도들과 어떤 관련이 있는지 연구가 더욱 필요하다.

153 부시 행정부 시대 미국 의회의 중국 대응에 관한 연구는 다음을 참조할 수 있다. 김재철. 2009. "미국 의회의 중국 비판과 미-중 관계: 부시 행정부 시기를 중심으로"『국제정치논총』 49(4): 85-105

해 미국의 수출입 은행(Export-Import Bank)에 50억 달러 규모의 융자를 신청하였다. 무역 적자와 환율 조작 등 중국 이슈에 민감해져 있던 차에 미국 유권자들의 세금이 중국의 원자력 공장(nuclear power plants) 건설에 투입되는 상황은 곧바로 의회 내 논란을 일으켰다. 공화당 내부는 전통적인 시장 친화 그룹과 중국에 반감이 큰 중서부 보수 그룹으로 입장이 갈리게 된다. 민주당 경우도 중국에 적대적인 보호 무역주의자들과 중국을 국제 사회로 포섭하려는 유화적인 그룹으로 인해 당 차원의 입장을 정하지 못하였다. 한편 백악관의 입장도 애매하였다. 테러와의 전쟁 와중에 중국과의 관계 개선을 중시하던 부시 대통령이었지만 반(反)중국 정서를 무시할 수도 없었다. 따라서 부시 대통령은 공개적인 입장(presidential position) 표명을 하지 않는 쪽으로 입장을 정하게 된다. 양당 지도부 또한 소속 의원들에게 뚜렷한 표결 지침을 주지 못했다. 거의 모든 이슈에 걸쳐 적극적으로 입장을 표명하고 지지세를 결집하던 기존의 지도부 모습은 보이지 않았다. 양극화 시대에 전형적인 미국 정치 양상이 돌변하였는데 동시 분열 이슈 상황의 전개였다.

이러한 맥락에서 종종 발생하는 현상이 '희귀 연합(strange bedfellows)' 결성이다. 실제로 중국 내 원자력 공장의 건설을 적극적으로 반대하고 나선 의회 세력은 양극화 시대에 보기 드문 정치적 연합이었다. 하원에서는 무소속 샌더스(Sanders, D-VT) 의원과 공화당 로라베이커(Rohrabacher, R-CA) 의원이 공동 전선을 구축하여 수출입은행의 대출을 반대하였다. 사회 민주주의자로 불릴 만큼 진보적인 의원과 공화당의 극우 보수 의원이 손을 맞잡은 셈이다. 이는 양극화 시대 거의 불가능한 조합이었다. 상원도 마찬가지였다. 노조 대변자로 명성을 날리던 캘리포니아의 진보파 박서(Boxer, D-CA) 의원과 보수 오클라호마 출신으로 균형 예산 원칙론자인 코번(Coburn, R-OK) 의원 간 연합이 만들어졌다. 이들은 웨스팅하우스 융자를 금지하는 취지의 법안에 공동 발의자로 참여하였다. 자세히 살펴보면 이들 반(反)중국 성향의 '희귀 연합' 구성원들은 각자 상이한 동기를 가지고 있었다. 보호 무역을 주장하거나 종교의 자유를 촉구하거나 노조 입장을 대변하거나 재정 건전성(fiscal responsibility)을 옹호하는 등 중국 원자력 공장에 대한 융자를 반대하는 의원들의 이유는 제각각이었다. 이유를 불문하고 양극화 시대에 평소 대화조차 꺼리던 의원들이 공동 목표를 위해 연합한 것은 특이 사항이 아닐 수 없다.

이처럼 중국을 견제하려는 '희귀 연합'의 결성 그 자체는 주목할 만한 현상이지만 이들의 역할은 결국 정책 결정이 아닌 입장 표명에 그쳤다. 〈그림 27〉에서 확인 되는대로 논란과 관련하여 하원과 상원은 기존의 중국 정책을 둘러싼 입장 차이를 다시 한 번 보여주었다. 중국 내 건설될 원자력 공장을 위한 미국 수출입은행의 융자를 금지하려는 내용의 법안에 대해 하원에서는 공화당 분열(139명 찬성, 88명 반대)/민주당 단합(173명 찬성, 26명 반대)이 이루어지면서 통과되었다. 하지만 반(反)중국 법안은 상원의 높은 벽을 다시 한 번 절감하게 된다. 공화당은 단합하여 반대하였고(14명 찬성, 41명 반대) 민주당은 분열(23명 찬성, 20명 반대)하여 결국 부결되었다. 중국에 원자력 공장을 건설하려는 영국 회사에 대한 미국 수출입 은행의 융자는 결국 그대로 진행되었다. 의회는 역시 새로운 결정을 만드는데 실패하였고 다만 의원들은 각자의 입장 표명에 성공하였다. 미-중 관계에 미친 실질적 영향은 현상 유지였다.

〈그림 27〉 중국 원자력 공장 건설 융자를 금지하는 의회 표결(2005년)

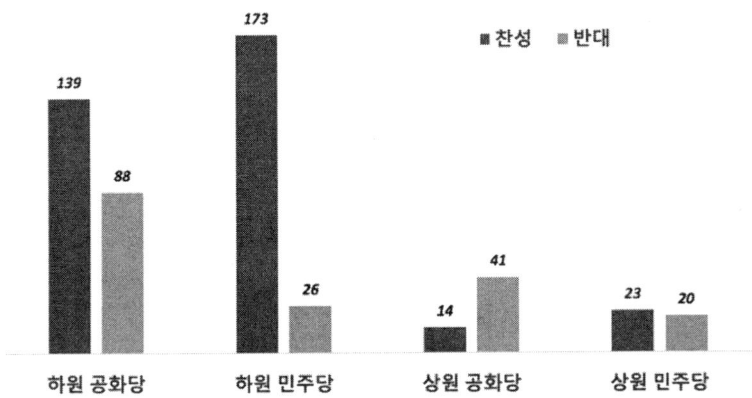

출처: wwww.govtrack.us

결론적으로 중요한 점은 분열 이슈 및 동시 분열 이슈를 둘러싼 정당 간 대립 양상이 그대로 유지되는지 혹은 추후에 변화하는지 여부라고 할 수 있다. 앞서 설명한 이슈 중심의 정당 협력 및 경쟁 구도는 일종의 스냅 샷(snap-shot) 분석이라고 보는 것이 타당하다. 특정 시점에서 이슈가 분열적 혹은 동시 분열적 성격을 가지고 있을 때 그에 따른 정당 경쟁 구도를 설명한 내용이다. 그런데 정당 경쟁 과정에서 분열 이슈가 정리되어 초당파적 이슈로 변할 수 있다. 혹은 당파적 이슈가 시간이 흐른 뒤 동시 분열 이슈로 전환되는 경우도 가능하다. 이 가운데 특히 중요한 변화는 동시 분열 이슈가 전환되는 경우라고 할 수 있다. 두 정당 모두 분열되어 있던 상태에서 만일 한 정당이 해당 이슈와 관련하여 내부 단합에 성공한다고 가정해 보자. 여전히 분열되어 있는 상대 정당을 전략적으로 공략하기 수월해진다. 다시 말해 지역구 상황의 변화 혹은 새로운 유권자의 유입 혹은 대외 관계 충격 등 다양하고 가변적인 변수들로 인해 동시 분열 이슈의 성격이 달라질 수 있다.

21세기 들어 정치적 중요성이 점점 커지고 있는 이민(immigration) 정책을 예로 들어 살펴보자. 이민 이슈는 원래 동시 분열 이슈에 가까웠다. 우선 민주당이 내부적으로 분열되어 있었다. 노동조합 친화적인 민주당 내부 그룹에게 해외로부터 유입된 노동자들의 존재는 부담스러웠다. 강경한 이민 정책을 선호함으로써 국내의 미국인 노동자들을 보호하려 하였다. 또 다른 민주당 당내 그룹은 소수 인종이나 외국인들을 보호하기 원했다. 개방적 이민 정책을 선호하였다. 당내 분열 이슈였던 셈이다. 그런데 점차 외국인 노동자들과 미국인 노동자들 간 노동력의 성격이 다르다는 것을 발견하게 된다. 예를 들어 호텔 청소 등 주로 서비스 업종에서 일하는 외국인 노동자들과 자동차 공장 등 주로 생산직에 종사하는 미국인 노동자들 사이에 직접적인 이해관계 충돌 가능성이 낮아졌다. 결국 노조에 가까운 당내 그룹도 완화된 이민 정책을 선호하고 해외 노동자 보호에 동참하게 된다. 이민 노동자들의 지지를 확보함과 동시에 당내 단합도 이루게 되었다. 이에 반해 공화당의 경우 이민 이슈는 여전히 당내 분열 이슈로 남아 있다. 시장-기업-농업 친화 그룹과 법치주의 원칙을 강조하는 사회적 보수 그룹 간 대립이 해결되지 못하고 있다.

결과적으로 두 정당의 내부 단합을 어렵게 만들었던 동시 분열 이슈로서의 이민 정책은 그 이슈 성격이 변화하였다. 민주당 내부의 사정 변경으로 인해 더 이상 동시 분열 이슈가 아닌 분열 이슈로 전환되고 있다. 흥미로운 점은 트럼프 시대에 공화당 내부의 친(親)이민 그룹이 점점 정치적 수세에 몰리고 있다는 점이다. 국경을 강화하고 불법 이민자들을 추방하자는 목소리는 폭스 뉴스(Fox News) 등 보수 언론을 매개로 당내에서 더욱 힘을 얻고 있다. 프라이머리를 통해 친(親)트럼프 의원들로 계속 채워질 경우 공화당은 반(反)이민 성향으로 결국 입장을 정리하게 될 가능성이 크다. 부시 행정부 당시 라티노 유권자들을 끌어들어야 한다는 주장이 거셌지만 이제는 거의 찾아보기 어렵다. 무엇보다 2016년 대선을 통해 저소득–저학력 백인 유권자라는 새로운 지지 집단을 발견했기 때문이라고 볼 수 있다. 어렵사리 타협점을 찾는 데 성공해 왔던 미국의 이민 이슈가 마침내 두 정당 간 입장이 확연히 갈리는 당파적 어젠다로 부각될 확률이 커진 셈이다. 따라서 대통령 선거를 통해 어느 한 쪽으로 국민적 선택이 이루어진다 하더라도 양극화가 지속되는 한 의회 내 타협은 쉽지 않을 전망이다. 물론 그 이전에 특정 정당의 일부 세력이 단합된 상대 정당과의 연합 전선을 통해 점진적 정책 변화를 이루어 낼 가능성 또한 배제할 수는 없다. 결국 두 정당 간 경쟁 구도를 통해 이슈의 파급 효과가 달라진다는 점에 주목해야 한다.

5장
트럼프 시대 대외 정책–국내 정치의 연관성 특징

트럼프 시대에 나타나는 미국 민주주의와 대외 정책의 상관성은 어떤 특징을 가지고 있을까? 먼저 트럼프 이전까지 진행되어 온 미국 정치와 외교의 큰 흐름에 대해 이해할 필요가 있다. 냉전 초기 형성된 초당파적 냉전 합의는 대략 1960년대까지 지속된다. 적극적인 정부 정책을 통해 안보(guns)와 복지(butter)를 동시에 이루어 낼 수 있다는 국민적 믿음과 정치적 합의가 유지되었다. 1960년대 말부터 미국 국민들이 파악하기 시작한 베트남 전쟁의 실패는 미국 정치와 사회 전반에 큰 충격과 혼란을 안기게 된다. 냉전 합의 기반 또한 급속히 허물어졌다. 이 와중에 공화당은 균형 예산만을 중시하던 아이젠하워 정당에서 변신한다. 레이건 대통령을 필두로 하여 국제주의(internationalism) 및 세금 인하(tax–cut) 정당으로 재편된다. 동시에 민주당의 경우 안보 대신 복지를 선택한 진보파 의원들이 당을 장악하게 되고 점차 무모한 국제 이슈

개입을 반대하는 정당으로 탈바꿈한다. 1980년대 후반 결국 소련이 해체되고 냉전 종식을 업적으로 인정받게 되면서 공화당의 국제주의 리더십은 국내적으로 공고해 진다. 1991년 1차 걸프 전쟁 승리로 정점을 찍은 공화당 주도의 적극적 대외 정책은 이후 경제 침체를 틈탄 민주당 클린턴 후보의 대선 승리로 다시 타격을 입게 된다. 냉전이 끝난 후 평화 지분(peace dividend)에 대한 요구가 본격화되는 계기였다. 국방과 외교 보다는 복지, 보험, 교육, 환경 등 국내 문제가 일반 유권자들의 주된 관심사로 등장하게 된다.

한편 1990년대 클린턴 대통령은 냉전 이후 미국 외교의 큰 그림을 확정하지 못한다. 경제는 유례없는 호황이었고 소련은 붕괴된 상황에서 미국의 대전략(American grand strategy) 노선을 구체화하는데 실패한 셈이다. 대외 정책이 혼선을 빚는 사이 2001년 9/11 사태가 발생한다. 미국 본토가 공격 받고 뉴욕에서 3천명 이상이 희생된 참극이 벌어졌다. 공화당 부시 대통령의 임기 첫 해 발생한 9/11 테러는 2000년대 공화당으로 하여금 글로벌 리더십에 다시 관심을 집중하도록 만든다. 부시 행정부는 즉각적인 아프가니스탄 침공으로 보복 전쟁에 나섰고 2003년에는 이라크 전쟁을 통해 결국 사담 후세인을 축출하며 성공을 거두는 듯 보였다. 하지만 2005년 이후 이라크 전쟁이 종파(宗派)간 내전으로 비화되면서 미국의 입지는 크게 약화된다. 결국 이라크 전쟁은 실패로 끝났고 대규모 금융 위기까지 겹치면서 공화당은 2008년 오바마(Obama)에게 정권을 넘겨주게 된다.[154] 이에 미국 국민들은 대통령

154 부시 행정부 당시 네오콘(Neocon) 관련 인물들의 이전 배경과 외교 정책 결정에 대한 구체적 분석은 다음을 참조할 수 있다. James Mann. 2004. *Rise of the*

이 국내 문제 해결에 주력할 것을 다시 한 번 기대하였다. 임기 초반 의료 보험 개혁에 가까스로 성공한 이후 중간 선거에서 티파티(Tea Party) 등장으로 참패를 맛 본 오바마는 임기 후반으로 갈수록 국제 문제에 다시 관심을 쏟게 된다(손병권 2012). 다시 말해 이념 경쟁 시대가 마감되었음에도 불구하고 미국은 일정 정도 자유주의적 국제주의 외교 정책을 유지해 왔다. 결국 2016년 미국 대선은 이에 대한 부적격 판정의 결정판으로 해석될 수 있다.

트럼프 시대의 가장 큰 특징은 반(反)국제주의자 공화당 대통령의 등장이다. 2차 세계 대전 이후 미국이 글로벌 리더십 국가로 부상한 이래 전무후무한 상황이다. 선거 당시에는 자유무역과 국제협상을 비판하던 후보들도 대통령 당선 이후에는 대부분 국제주의자로 변신하여 온 것이 미국 대통령제 역사다. 아버지 부시(Bush 41)의 유약한 중국 정책을 선거 당시 호되게 비판하던 클린턴 후보도 1993년 취임 이후 중국과의 자유 무역을 적극적으로 옹호하게 된다. 더구나 임기 마지막 해에는 당내 반발까지 무릅쓰며 중국의 세계무역기구(WTO) 가입을 위한 국내 법안 제정을 밀어붙이기도 하였다. 아들 부시(Bush 43) 행정부도 테러와의 전쟁 및 민주주의 확산을 명분으로 이라크 전쟁을 벌임으로써 국제주의자 면모를 과시하였다. 임기 후반에는 북한과의 6자 회담을 통해 북한 비핵화를 위한 국제 사회 공조를 모색하기도 하였다. 핵 없는 세계와 기후 변화 협력을 위해 해외 지도자들과 협력하였던 오바마 대통령도 예외가 아니다. 1기 행정부 당시인 2011년에는 한국과의

Vulcans: The History of Bush's War Cabinet. (New York: Penguin Books)

자유무역협정(KORUS FTA)에 대한 의회 승인을 적극적으로 주도하였다. 유엔 안전보장이사회 상임이사국들 및 독일과의 협력을 바탕으로 이란 핵 협정(JCPOA) 또한 성사시켰다(Kwon 2016).[155] 결국 캠페인 당시 이민 제한과 보호 무역을 강력하게 외치던 후보가 당선 이후에도 철저하게 공약을 지키고 있는 경우로는 최근 미국 역사에서 트럼프 대통령이 최초라고 볼 수 있다.

이슈 영역별로 구체적으로 살펴보자. 가장 주목할 분야 중 하나는 통상 이슈다. 오바마 대통령 시기까지만 해도 전통적 자유무역 세력인 공화당과 보호무역 선호 정당인 민주당 사이의 입장 차이가 확연하였다. 〈그림 28〉은 오바마 1기 행정부 당시 한미 자유무역협정 표결(2011년)과 2기 행정부 시기 환태평양동반자협정(TPP) 타결을 위한 무역촉진권한 표결(2015년) 상황을 비교한 내용이다. 두 사례 모두 주로 공화당은 찬성, 민주당은 반대하는 경향이 비교적 명확하다. 또한 하원에 비해 상원이 자유 무역에 보다 호의적임을 알 수 있다(Shoch 2001, Karol 2007).[156] 미국 국내 정치가 기존에 보여 주던 통상 문제 접근법이다. 트

155 이란 핵포기와 제재 해제 관련 JCPOA가 고안해 낸 방식은 스냅백(snapback)이다. 독특한 제재 재개 방식이다. 이란이 만일 비핵화 약속을 어기면 제재가 자동으로 다시 부과되는 시스템인데 안전보장이사회의 거부권을 무력화한 것이 특징이다. P5+1 중 어느 한 나라가 (예를 들어 미국) 이란 비핵화가 불충분하다고 판단하면 분쟁 해결 기구에 문제 제기를 한다. 이란이 제대로 비핵화 중이라는 사실이 문제 제기 후 30일 이내에 입증되지 못하면 제재가 자동적으로 다시 부과된다. 제재 재개를 막으려면 안전보장이사회 표결이 필요하다. 이 경우 애초에 문제를 제기한 미국이 거부권을 행사할 수 있다. 결국 스냅백은 제재 재개 및 거부권 행사와 관련하여 이란에 가장 적대적인 미국에 유리하도록 설계된 시스템이다. 북한 비핵화 관련 스냅백은 유엔제재와 관련하여 적용될 가능성이 있다. 하지만 대북 제재는 주로 의회가 통과시킨 미국 국내법에 규정된 사항도 많다. 이 경우 스냅백은 필요 없다.

156 James Shoch. 2001. *Trading Blows: Party Competition and U.S. Trade Policy in a*

〈그림 28〉 무역촉진권한 표결을 둘러싼 공화당-민주당 차이, 2015

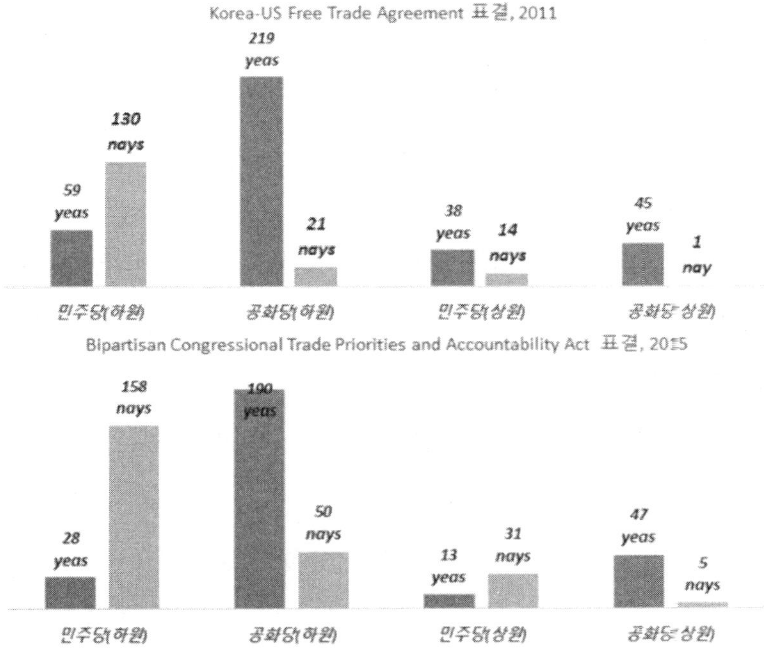

출처: 서정건, 최민진(2017, 183)

럼프 대통령 시대에 들어와서 상황이 복잡해졌다. 공화당 대통령이 보호무역을 주도하고 중국과 통상 전쟁을 벌이고 있다. 민주당은 공화당 대통령의 보호 무역 리더십에 찬동해야 하는 형국이다.[157] 물론 공화당

Globalizing Era (Chapel Hill: University of North Carolina Press); David Karol. 2007. "Does Constituency Size Affect Elected Officials' Trade Policy Preferences? *Journal of Politics* 69(2): 483-494

157 이는 민주당 클린턴 대통령이 2000년 중국에 영구적 최혜국 대우를 부여하는 법안 통과를 추진할 때와 일종의 반대 상황으로 볼 수 있다. 당시에는 당내 분열 이슈를 밀어붙이는 민주당 대통령에게 공화당이 전폭적인 지지를 보낸 상황이었다. 큰 차이는 클린턴 경우 입법(H.R. 4444) 정치였고 트럼프 경우 행정 명령 상황이라는 점이다. 만일 트럼프 시대 중국과의 무역 전쟁이 의회 입법 차원에서 벌어진다면 예측이 간단치는 않다. 공화당 내 자유무역 옹호 의원들의 반대가 어느 정도 구체적이고 단호할지 가늠하기 쉽지 않기 때문이다.

대통령이 주로 관세 부과 행정 명령을 통해 보호 무역 정책을 주도하고 있는 상황이긴 하다. 의회 내 표결로 확인할 수 있는 무역 관련 정당 입장의 변화라고 속단하기는 어렵다. 다만 2020년 대선을 반드시 이겨야 하는 민주당 입장에서 트럼프에게 무역 이슈 주도권을 빼앗긴 것은 분명해 보인다.

안보 분야도 국내 정치적 구도는 크게 다르지 않다. 이란, 러시아, 중국, 북한 등에 대해 오바마 대통령 시기까지는 주로 공화당이 강경 대응을 주장해 왔다. 공화당은 오바마 대통령의 이라크 철군에 대해 전략적 실수라고 몰아붙였다. 시리아 및 리비아 사태와 관련하여 국제 공조를 중시한 오바마 대통령을 두고 '뒤에서 이끌기(leading from behind)'라는 표현을 개발하여 비아냥거렸다. 대화 및 협상을 선호하는 민주당과의 차이가 분명했다. 민주당은 2015년 오바마의 이란 핵 협정 타결에 대해 전폭적 지지를 보냈다.[158] 파리(Paris) 기후협정을 위해 중국의 시진핑과 담판하는 오바마 대통령의 리더십을 칭송하였다. 트럼프 시대에는 대통령의 안보 정책에 대한 두 정당의 입장이 애매해졌다. 거래의 달인을 자처하는 공화당 대통령이 북한 독재자와 직접 협상에 나서는 상황이 발생하였다. 소속당 대통령의 예상 밖 행보에 대해 공화당은 적어도 겉으로는 지지를 보내고 있다. 반(反)트럼프로 똘똘 뭉친 민주당도 북한 비핵화 협상에 대해서는 원칙적으로 찬성할 수밖에 없는 입

158 JCPOA와 관련된 미국 국내법으로 이란 핵 협정 검토법(Iran Nuclear Agreements Review Act)이 초당파적 합의를 통해 의회를 통과하였다. Wolfensberger(2018, 105)에 따르면 이는 민주당과 공화당 모두 원하는 것을 얻었기에 가능했다. 민주당은 법안 제정을 통해 오바마 대통령 입장을 보호할 수 있었다. 공화당은 감시 기능을 포함시키는데 성공하였다. Donald R. Wolfensberger. 2018. *Changing Cultures in Congress: From Fair Play To Power Play.* (New York: Columbia University Press)

장이다. 독재자를 용인하고 인권 문제를 도외시한다는 정도의 비난에 그치고 있다. 이란 문제의 경우 국내적 반감이 적지 않은 상황에서 트럼프가 결정한 이란 핵 협정 탈퇴는 예상대로 공화당의 찬사를 받고 있다. 민주당 경우가 다소 애매하다. 이란 편을 들 수 없는 국내 정치적 맥락에서 트럼프 대통령의 이란 강경책을 정면으로 비판하기가 수월치 않다. 더구나 이라크와 시리아에서 철군하겠다고 나선 트럼프 대통령의 입장은 민주당 진보 진영의 오랜 숙원이기도 하다.[159] 외교 정책 주축 분야인 안보와 통상 이슈와 관련하여 트럼프 대통령이 취하고 있는 독특한 접근은 기존의 정당 입장과 경쟁 구도를 흔들어 놓고 있다.

트럼프 외교 정책과 관련하여 빼놓을 수 없는 또 다른 특징은 대통령의 정책 입장이 수시로 변한다는 점이다. 앞서 살펴본 대로 미국 대통령들은 선거 이전과 이후 상반된 대외 정책을 종종 추진하였다. 43대 부시 대통령은 자신이 선거 캠페인 당시 전략적 경쟁자(strategic competitor)로 규정했던 중국에 대해 임기 내내 우호적인 정책을 펼쳤다. 1기 행정부 당시 의회에 무역촉진권한(Trade Promotion Authority)을 요청하지 않겠다고 공언했던 오바마 대통령은 2015년 이를 번복하였고 공화당 도움을 요청하였다. 하지만 대부분의 경우 미국 대통령들은 국민들과 지지자들에게 정책 변화가 불가피한 상황과 이유에 대해 적극적으로 설명한다.

트럼프 대통령의 특이점은 대외 정책과 관련된 비(非)일관성이 일

159 해외 주둔 미군 철수가 미국 국방 분야 축소(retrenchment)로까지 귀결될 것인지에 대해서는 부정적 인식이 여전하다. Peter Harris. 2018. "Why Trump Won't Retrench: The Militarist Redoubt in American Foreign Policy" *Political Science Quarterly* 133(4): 611-639

관될 뿐만 아니라 공개적이라는 점이다. 대내외적 상황 변화로 인해 기존 정책을 수정하게 되었음을 어쩔 수 없이 밝히던 이전 대통령들과는 확연히 다르다. 불확실성과 비(非)일관성을 근간으로 하는 트럼프 독트린(Trump Doctrine)의 성격과도 관련이 있다. 트럼프 독트린은 "독트린을 따르지 않는 독트린(Don't-Follow-the-Doctrine)"이라 불리기도 한다.[160] 예를 들어 트럼프 대통령은 자신이 민족주의자이자 동시에 국제주의자라고 공개적으로 천명한 적이 있다. 부동산 사업 당시 터득한 거래 기술인 예측 불가능성을 트럼프 외교 정책의 중요한 요소로 삼고 있다. 상대로 하여금 내가 어떻게 나올 것인지 알 수 없도록 만드는 것에 중점을 두는 방식인 셈이다.

트럼프 대통령의 소통 방식을 좀 더 자세히 살펴보자. 선거 운동과 대통령 재임 기간 내내 보수 성향 폭스 뉴스(Fox News)를 제외한 거의 모든 미국 주류 언론과 적대적 관계를 형성중이다. 미디어와 불편한 관계였던 닉슨(Nixon) 대통령과 비슷한 상황이다. 닉슨 대통령은 미국 언론을 공적(公敵)이라 생각했다. 트럼프는 언론을 '국민의 적(the enemy of the people)'이라고 대놓고 비판한다.[161] 또한 트럼프는 닉슨 시대에 없던

---

160 베이커(Baker)에 따르면 신축성 혹은 불확실성은 트럼프가 부동산 개발업자로 성공하는데 큰 자산이었다고 한다. 뉴욕타임스 기사 원문은 다음과 같다. "I like to think of myself as a very flexible person," he told reporters. "I don't have to have one specific way." He made clear he cherished unpredictability. "I don't like to say where I'm going and what I'm doing," he said. That flexibility was a hallmark of his rise in real estate, and if critics preferred the word erratic, it did not bother Mr. Trump" Peter Baker. "The Emerging Trump Doctrine: Don't Follow Doctrine," *The New York Times*, April 8, 2017.

161 "Nixon had an Enemies List. Now So Does Trump," Aug 19, 2018, *The Washington Post*. 트럼프와 닉슨의 대외 정책 관련 유사점에 대해서는 저자의 공저 논문을 참조할 수 있다. Taesuh Cha and Jungkun Seo. 2018. "Trump by Nixon: Maverick

소셜 미디어(social media)를 활발하게 이용한다. 특히 트위터(Twitter)를 통해 자신의 정치적 입장이나 정책적 내용을 거의 매일 쏟아 내고 있다(Cha and Seo 2018). 사실 정권 초기에는 공화당 지지자들조차 대통령의 잦은 트위터 사용에 대해 부정적이었다. 그런데 어느새 대통령의 트위터 정치가 기정사실화 되었다. 지금은 미국뿐만 아니라 전 세계적으로 트럼프 대통령의 트위터 반응을 미국 정부의 입장으로 해석하는 경향이 생겼다. 소셜 미디어를 사용한 대통령의 즉각적 입장 표명은 미국 역사상 트럼프가 최초다. 달라진 미디어 정치 환경에서 트럼프가 마지막 사례가 아닐 가능성도 없지 않다.

뉴욕타임스 칼럼니스트 브룩스(David Brooks)는 이러한 트럼프 소통 방식을 두고 "스냅챗 대통령제(Snapchat Presidency)"로 해석한다. 짧은 동영상 전달 매체인 스냅챗(Snapchat)이라는 앱(Application)에 빗댄 표현이다.[162] 스냅챗은 문장 없이 동영상만을 전달하기 때문에 시각적 효과와 더불어 내용 이해를 단번에 가능하도록 만든다. 자동 삭제 기능도 있는데 이는 용량 조절을 위함이다. 이로 인해 동영상 관련 전달 내용이 누적되지 않는 효과가 발생한다. 트럼프 소통 방식이 전달 효과는 크지만 정책 토론을 이끌어내지는 않는다는 점을 상기시켜 준다. 또한 트위터 자체 특성상 트럼프 대통령의 소통은 매우 일방적이다. 트윗을

Presidents in the Years of U.S. Relative Decline," *Korean Journal of Defense Analysis* 30(1):79–96

162 브룩스(Brooks)에 따르면 "트럼프 글은 아마도 정책 선언이라기보다는 스냅챗으로 이해되어야 한다. 주목을 끌기 위해 존재할 뿐 곧 사라지기 때문이다" His statements should probably be treated less like policy declarations and more like Snapchat. They exist to win attention at the moment, but then they disappear." *The New York Times*, Jan 3, 2017.

써서 올리는 것은 기자들의 날카롭고 부담스러운 질문에 대한 수세적 답변과는 거리가 멀다. 국민들의 여론에 대한 대통령 반응이라기보다는 여론 자체를 선도하는 적극적 커뮤니케이션 방식이다. 정리하자면 트럼프 대통령은 자신에 비판적인 주류 언론과는 전례 없는 전쟁 중이고 국정 운영은 행정 명령(executive order)에 의존하고 있다. 트럼프 대통령의 소통 방식과 결정 행태 모두 트럼프 스타일을 여실히 보여주고 있다.

잘 알려진 대로 트럼프 스타일은 미국 외교를 통해 한반도 이슈에도 큰 영향을 끼치고 있다. 미국이 북한과 대화 국면으로 이행하기 전까지 특히 2017년은 위기의 연속이었다. 이 과정에서 트럼프의 트위터 정치가 보여준 파괴력은 컸다. 북한과 관련된 미국 대통령의 거친 표현과 응수는 확실히 이전과 달랐다.[163] 따져보면 트럼프 외교 정책의 한계 효용 체감 가능성을 높이는 결과를 가져왔다. 트럼프 입장은 자주 반복되는 또 하나의 위협적 언사에 불과하며 심각하게 여길 필요가 없다는 반응이 나타나기도 하였다. 트럼프의 대북 군사행동은 결국 없을 것이라는 예측을 증폭시킨 역설적 상황이기도 하였다. 그런데 반대로 일종의 기정 사실 효과도 고려하지 않을 수 없다. 북한에 대한 무력 공격 가능성이 언론에 의해 빈번하게 인용되고 의회에서 자주 토론되면서 오히려 자연스러운 정책 옵션 중의 하나로 부상한 셈이다. 북한과 미국 간의 무력 충돌 가능성이 현실화되는 효과가 발생한 것이다. 비일관성과 불확실성으로 점철된 미국 대통령의 소통 스타일은 북한 비핵화를 이루어 내야 하는 우리에게도 매우 중요한 시사점을 던지고 있다.

---

163 예를 들면 "fire and fury," "locked and loaded," "talk of appeasement," "totally destroy North Korea," "the calm before the storm," "My button is bigger" 등이다.

미국 언론의 양극화 또한 북한 비핵화 이슈에 나름 영향을 미치고 있다. 북한과의 비핵화 협상에 대한 미국 미디어의 보도는 트럼프 대통령에 대한 개별 언론사의 정치적 입장에 따라 크게 갈리고 있다. 뉴욕타임스, 워싱턴포스트, CNN, MSNBC 등 진보 성향 언론은 주로 트럼프 대통령의 정상 회담이 즉흥적이며 준비 부족이라 비판한다. 독재자를 변호하고 노벨상에 집착한다는 보도도 줄을 잇고 있다. 반면 폭스뉴스(Fox News)는 김정은 위원장의 친서 전달 등 트럼프 대통령 치적을 홍보하는데 일조하고 있다. 북미 정상회담 이후 매번 단독 인터뷰를 통해 트럼프 대통령의 입장을 옹호하는데 여념이 없다. 기본적으로 외교정책에 미치는 언론의 영향은 지대하다. 양극화 시대에 진보 혹은 보수 언론 둘 중 하나만을 선택적으로 접하고 있는 미국 국민들은 양극화 언론에 영향 받을 수밖에 없고 결국 양극화 여론을 형성중이다. 트럼프 행정부의 국정 운영에 대한 미국 국내의 대립적 언론 성향과 의도가 미국 정치와 외교를 이해하는 중요한 변수가 되었음을 뜻한다. 이념 대결적 미디어 시대가 만들어내는 여론 양극화 추세에 대해서도 신중하고 구체적인 접근이 필요한 이유다.

그렇다면 트럼프 시대 북한과 미국의 전반적인 관계 특징을 어떻게 규정할 수 있을까? 사실 북한이 핵무기 개발에 성공하였다는 소식이 곧바로 미국 국내 정치 쟁점으로 떠오르지는 않았다. 2017년 트럼프 대통령 임기 첫 해 들어서 미국 본토까지 도달 가능한 대륙간 탄도미사일(ICBM)을 북한이 시험 발사하면서 미국 정치화(Americanization)

단계에 접어들게 되었다고 볼 수 있다.[164] 북한이 ICBM 기술을 완성하기 전에 북한 핵개발을 중단시켜야 한다는 미국 내 우려와 요구가 급속도로 커졌다. 잘 알려진 대로 트럼프 대통령은 대북 정책 기조로 제재 중심의 '최대 압박(Maximum Pressure)' 전략을 선택하였다. 군사적 충돌 위험성이 고조되던 북미 관계는 2018년 1월 김정은 위원장의 신년사와 평창 동계 올림픽 참여를 통해 대화 국면으로 전환되기에 이른다. 2018년 4월의 남북 정상회담, 6월의 싱가포르 1차 북미 정상회담, 2019년 2월의 하노이 2차 북미 정상회담, 6월의 비무장지대(DMZ) 만남 등 일련의 정상 외교가 이어지고 있다. 2019년 상반기 현재까지 북한 비핵화 문제는 여전히 교착상태를 크게 벗어나지는 못하고 있다.

트럼프 시대 북미 관계의 특징으로는 우선 북한 위협에 대한 미국 내 인식이 본격화되었다는 점을 꼽지 않을 수 없다. 이와 관련 저명 국제정치학자 두 명의 구별되는 견해를 주목할 만하다. 국제 관계의 심리적 분석 대가인 저비스(Jervis)는 북한과 미국 갈등을 '안보 딜레마(security dilemma)' 관점에서 분석한다.[165] 안보 딜레마 논의의 핵심은 의도와 다른 결과가 발생한다는 주장이다. 다시 말해 현상 유지를 선호하는 합리적 국가들이 개별적 차원에서 추진하는 안보 증진 행태가 의도

---

164 2017년 당시 북한과 미국 간 군사적 충돌 위기 상황에 대한 자세한 연구는 다음과 같다. Van Jackson 2019. *On the Brink: Trump, Kim and the Threat of Nuclear War.* (Cambridge: Cambridge University Press)

165 Robert Jervis. 1978. "Cooperation under the Security Dilemma," *World Politics* 30(2): 167–214; Kathy Gilsinan. "North Korean Nukes and the Grand International–Relations Experiment in Asia: The Scholar Robert Jervis discusses his theory of the security dilemma and how Trump is testing it." *The Atlantic*, Mar 18, 2017.

치 않게 국가들 간 안보 불안과 무력 충돌을 가져온다는 내용이다. 저비스에 따르면 북한과 미국은 각자 정권의 안위와 지역 질서의 안정 등을 목적으로 군사력을 증강하고 재배치한다. 하지만 의도와 달리 상대국가에 안보 불안을 가중시킨다. 결과적으로 북미 간 군사적 긴장 관계가 고조된다는 지적이다.

피어론(Fearon)은 이를 반박하며 다른 시각을 제시한다. 북미 관계에 대한 안보 딜레마 접근법은 틀렸다는 주장이다.[166] 피어론에 따르면 상대방이 적대적 의도를 가졌다고 잘못 오해하는 상황이 안보 딜레마 논의의 핵심 전제이다. 그런데 실제로 미국이 북한 정권 교체라는 목표를 가지고 있다면 적대적 의도는 사실이지 오해가 아니다. 만일 북한이 내부 동요를 겪는 경우 미국이 북한 정권 전복(regime change)을 위해 군사적 행동에 나서지 않으리라는 보장이 없다는 것이 피어론 주장의 요체다.[167] 따라서 북미 갈등은 안보 딜레마 문제라기보다 확실한 중재자가 존재하지 않는(anarchy) 국제 정치 갈등의 일반적 상황이다. 저비스와 피어론의 상반된 분석은 현재 북한과 미국이 겪고 있는 갈등과 앞으로 필요한 해결책의 본질적 측면을 파헤치고 있다. 신뢰 기반이 전혀 없는 상황에서 상대방 의도에 대한 해석은 늘 어려운 과제가 아닐 수 없다. 협상 전술 혹은 긴장 국면이 달라질 가능성 또한 크다. 한국 정부의 중재 역할이 필요한 지점이 바로 여기다. 북미 관계의 본질에 대한

---

166 James D. Fearon. 2017. "The big problem with the North Koreans isn't that we can't trust them. It's that they can't trust us," *The Washington Post*, Aug 16, 2017.

167 북한 정권 붕괴 가설에 따른 미국 군사적 대응 시나리오를 체계적으로 분석한 연구로 다음을 주목할 만하다. Bruce W. Bennett and Jennifer Lind. 2011. "The Collapse of North Korea: Military Missions and Requirements," *International Security* 36(2): 84–119.

논쟁은 앞으로도 계속될 것으로 보인다.

다양한 북한 이슈 접근법에 대해 학자들뿐만 아니라 미국 정치권도 논의를 본격화하고 있다. 북한 핵문제와 관련하여 비핵화(denuclearization), 핵동결(nuclear freeze), 비확산(nuclear non-proliferation) 등으로 대응 방안을 대별해 볼 수 있다. 한국과 미국이 공통 목표로 정한 북한의 완전한 비핵화 경우 핵무기와 관련 시설 및 물질 일체의 폐기를 내용으로 한다. 이미 만든 핵무기는 그대로 두고 앞으로 더 이상 핵무기를 개발하지 않는다는 합의가 핵동결이다.[168] 물론 핵동결이 비핵화를 위한 단계적 합의가 될 수도 있다. 실제로 1980년대 초반 레이건 대통령의 공격적인 전략방위구상(SDI)에 맞서 민주당과 진보 진영은 핵동결을 정책 목표로 삼은 적이 있다. 닉슨의 데탕트 전략을 폐기한 레이건과 공화당은 대(對)소련 강공 드라이브를 걸었다. 화해 정책을 선호하고 핵전쟁(nuclear war) 가능성을 우려했던 민주당과 진보 진영은 당시 케네디(Edward Kennedy, D-MA) 상원 의원 주도로 소련과의 군비 축소 합의를 외교 목표로 삼았다. 레이건 대통령이 밀어붙였던 역사상 최대 규모의 미국 군사력 증강(military buildup) 정책이 냉전 승리를 가져온 것으로 후세는 기록하고 있다. 이로 인해 민주당은 안보에 취약하다는 평가가 더욱 굳어지기도 하였다.[169]

168 북한 핵동결과 맥락이 유사한 '억지(deterrence)' 전략에 관한 세이건(Sagan 2017)의 주장도 최근 주목받고 있다. 그는 소련에 대한 봉쇄(containment)와 억지(deterrence) 전략이 성공한 것처럼 한반도에도 동일한 전략을 구사할 것을 주장한다. Scott D. Sagan. 2017. "The Korean Missile Crisis: Why Deterrence Is Still the Best Option," *Foreign Affairs* 96: 72-82

169 소련과의 핵동결 합의를 둘러싼 미국 정치 분석은 다음과 같다. David Meyer. 1990. *A Winter of Discontent: The Nuclear Freeze and American Politics*. (New York:

비확산은 가장 소극적 대응 방안이다. 핵무기를 폐기하거나 핵 개발을 중단시키는 정책 목표가 실패한 상황이라고 볼 수 있다. 개발 혹은 보유 중인 핵무기와 기술이 다른 국가 혹은 지역으로 확산되는 것을 방지하는데 목표를 둔다. 북한을 핵무장 국가(nuclear state)로 암묵적이나마 인정하게 되는 단계다. 중동의 반미(反美) 국가들 혹은 테러 집단에게 핵무기와 기술이 넘어가는 것을 막는데 주안점을 둔다(김주리, 남궁곤 2008). 이와 관련하여 흥미로운 점은 미국 의회의 소위원회 변화다. 상임위원회 산하 소위원회(subcommittee)는 종종 새로 만들어지거나 위원회 명칭을 바꾼다. 2019년 1월 개원한 116대 하원 이전까지 하원 외교위원회 산하의 아시아-태평양 소위원회는 그 명칭을 오랜 기간 유지하고 있었다. 116대 하원 시기에 들어서 '아시아-태평양 및 비확산 소위원회(Subcommittee on Asia, the Pacific, and Nonproliferation)'로 이름이 바뀌었다. 캘리포니아 출신 민주당 의원이자 소위원회 위원장인 셔먼(Brad Sherman, D-CA) 의원은 상당 기간 북한 문제에 관심을 보여온 몇 안 되는 미국 의원 중 하나다. 셔먼 위원장이 북한 핵 이슈에 대해 동결을 우선적으로 고려해야 한다는 발언도 내놓고 있는 상황인데 예의 주시할 필요가 있다.[170]

마지막으로 '톱-다운(top-down)' 및 '빅딜(big deal)' 접근법이 트럼프 시대 대북(對北) 정책의 새로운 특징이라고 할 수 있다. 기존 미국

Praeger); William M. Knoblauch. 2017. *Nuclear Freeze in a Cold War: The Reagan Administration, Cultural Activism, and the End of the Arms Race.* (Amherst: University of Massachusetts Press)

170 "Rep. Sherman Says U.S. Needs to See N. Korea Freeze Mass-Destruction Weapons Creation," Feb 27, 2019, *Bloomberg.*

의 북한 정책은 주로 반응적(reactive)이고 제한적이었다. 전통적으로 미국 외교는 특정 국가에 대한 적극적이고 체계적인 정책 조율에 익숙하지 않다. 북한의 기존 행태에 대한 의구심과 불신감으로 인해 만들어진 정책 반응이기도 하다. 2017년 북한과의 긴장이 최고조에 다다랐을 때 "중국이 나서야 한다"는 것이 워싱턴의 주된 반응이었다. 2018년 6월 싱가포르 북미 정상회담 이후에는 "북한 비핵화 관련 실질적 진전(real progress)이 없다"는 것이 대세 분위기였다. 이처럼 행정부와 의회, 언론과 여론이 모두 북한에 대해 일관되게 비판과 의구심을 쏟아낼 때 트럼프 대통령만이 김정은 위원장과의 신뢰 관계를 강조하고 있다. 정상 간 개인 차원의 외교 경우 위험과 보상 변수가 동시에 클 수밖에 없다('high-risk-high-return'). 전격적 합의가 가능한 장점이 있는 반면 예상 밖 실패 여지도 있다. 두 차례 북미 정상회담에서 이미 포착된 상황이다.

2019년 2월 하노이 정상 회담이 결렬된 이후 다시 미국의 기본 입장으로 정리된 빅딜(big deal) 담론에 대해 생각해 보자. 앞서 살펴본 피어론(Fearon)의 주장에 근거한다면 이는 실현 가능성이 높지 않은 접근법이다. 미국과 북한 사이의 상호 불신이 매우 깊고 상대방의 행동을 제어하고 관리할 수 있는 중립적 기관이 부재한 상황에서 빅딜 주장은 큰 취약점에 노출된다. 쉽게 말해 누가 먼저 양보할 것인가 문제를 해결할 방법이 없다. 각자 방어적인 측면을 강조하는 현 단계 북미 관계의 성격이 겉으로 보기에는 저비스(Jervis) 주장에 가깝다. 하지만 실제 협상과 문제 해결 국면에 있어서는 피어론(Fearon)이 설명하는 북미 관계 본질이 더욱 타당한 분석이라고 볼 수밖에 없다. 달리 말해 상대방

의도를 확인할 방법이 없는 상황에서 빅딜은 비생산적 접근법이다. 대규모 관계 전환을 표방하는 빅딜 입장으로 인해 오히려 현실적인 북미 관계 개선이 더욱 어려워질 수도 있다.[171] 물론 어느 한 쪽의 양보를 통해 빅딜이 이루어진다면 북미 관계가 비핵화 이슈를 넘어서 획기적 전환을 이룰 가능성은 여전히 있다.

---

171 빅딜(big deal) 논쟁에 대해서는 저자의 글을 참조할 수 있다. Jungkun Seo. 2019. "Is There a Pot of Gold at the End of the Rainbow?" *The Woodrow Wilson Center, Mar* 26, 2019.

제6부

결론

트럼프 시대와 미국 대외 정책 변화

일시적 현상인가 근본적 전환인가?

제6부

결론: 트럼프 시대와 미국 대외 정책 변화

일시적 현상인가 근본적 전환인가?

트럼프 시대의 미국 대외 정책 변화는 일시적 현상에 그칠까? 아니면 미국 외교를 근본적으로 바꾸어 놓게 될까? 2017년 1월 20일 취임 이후 첫 100일 동안 트럼프 대통령은 해외 정상과 16차례 백악관에서 회동하였고 43회 외국 지도자들과 통화한 바 있다.[172] 방위비 분담금 증액 요구로 드러난 동맹에 대한 대차 대조표식 접근, 중국과의 무역 전쟁 및 파리 기후협정 탈퇴로 확인된 글로벌 리더십 역할 축소 등이 트럼프 시대 차별화된 미국 외교의 방향이다. 또한 북한 비핵화를 둘러싼 트럼프 리더십은 하향식(top-down) 및 일대일(one-on-one) 외교를 특징으로 한다. 물론 트럼프 대통령 임기는 빠르면 2021년 1월 20일 정

---

172 Nolan D. McCaskill and Louis Nelson. "President Trump's First 100 Days: By the Numbers," *Politico*, April 29, 2017.

오 혹은 아무리 늦어도 2025년 1월에는 끝이 난다. 그런데 트럼프 대통령이 재임 시기 결정하고 추구한 미국 대외 정책의 영향은 트럼프 시대를 넘어서까지 이어질 가능성도 없지 않다. 트럼프 대통령이 새롭게 규정한 미국의 정치와 외교 방향이 향후에도 지속될지 여부는 트럼프 시대가 종료된 후에나 파악 가능하다. 그럼에도 불구하고 미국 외교 정책의 지속과 변화는 우리의 관심사가 아닐 수 없다.

사실 미국 대외 정책의 변화를 측정하는 일은 간단치 않다. 무엇보다 변화와 관련된 독립 변수 및 종속 변수가 매우 다양하다. 민주주의와 외교정책 상관성을 포괄하는 내용이기 때문이다. 여론, 선거, 정치인, 대외 환경, 정치 제도 등 독립 변수가 달라짐으로 인해 레토릭(rhetoric), 어젠다 혹은 대전략(American grand strategy) 등의 종속 변수까지 변할 수 있다. 변화 측정이 복잡한 이유는 간단하다. 원인과 결과 사이의 연계 구도와 정도가 복잡하고 다층적이기 때문이다. 예를 들어 베트남 전쟁과 관련된 미국 국내의 여론이 악화되어 1968년 대선에 영향을 미쳤고 결국 베트남 전쟁이 종결되었다고 볼 수 있다. 대외 환경이 여론에 영향을 미쳤고 여론은 대통령 선거와 대통령 제도를 통해 외교 정책 결정을 바꾼 셈이다. 그런데 어디서부터 어디까지 무엇이 무엇에 영향을 준 것인지 확실히 규명하기가 쉽지 않다. 다른 예를 들어보자. 미국의 TPP 탈퇴 결정은 단순히 트럼프라는 정치인만이 그 이유였을까? 닉슨 대통령이 추진한 남부 전략(southern strategy)의 배경에는 정당 재편성이라는 구조적 요인만 있는 것일까? 부시 독트린 탄생은 9/11 사태 하나로 설명 가능할까? 2018년에 벌어진 트럼프 대통령의 관세 폭탄 정책은 1962년 무역확장법이 아니었다면 불가능했을까?

이처럼 미국 외교 정책 변화 대부분이 단선적이라고 보기 어렵고 인과 관계를 식별하기는 더욱 어렵다. 사전적 예측은 거의 불가능하다. 그러므로 외교 정책 변화가 근본적인 것인지 가늠하는 일은 더더욱 어렵다. 한편 미국의 국제주의 외교의 미래와 관련하여 미국 학계와 씽크탱크, 여론 조사 기관 등은 광범위한 분석과 연구를 진행 중이다. 미국이 국제주의적 입장을 고수할 것인지 폐기할 것인지에 대해 국내외적으로 탐색이 활발하다. 여기서는 결론을 대신하여 미국 외교 정책 변화 관찰을 위한 세 가지 시각을 살펴보기로 한다. 이 책의 주제인 국내 정치적 맥락을 중심으로 크게 세 가지 정도 기준을 생각해 볼 수 있다. 미국 여론의 변화가 가져오는 미국 외교 방향의 재설정, 선거 정치가 동기로 작용한 외교 정책의 변화, 그리고 외교 정책 결정 집단이 만들어내는 대외 정책 전환 등이 그 것이다.

첫째, 미국 여론 변화에 따른 미국 외교 변화 가능성이 존재한다. 미국 국민의 대외 정책 선호는 고정되어 있지 않고 바뀌어 왔다. 민주주의 체제 미국에서 국내 정치가 반응하고 외교 정책이 변한다는 관찰은 별로 새로울 것이 없다. 미국 유권자들의 정책 선호 변화에 대해서는 퓨 리써치 센터(Pew Research Center)에서 수행하는 '미국 국제 위상(America's Place in the World)' 조사 혹은 시카고 협회(Chicago Council)가 주관하는 '불확실성 시대 미국(America in the Age of Uncertainty)' 탐구 등을 통해 확인이 가능하다. 예를 들어 미국 국민 과반수가 다음 대통령은 국제 이슈가 아닌 국내 현안에 집중해 주기를 바라는 상황이라고 가정해 보자. 그렇다면 대선 캠페인이나 국정 운영을 불문하고 어떤 미국 대통령도 자유주의적 국제주의만을 강조하기는 쉽지 않다. 다시 말해 대외 정책과 관련된 국내 선호와 지지가 달라지는 경우 미국 대외 정책 또한 변할 수밖에 없다. 2016년 미국 대선 과정에서 국무장관을 지냈던 힐러리(Hillary) 후보도 기존 입장을 번복하여 TPP 탈퇴를 약속하게 되었다. 당내 경선 경쟁자인 샌더스(Sanders) 후보가 돌풍을 일으키며 민주당 지지층의 반(反)자유무역 정서를 증폭시켰기 때문이다. 힐러리 자신이 가지고 있던 TPP 찬성 입장을 유지하기 어려웠다. 〈그림 29〉에 의하면 2016년 미국 대선 당시 미국 국민들의 국제주의(internationalism) 선호가 크게 퇴색하였음을 알 수 있다. 냉전은 승리하였고 이념적 라이벌은 패망하였다. 이라크 전쟁 실패로 인해 과도한 해외 군사 개입에 대한 부정적 시각이 팽배해졌다. 대공황 이래 최악의 경제 위기는 글로벌 금융 자본주의의 폐해를 그대로 보여주었다. 민주당 오바마 대통령에게 기대했던 '국내 건설 우선(nation-building at home)'의 국정 운영은 상당 부분 실망만 초래하였다. 2016년 대통령 선거 당시 미국 국민들이 보여준 외교 정책 선호 변화는 이러한 배경 하에 만들어진 것이었다.

〈그림 29〉 미국의 국제 사회 리더십에 대한 미국 국민들의 선호 조사

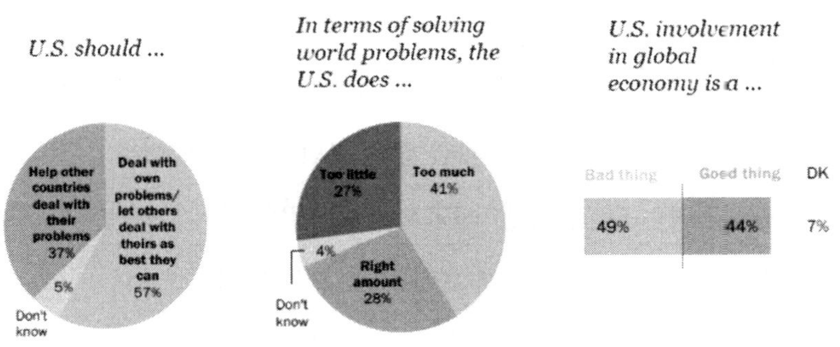

출처: Pew Research Center(2016년 5월 6일)

둘째, 대통령 선거 경합주(swing states)들의 정책 선호 변화에 따른 미국 외교 변화를 생각해 볼 수 있다. 미국 전체 여론의 변화가 미국 외교를 바꾼다는 관점은 미국에 고유한 대통령 선거 제도의 특수성을 제대로 반영하지 못하는 한계가 있다. 미국 대통령 선거는 1인 1표(popular voting) 시스템이 아니다. 주별로 승패가 갈리는 대통령 선거인단(Electoral College) 방식이다. 예를 들어 텍사스(Texas) 주 전체에서 유권자들의 표를 한 표라도 더 얻은 후보자가 텍사스 주에 할당되어 있는 선거인단 38명(2016년 대선 당시) 전원을 차지하는 식이다. 따라서 미국 선거의 경우 경합주(swing states)에 거주하는 유권자들의 선호가 중요하다. 대통령 선거 결과에 결정적 영향을 미치기 때문이다. 한국의 경우 호남 지역에 거주하는 무당파 유권자는 대선에서 한 표의 의미가 충분하다. 반면 미국의 경우 이미 민주당 우세가 확실한 캘리포니아에 사는 공화당 혹은 부동층 표는 정치적 의미가 거의 없다(Seo and Chung 2016). 미국의 대권 후보 혹은 현직 대통령은 미국 전체가 아닌 경합주의 정책 선호에 민감할 수밖에 없으므로 경합주(swing states)라는 특정 지역의 이해관계가 미국 전체의 대외 정책 변화에 큰 영향을 미칠 수밖에 없다.

앞서 살펴본 대로 1880년대 당시에는 캘리포니아 주의 선거인단 수가 6명 혹은 8명 정도에 불과하였다. 그런데 북부 중심의 공화당과 남부 중심의 민주당 간 경쟁이 워낙 백중세였다. 캘리포니아, 네바다, 콜로라도 등 서부 지역의 정책 현안 및 선호가 당시 대선의 결정적 변수로 작용하였다. 남북 전쟁 이후 미국 서부에 대거 유입된 중국인 노동자들과 미국 백인 노동자들 간 갈등 상황이 당시 캘리포니아의 최대 현안이었다. 이 지역 백인 유권자들의 표심을 얻기 위해 공화당은 정책 입장을 바꾸었고 중국인 입국 금지 법안(Chinese Exclusion Act of 1882)까지 의회에서 통과되었다. 미국 이민 정책의 일대 전환을 가져온 계기가 되었다. 2016년 대선 상황도 마찬가지다. 트럼프가 예상을 뒤엎고 승리한 배경에는 미시건, 위스콘신, 펜실베니아 등 러스트 벨트 주에서의 선전(善戰)이 결정적이었다. 이 지역 백인 노동자 유권자들의 반(反)국제주의(anti-globalization) 경향을 적극적으로 대변한 결과였다. 트럼프는 대통령 취임 후에도 이들 지역을 집중적으로 방문하여 지지 집회를 개최하고 있다.[173]

흥미로운 사실은 이전 대선에서도 중서부 경합주의 경제적 이익을 대변하겠다고 나선 후보들이 적지 않았다는 점이다. 트럼프가 최초는 아니었다. 특히 민주당은 오랫동안 중서부 백인 노동자들이 선호하는 보호 무역 기조를 강조해왔고 선거 때마다 대선 후보들은 '중국 때리기(China-bashing)'를 빼놓지 않았다. 경합주 유권자들이 가지고 있던 반(反)중국 감정을 이용해 온 셈이다(전재성 2015). 1992년 대선 당시 클린턴 후보가 사용한 '북경의 도살자(Butcher of Beijing)' 발언은 천안문 사태에 강력 대응하지 않은 부시 대통령을 비꼬는 표현이었다. 2000년 선거 때 아들 부시는 중국을 전략적 협력자가 아닌 전략적 경쟁자(strategic competitor)로 규정한 바 있다. 클린턴 행정부가 8년간 중국 눈치 보기로 일관해왔다는 점을 비판하기 위함이었다. 2008년 대선 과정이 경제 위기와 맞물리면서 민주당 오바마 후보는 공개적인 중국 비판을 애써 자

173 Henry Olsen. 2019. "Trump has two big problems in 2020: Pennsylvania and Michigan," *The Washington Post*, Apr 5, 2019.

제하였다. 중국을 비판하지 않고 당선된 예외적 사례다(Bader 2013).[174] 이러한 정황으로 볼 때 중서부 경합주 유권자들의 트럼프 지지 이유가 단순히 보호무역 공약 때문만이었다고 보기는 어렵다. 무엇보다 트럼프 후보의 거친 막말과 비(非)주류 스타일이 백인 노동자들과 농민들이 가지고 있던 분노(resentment) 감정과 맞아 떨어졌을 가능성이 크다. 이들 유권자들의 현실적 불안감과 기성 정치권에 대한 배신감을 공개적으로 자극함으로써 인종별로 편을 가르는데 큰 효과를 거둔 전략이라고도 볼 수 있다.[175]

한편 무역 거래 혹은 상업 이익 같은 경제 이슈가 민족주의(nationalism) 혹은 인종주의(racism) 같은 사회-문화 이슈로 인식될 가능성을 눈여겨 볼만하다. 현실적으로 단기적인 경제적 손해가 발생하더라도 이를 감수하면서까지 트럼프를 중장기적으로 지지할 것인가 여부와 관련 있다. 미국 정치에서 거의 전례가 없는 상황이다. 사실 트럼프가 해결해야 하는 정치적 숙제가 만만치는 않다. 중국 견제라는 미국 전체의 이익을 위해 소득 감소라는 개인적 손해를 감수해야 한다고 미국의 농업 종사자들을 설득해야 하는 작업이다.[176] 더구나 지금은 이념

174 Jeffrey A. Bader. 2013. *Obama and China's Rise: An Insider's Account of America's Asia Strategy* (Washington DC: Brookings Institution Press)

175 이와 관련된 와이스만(Weissmann) 지적은 되새겨 볼 필요가 있다. "The point here isn't that people in Michigan or Wisconsin cast their ballots for Trump specifically because of his trade stance.... Autor told the Washington Post that he believed that voters weren't just reacting to "trade policy, per se," but that disappearing jobs fed into a "sense of nationalism, the sense that the American way of life is potentially threatened." Jordan Weissmann. 2016. "Did Donald Trump Win the Election Because of Trade? A New Study Suggests It Helped," *Slate*, December 2, 2016.

176 Jim Zarroli. 2019. "In Trump's Trade War, Americans Will Be Asked To Show

라이벌인 소련을 상대로 한 냉전 시대도 아니다. 중국과 무역 전쟁 중인 트럼프 대통령은 전통적 공화당 지지층을 달래야 한다. 실제로 중국의 보복 관세로 인해 미국 농산물 수출이 큰 타격을 입고 있다. 관세 수익을 단기적 보조금으로 전용하여 지급하고 있지만 농민들의 반응은 신통치 않다. 정부가 아닌 시장을 원한다고 항변하는 보수 농민들의 수가 점점 늘고 있다.

농업주 출신인 공화당 의원들 중 일부는 이미 트럼프 대통령에 대한 견제 카드를 고려중이다.[177] 중국과 무역 전쟁을 벌인다고 해서 중서부 지역에 제조업 공장이 곧바로 들어서는 것도 아니다. 오히려 농산물과 서비스업의 최대 수출 시장인 중국과의 원만한 관계가 필요하다. 반(反)중국 정서를 통해 선거에 당선된 미국 대통령들이 대부분 친(親)중국 성향으로 입장을 바꾸어 온 이유이기도 하다. 막말과 허세 정치인 트럼프는 선거 기간 내건 공약과 재임 기간 추진하는 정책의 일관성을 유지하고 있다. 결론적으로 미국 전체가 아닌 경합주를 대표하는 대통

Economic Patriotism," *NPR* May, 20, 2019.

177 트럼프 대통령의 관세 중심 통상 정책에 대한 당내 비판 경우 공화당 투미(Toomey, R-PA) 의원이 비교적 활발하다. 투미 의원 경우 펜실베니아 농업 지역과 교외 지역을 정치적 기반으로 한다. 성장 클럽(Club for Growth)이라는 이익 단체 회장을 맡은 바 있고 자유 무역 신봉자이다. 상원에서 가장 영향력 있고 무역 이슈를 관장하는 금융위원회(Senate Finance Committee) 소속이다. 트럼프가 대통령에 당선된 2016년 선거에서 재선에 성공했다. 따라서 임기 6년인 상원 의원직을 트럼프 대통령 4년 임기보다 2년 더 유지할 수 있다. 만일 2020년에 트럼프 대통령이 재선되더라도 대통령 임기 6년 차(2022년)에 치러지는 중간 선거에 다시 선거를 맞게 된다. 트럼프 영향력으로부터 상대적으로 자유로울 수 있다. 북한 문제 관련해서도 대북(對北) 은행 규제 법안(BRINK Act: Banking Restrictions Involving North Korea Act)을 발의하는 등 적극성을 보인다. 트럼프 시대 주목해야 할 공화당 상원 의원인 셈이다. 이와 관련 상원 의원 임기와 대통령과의 관계 상호 작용은 향후 연구가 더욱 필요한 분야이다.

령인 것처럼 보이는 트럼프의 정치적 성공 여부는 큰 관심사가 아닐 수 없다. 선거와 시장을 양대 축으로 하는 미국의 민주주의가 대외 정책과 어떻게 상호 작용하는지 다시 한 번 점검해 볼 수 있는 기회다.

셋째, '외교 정책 집단(foreign policy establishment)'의 새로운 결정에 따른 미국 대외 정책의 변화 가능성을 고려해 볼 수 있다. 미국 전체 여론 혹은 경합주 선호가 변함에 따라 미국 외교가 달라진다는 설명의 경우 또 다른 취약점이 있다. 부시 대통령 시기 대외 관계 설정에 있어 막강한 권한을 행사했던 체니(Cheney) 부통령의 발언을 상기해 보자. "미국은 여론 동향에 따라 외교 정책을 결정하지는 않는다." 다시 말해 외교 정책 결정 과정의 특성상 전체 여론 동향이나 특정 지역의 이해 못지않게 행정부 내 정책 결정 집단의 비중이 매우 크다. 정기적으로 미국 정부는 '국가 안보 전략 보고서(National Security Strategy)'를 발표한다. NSS를 살펴보면 미국 외교 정책 결정자들이 판단하는 미국 국가 이익(national interests)에 대해 알 수 있다. 예를 들어 2017년 12월에 발표된 NSS에는 미국의 네 가지 필수 국가 이익(vital national interests)이 적시되어 있다. 첫째, 미국 국민과 영토 그리고 미국적 삶의 방식을 보호할 것(protect the American people, the homeland, and the American way of life) 둘째, 미국의 번영을 증진할 것(promote American prosperity) 셋째, 힘을 통한 평화를 유지할 것(preserve peace through strength) 넷째, 미국의 영향력을 확대할 것(advance American influence)등이 그 것이다.

중국과의 관계에 대한 미국의 태도 및 입장 또한 상세하게 정리되어 있다. 몇 가지 예를 인용하자면 다음과 같다. "중국과 러시아는 미국의 힘, 영향력, 이익에 도전하고 있으며 미국의 안보와 번영을 침해하고자 시도 중이다." "매년 중국과 같은 경쟁국에 의해 수천억에 달하는 미국의 지적 재산권이 도난당하고 있다." "미국의 안전을 저해하는 세 부류의 위협이 존재하는데, 중국 및 러시아를 위시한 도전 국가들(revisionist powers), 이란 및 북한 등의 깡패 국가들(rogue states), 그리고 지하드 테러 집단과 같은 초국가적 위협 단체들(transnational threat organizations)이다." "중국과 러시아는 미국의 가치와 이익에 반하는 세계를 구축하려 하고 있으며 특히 중국은 인도-태평양 지역에서 미국을 대체하려고 시도 중이다." "오랫동안 미국 외교 정책은 세계 경제 질서 편입을 통한 중국의 부상(China's rise)이 중국의 자유화를 가져올 것이라는 믿음에 기초해 있었다. 하지만 우리의 희망과 달리 중국은 현재 다른 국가의 주권을 훼손하면서 자신의 권력을 키우고 있다." "인도-태평양 국가들은 주권과 독립을 존중하는 지역 질서를 유지하기 위해 미국의 리더십 강화를 요구하고 있다."

〈그림 30〉 경제-안보 통합 관점으로 분류한 미국의 대(對)중국 전략

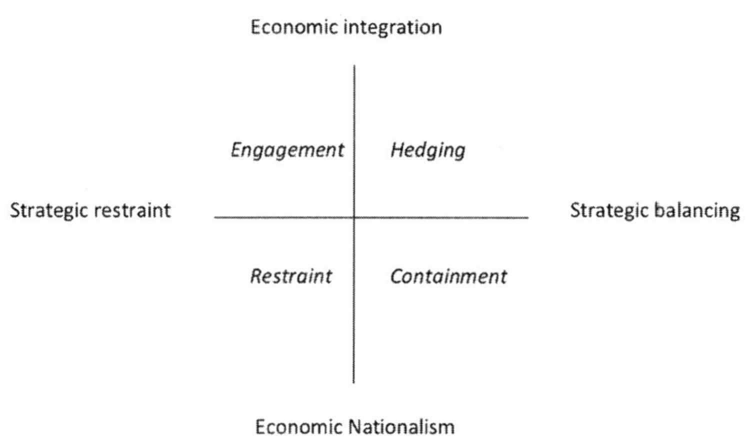

출처: Trubowitz, Harris, and Seo(2017)

결론적으로 미국 행정부가 가진 중국 관련 정책 입장이 앞서 살펴본 전체 여론 혹은 경합주 이해관계와 어느 정도 연결되어 있는지에 대해 다양한 해석이 가능하다. 미국 국내 정치는 '왜, 얼마나, 어떻게' 미국 대외 정책에 영향을 미치는가 질문과도 이어진다. NSS를 통해 엿볼 수 있는 트럼프 행정부의 중국 정책은 어느 정도 선거 전략 혹은 여론 성향과도 관련이 있는 것으로 비쳐진다. 중국을 견제하는 중서부 경합주의 경제적 정책 선호를 군사적 강경 입장과 융합한 내용으로 해석해 볼 여지가 없지 않다. 〈그림 30〉은 안보와 경제 두 차원을 통합하여 구분해 본 미국의 대(對)중국 전략을 보여준다(Trubowitz, Harris and Seo 2017). 예를 들어 경제적 교류는 지속하면서(economic integration) 군사적으로 견제하는 경우(strategic balancing) 미국의 대(對)중국 정책은 '헤징(hedging)' 전략으로 분류해 볼 수 있다. 트럼프 시대가 주도하는 경제 민족주의와 안보 강경대응 간의 결합은 일종의 중국 봉쇄(containment) 현상을 낳고 있다. 안보 측면과 경제 차원을 동시에 고려하지 않는 미-중 관계는 더 이상 유의미하지 않다. 향후 미국과 중국의 관계를 제대로 이해하기 위해서는 무역과 군사 양축을 동시다발적으로 살펴보아야 한다. 미국 국내 정치-대외 정책 간 연결 고리 분석 또한 필수적이라고 할 수 있다.

세계 최초로 선거를 통한 정권 교체 시스템을 채택한 미국은 정의 그대로 최장수 민주주의 국가다. 동시에 2차 세계 대전 이후 국제 정치와 경제 질서를 주도해 왔으므로 누구도 부인할 수 없는 글로벌 리더 국가이다. 따라서 미국의 국내 정치와 대외 정책 연관성을 탐색하는 작업은 민주주의 정치제도와 글로벌 리더십 간의 상호 작용을 분석하는 일이기도 하다. 두말 할 필요도 없이 미국의 민주주의 체제와 국제 관계 리더십은 늘 불완전했고 여전히 불완전하다. 인종 갈등, 사회 양극화, 소득 불평등, 총기 규제, 이민 이슈, 의료 보험 등 국내적으로 산적한 문제들에 대해 미국 민주주의는 해법 제시에 골몰하고 있다. 중국과의 경쟁, 러시아와의 갈등, 북한 및 이란의 비핵화, 국제 테러리즘, 중동 불안정, NATO를 비롯한 동맹 관계, 보호 무역 추세, 금융 자본주의 규제 등 다양한 국제 문제의 해결과 관련하여 미국 리더십에 대한 도전과 요구 또한 거세다.

지금까지 살펴본 대로 미국의 국내 정치와 외교 정책은 밀접한 관계에 놓여 있다. '왜, 언제, 어떻게'와 관련된 질문에 대한 해답을 이념 전통, 정치 과정, 제도 정치, 정당 경쟁 등 다양한 관점에서 체계적으로 탐색해 보았다. 흔히 정치는 살아있는 생물이라고 한다. 차선책을 위한 기술이라는 주장도 있다. 미국 정치와 외교는 현재 모든 영역에 걸쳐 양극화 시대에 트럼프 대통령까지 등장하여 변화를 겪고 있는 중이다. 2차 대전 이후 비대해진 미국 대통령의 국제 질서 관련 권한을 어떻게 견제하여 균형을 이룰지가 새로운 화두이다. 또한 불확실성에 빠진 미국 국내 정치가 앞으로 어떻게 국제 관계를 재설정할지도 귀추가 주목된다. 더욱 치밀한 분석과 융합적 연구가 계속해서 필요하다. 한반도의 평화와 번영을 위해 미국의 정치와 외교는 가장 중요한 변수 중 하나이기 때문이다. 미국을 너무 좋아할 이유도 너무 싫어할 필요도 없다. 다만 우리 국익을 전략적으로 잘 지키고 증진하기 위해 미국을 제대로 이해하는 일은 꼭 필요하다. 이 책이 작은 디딤돌로 사용되었기를 감히 기대해 본다.

참고문헌

가상준. 2006. “미국 의회의 양극화를 통해 본 미국 정치의 변화”『한국정치학회보』40(3): 211-233

강원택. 2018.『한국정치론』(서울: 박영사)

강주현. 2009. “외교정책 이슈가 미국 대통령 선거에 미치는 영향 분석”『한국정당학회보』8(2): 173-204

곽진영. 2001. “미국 사회의 변화와 연방대법원의 기능”『국제정치논총 41(2): 179-202

권용립. 2010.『미국 외교의 역사』(서울: 도서출판 삼인)

______. 2015.『보수: 개념의 역사』(서울: 도서출판 소화)

김경희. 2013.『공존의 정치: 마키아벨리 군주론의 새로운 이해』(서울: 서강대학교 출판부)

김재철. 2009. “미국 의회의 중국 비판과 미-중 관계: 부시 행정부 시기를 중심으로”『국제정치논총』49(4): 85-105

김주리, 남궁곤. 2008. “미국 중동 정책에서 의회의 역할”『한국정치외교사논총』29(2): 211-241

김주연, 신욱희. 2015. “신고전적 현실주의로 본 미국의 북한 테러지원국 해제 결정과정.”『한국정치연구』24(2): 181-203

김준석. 2017. “서평: 정파 간 타협은 사라졌는가? 미국 연방 하원 의회에서의 정책 동의와 의제 설정에 대한 연구”『의정연구』51(0): 257-264

남궁곤. 2010. “오바마 행정부 국제주의 외교정책 이념의 역사적 유산과 실제”『국제정치논총』50(1): 91-118

류재성. 2009. “미국 의회 의사규칙의 역사적 진화와 이론적 쟁점”『의정연구』15(2): 35-66

민희, 윤성이. 2016. “감정과 정치 참여”『한국정치학회보』50(1): 271-294

박세일 외. 2002.『대통령의 성공조건』(서울 : 동아시아연구원)

박영환. 2012. “프레임들의 경쟁이 정치 선택에 미치는 영향”『한국정당학회

보』 11(3): 155-186
백창재. 2015.『미국 무역정책 연구』(서울: 사회평론아카데미)
______. 2018. "미국 대통령의 권력 자원과 리더십" 『국가전략』 24(4): 135-173
백창재, 정하용. 2016. "정당과 유권자: 샷슈나이더 이론의 재조명" 『한국정치연구』 25(3): 1-30
서정건. 2014. "미국 중간 선거에 관한 역사적 고찰" 『21세기정치학회보』 24(3): 605-625
______. 2014. "의회 정치의 양극화: 미국의회와 한국국회를 중심으로" 『도전과 변화의 한미정치』(서울: 서울대학교출판부)
______. 2015. "후보 선출과 정당 조직: 미국의 역사적 경험을 중심으로" 정진민 외. 『정당정치의 변화 왜 어디로』(서울: 형설출판사)
______. 2017. "도날드 트럼프의 대통령 당선 배경과 의미" 김동성 외. 『미국 도날드 트럼프 행정부의 출범에 따른 대응 방향』 정책연구 12: 1-190
______. 2018a. "미국 국내 정치와 북한 비핵화 이슈: 합의(agreements)에서 이행(commitments)으로" 『국방연구』 61(3): 85-102
______. 2018b. "미국의 대북 제재 정책 사례와 시사점" 서보혁 외. 『대북 제재 현황과 완화 전망』 통일연구원 정책연구시리즈 18(3)
서정건, 김예원. 2014. "소셜 미디어 시대의 사회운동과 정당정치: 미국의 소득불평등과 점령하라 운동(Occupy Movement) 사례를 중심으로" 한국정당학회보 13(2): 101-129
서정건, 유성진, 이재묵. 2017. 『미국 정치와 동아시아 외교정책』(서울: 경희대학교 출판부)
서정건, 차태서. 2017. "트럼프 행정부와 미국 외교의 잭슨주의 전환" 『한국과 국제정치』 33(1): 63-91
서정건, 최민진. 2017. "트럼프 시대 한미FTA 변화와 미국 의회" 『한국정당학회보』 16(3): 175-205
서현진. 2003. "미국 유권자의 정치적 신뢰도와 투표 참여의 관계" 『한국정치학회보』 37(1): 337-361
손병권. 2003. "2002년 중간선거에 대한 대이라크 전쟁 이슈의 영향- 하원 공화당 승리와의 관련 여부를 중심으로" 『미국 의회선거의 변화와

지속성: 2002년 중간선거 분석』(서울: 오름출판사)

______. 2012.『기후변화 대처와 미국 패권의 딜레마: 국제적 공공재 창출에 대한 국내적 저항』(서울: 서강대학교 출판부)

______. 2018.『미국 의회정치는 여전히 민주주의의 전형인가? 정당정치에 포획된 미국의회』(서울: 오름출판사)

안병진. 2016.『미국의 주인이 바뀐다: 건국 이후 첫 주류 교체와 미국 문명의 새로운 패러다임』(서울: 메디치미디어)

유성진. 2012. "오바마 이후 미국의회, 양극화는 완화되었나?"『한국정당학회보』11(3): 187–211

윤광일. 2011. "선거 주기에 대한 이론적 고찰: 미국 사례를 중심으로"『의정연구』17(1): 5–31

이정철. 2009. "북미 대립과 한미동맹: 변화와 딜레마"『한국정치연구』18(1): 147–168

______. 2016. "오바마 독트린과 미국의 대북 정책 프레임: 지정학, 핵전략, 불량국가"『한국정치연구』25(1): 221–245

이재묵. 2013. "2012년 미국 대선과 공화당의 과제"『미국학』36(1): 1–38.

이소영. 2008. "의회 개혁, 정당 강화, 그리고 미국 하원의원의 대표성"『한국정치학회보』42(4): 429–449

이옥연. 2005. "2004년 미국 대선 양당 후보들의 TV광고"『국제지역연구』9(1): 227–256

이한수. 2013. "대통령과 언론의 영향력 관계 분석: 미국의 사례를 중심으로"『한국정치학회보』47(2): 1191–209

이현우. 2005. "한국과 미국의 국회의원 표결요인 비교–자유무역협정 비준 경우"『국제정치논총』45(3): 105–126

이혜정, 김대홍. 2012. "미국 정치의 양극화와 대외정책: '중도의 몰락(Dead Center)' 논쟁의 이해"『한국정치외교사논총』33(2): 91–122

임성호. 2002. "미국 의회–대통령 관계의 변화와 지속성: 대통령 반대당의 영향력을 중심으로"『한국정치학회보』36(3): 333–351

______. 2010. "미국 의회 소위원회 제도의 역사적 변천과 그 정치적 동학"『미국학논집』4 2(2): 5–42

장승진. 2017. "미국 대선과 백인 노동자들의 투표 성향"『트럼프는 어떻게 미국 대선의 승리자가 되었나?』(서울: 오름출판사)

장혜영. 2016. “미국 공화당 대통령 수락 연설에 나타난 미국 보수주의의 변화 탐색” 『한국정당학회보』 15(3): 93-121
장훈. 2010. 『20년의 실험: 한국 정치개혁의 이론과 역사』 (서울: 나남)
전재성. 2015.『미중 경쟁 속의 동아시아와 한반도』 (서울: 늘품플러스)
전진영. 2015. “법인세법에 대한 국회의원의 투표행태 분석” 『한국정치학회보』 49(5): 267-286.
정구연. 2016. “트럼프 대외 정책 기조와 동아시아 안보 지형의 변화 전망: 재균형 정책의 진화를 중심으로” 『통일정책연구』 25(2): 25-49
정수현. 2012. “민주주의와 국제환경협약의 준수” 『국제정치논총』 52(3): 33-56
정진민. 2008.『한국의 정당정치와 대통령제 민주주의』(서울: 인간사랑)
______. 2014. “공화당 내전과 2014년 미국 중간 선거: 상원 선거를 중심으로” 『미국학논집』46(3): 157-182
______ 외. 2015. 『정당정치의 변화 왜 어디로』 (서울: 형설출판사) 정회옥. 2011. “미국의 민족주의자는 정치 참여자인가?” 『국제지연구』 20(2): 37-63
조영철, 이병하. 2016. “미국의 아시아 재균형정책에 대한 안보담론과 부상하는 중국: 주류 및 비판적 국제정치이론을 통한 고찰” 『동서연구』 28(3): 177-207
조찬수. 2019. “성장주의 정책연합과 금융탈규제의 정치: 글래스-스티걸 법 폐지에 대한 한 설명” 『한국정치연구』 28(1): 281-306.
차태서. 2017. “트럼프 현상과 자유세계질서의 위기” 『JPI 정책포럼』 2017(8): 13-27
최준영. 2004. “미 하원의원들의 투표행태에 관한 연구” 『한국정치학회보』 38(2): 515-536
하상응. 2016. “서평: 양극화, 정부에 대한 신뢰, 그리고 정치의 위기” 『의정연구』 22(1): 247-254
황태희, 서정건, 전아영. 2017. “미국 경제 제재 분석: 효과성과 특수성을 중심으로” 『한국정치학회보』51(4): 191-216

Abramowitz, Alan I. 2010. *The Disappearing Center.* (New Haven: Yale University Press)

Adams, Greg D. 1997. "Abortion: Evidence of an Issue Evolution," *American Journal of Political Science* 42(3): 718−137

Aldirch, John H. John Sullivan, and Eugene Borgida. 1989. "Foreign Affairs and Issue Voting: Do Presidential Candidates Waltz Before a Blind Audience?" *American Political Science Review* 83(1): 123−141

Bafumi, Joseph and Joseph M. Parent. 2012. "International Polarity and America's Polarization," *International Politics* 49(1): 1−35

Bader, Jeffrey A. 2013. *Obama and China's Rise: An Insider's Account of America's Asia Strategy* (Washington DC: Brookings Institution Press)

Baker, John Hamilton. 2002. *An Introduction to English Legal History.* (London: Oxford University Press)

Baker, Peter. "The Emerging Trump Doctrine: Don't Follow Doctrine," *The New York Times,* April 8, 2017

Baldwin, David. 1985. *Economic Statecraft.* (Princeton: Princeton University Press)

Baumgartner, Frank R and Jones, Bryan D. 1993. *Agendas and Instability in American Politics.* (Chicago: University of Chicago)

Bellomo, Manlio. 1995. *The Common Legal Past of Europe, 1000-1800 (Studies in Medieval and Early Modern Canon Law).* (Washington D.C.: The Catholic University of America Press)

Bennett, Bruce W. and Jennifer Lind. 2011. "The Collapse of North Korea: Military Missions and Requirements," *International Security* 36(2): 84−119.

Beschloss, Michael."Presidential Courage," *The New York Times.* 2007, 05. 20.

Binder, Sarah A. 1996. "The Disappearing Political Center," *The Brookings Review* 15(Fall): 36−39

________________. 1997. *Minority Rights, Majority Rule: Partisanship and the Development of Congress.* (New York: Cambridge University Press)

Bishop, Bill. 2008. *The Big Sort: Why Clustering of Like-minded America is Tearing Us Apart.* (Boston: Houghton Mifflin Harcourt)

Brady, David W. 1988. *Critical Elections and Congressional policy Making*. (Stanford: Stanford University Press)

Brands, Hal. 2008. *From Berlin to Baghdad: America's Search for Purpose in the post-Cold War World*. (Lexington: University of Kentucky Press)

__________. 2018. *American Grand Strategy in the Age of Trump*. (Brookings Institution Press)

Brooks, David. "The Snapchat Presidency of Donald Trump," *The New York Times*. 2017.01.03.

Burke, Edmund. 1999. *Select Works of Edmund Burke*. Francis Canavan. A New Imprint of the Payne Edition. (Indianapolis: Liberty Fund).

Burnham, Walter Dean. 1970. *Critical Elections and the Mainsprings of American Politics*. (New York: Norton)

__________________. 1999. "Constitutional Moments and Punctuated Equilibria: A Political Scientist Confronts Bruce Ackerman's We the People," *The Yale Law Journal*, 108(8): 2237–2277

Cameron, Charles M. 2000. *Veto Bargaining: Presidents and the Politics of Negative Power* (Cambridge: Cambridge University Press)

Campbell, Angus. Philip E. Converse, Warren E. Miller, and Donald E. Stokes. 1960. *The American Voter*. (Chicago: University of Chicago Press)

Campbell, James E. 1982. "Co–sponsoring Legislation in the U.S. Congress," *Legislative Studies Quarterly* 7(3): 415–22

Canes–Wrone, Brandice. 2005. *Who Leads Whom? Presidents, Policy, and the Public*. (Chicago, IL: The University of Chicago Press)

Carmines, Edward G. and James A. Stimson. 1989. *Issue Evolution: Race and the Transformation of American Politics*. (NJ: Princeton University Press)

Carson, Jamie, Michael H. Crespin, Charles J. Finocchiaro, and David W. Rohde. 2007. "Redistricting and Party Polarization in the U.S House of Representatives," *American Politics Research* 35(Nov): 878–904

Carter, Ralph G. and James M. Scott. 2009. *Choosing To Lead: Understanding Congressional Foreign Policy Entrepreneurs*. (Durham: Duke University Press)

Cha, Taesuh and Seo, Jungkun. 2018. "Trump by Nixon: Maverick Presidents in the Years of U.S. Relative Decline," *Korean Journal of Defense Analysis* 30(1): 79–96

Cha, Victor D. and Kang, David C. 2003. *Nuclear North Korea: A Debate on Engagement Strategies*. (New York, NY: Columbia University Press)

Cha, Victor. "How to Respond to North Korea: Belligerence and Internal Weakness," *The New York Times*. 2010. 11. 23.

Chanlett–Avery, Emma. 2012. "North Korea: U.S. Relations, Nuclear Diplomacy, and Internal Situation," *CRS Report for Congress*.

Choi, yearn–hong. "Tracing Origin of Korea, Kentucky," *The Korea Times*. 2014. 07.31.

Christensen. Thomas J. 1996. *Useful Adversaries: Grand Strategy, Domestic Mobilization, and Sino-American Conflict, 1947-1958*. (Princeton: Princeton University Press)

Cohn, Henry S. and Gee, Harvey . 2003. "'NO, NO, NO, NO!' Three Sons of Connecticut Who Opposed the Chinese Exclusion Acts," *Connecticut Public Interest Law Journal*. Vol.3: 1–100

Cohn, Nate. "The Obama–Trump Voters Are Real," *The New York Times*. 2017. 08. 15.

Coleman, John J. 1997. "The Decline and Resurgence of Congressional Party Conflict," *Journal of Politics* 59(Feb): 165–184

Corwin, Edwin S. 1957. *The President: Office and Powers, 1787-1957*. (New York: New York University Press)

Converse, Phillip E. 1964. "The Nature of Belief Systems in Mass Publics," *In David. E. Apter ed. Ideology and Discontent* (New York: Free Press of Glencoe)

Crabb, Cecil V. Antizzo, Glenn J. and Sarieddine, Leila E. 2000. *Congress and the Foreign Policy Process: Modes of Legislative Behavior* (Baton Rouge, LA: Louisiana State University Press)

Craig, Campbell and Logevall, Fredrik. 2009. *America's Cold War: The Politics of Insecurity*. (Cambridge, MA: Harvard University Press)

Cramer, Katherine J. 2016. *The Politics of Resentment: Rural Consciousness in Wisconsin and the Rise of Scott Walker*. (Chicago: University of Chicago

Press)

Cromartie, Alan. 2006. *The Constitutionalist Revolution: An Essay on the History of England, 1450-1642*. (New York: Cambridge University Press)

Cummings, Bruce. 1997. *Korea's Place in the Sun*. (New York, NY: Norton)

Dainow, Joseph. 1966. "The Civil Law and the Common Law: Some Points of Comparison," *American Journal of Comparative Law*, 15(3): 419–35.

Dahl, Robert A. 2002. *How Democratic is the American Constitution?* (New Haven: Yale University Press)

Deibel, Terry L. 2005. "Intraparty Factionalism on Key Foreign Policy Issues: Congress versus Clinton, 1995–2000," *Divided Power: The Presidency, Congress, and the Formation of American Foreign Policy*, (Fayetteville, AR: The University of Arkansas Press)

Divine, Robert A. 1974. *Foreign Policy and U.S. Presidential Elections: 1940 and 1948*. (New York: New Viewpoints)

Downs, Anthony. 1957. *An Economic Theory of Democracy*. (New York: Harper and Row)

Drezner, Daniel W. 1999. *The Sanctions Paradox: Economic Statecraft and International Relations*. (Cambridge: Cambridge University Press)

Dueck, Collin. 2008. *Reluctant Crusaders: Power, Culture, and Change in American Grand Strategy*. (Princeton, NJ: Princeton University Press)

____________. 2010. *Hard Line: The Republican Party and U.S. Foreign Policy since World War II*. (Princeton University Press)

____________. 2015. *The Obama Doctrine: American Grand Strategy Today*. (London: Oxford University Press)

Eichengreen, Barry. 2018. *The Populist Temptation: Economic Grievance and Political Reaction in the Modern Era*. (New York: Oxford University Press)

Epstein, Leon D. 1967. *Political Parties in Western Democracies*. (New York: Frederick A. Praeger)

Fearon, James D. 1998. "Domestic Politics, Foreign Policy, and Theories of International Relations," *Annual Review of Political Science*, 1: 289–313

________________. 2017. "The big problem with the North Koreans isn't that we can't trust them. It's that they can't trust us," *The Washington Post*, Aug 16, 2017.

Fenno, Richard F. 1978. *Home Style: House Member in their Districts* (Boston, MA: Little, Brown)

Fetzer, James A. 1969. "Congress and China, 1941−1950." (Ph.D Diss., Michigan State University)

Fiorina, Morris P. Samuel J. Abrams, and Jeremy Pople. 2006. *Culture War?: The Myth of a Polarized America*. (New York: Pearson Education)

Fisher, Louis. 1985. *Constitutional Conflicts between Congress and the President*. (Princeton, NJ: Princeton University Press)

Fleisher, Richard, Bond, Jon, Krutz, Glen, and Hanna, Stephen. 2000. "The Demise of the Two Presidencies," *American Politics Quarterly* 28 (1): 3−25.

Fordham, Benjamin O. 1998. *Building the Cold War Consensus: the Political Economy of US National Security Policy, 1949-1951*. (Ann Arbor: University of Michigan Press)

Fry, Joseph A. 2002. *Dixie Looks Abroad: The South and U.S. Foreign Relations, 1789-1973*. (Baton Rouge: Louisiana State University Press)

Fukuyama, Francis. 2014. "The Domestic Basis of American Power," *Lawfare*, March 9, 2014.

Gaddis, John Lewis. 1982. *Strategies of Containment: A Critical Appraisal of Postwar American National Security Policy*. (London: Oxford University Press)

Galston, William A. and Makins, Christopher J. 1988, "Campaign '88 and Foreign Policy," *Foreign Policy* (71): 3−21

Gilsinan, Kathy. 2017. "North Korean Nukes and the Grand International Relations Experiment in Asia: The Scholar Robert Jervis discusses his theory of the security dilemma and how Trump is testing it." *The Atlantic*, Mar 18, 2017.

Goble, Hannah and Holm, Peter M. 2009. "Breaking Bonds? The Iraq War and the Loss of the Republican Dominance in National Security," *Political Research Quarterly* 62(2): 215−229.

Goldgeier, James and Elizabeth N. Saunders. 2018. "The Unconstrained

Presidency: Checks and Balances Eroded Long Before Trump," Sep/Oct, 2018. *Foreign Affairs*

Greenstein, Fred I. 1995. *Leadership in the Modern Presidency*. (Cambridge: Harvard University Press)

Griffin, Robert. 2017. "The First Six Months: How Americans are Reacting to the Trump Administration," *Democracy Fund Voter Study Group Project.*

Griffin, Robert, John Halpin and Ruy Teixeira. 2017. "Democrats Need to Be the Party of and for Working People - Of All Races," *American Prospect* (summer 2017)

Hacker, Jacob S. and Paul Pierson. 2010. "Winner-Take-All Politics: Public Policy, Organization, and the Precipitous Rise of Top Incomes in the United States," *Politics & Society* 38: 152-204.

______________________________. 2012. *Winner-Take-all Politics: How Washington made the Rich Richer and Turned its Back on the Middle Class.* (New York: Simon & Schuster)

Haggard, Stephan. 1987. "The Institutional Foundations of Hegemony: Explaining the Reciprocal Trade Agreements Act of 1934," *International Organization* 41(3):491-517

Haggard, Stephan and Noland, Marcus. 2006. *The North Korean Refugee Crisis: Human Rights and International Response* (Washington, D.C.: U.S. Committee for Human Rights in North Korea)

Hall, Richard L. 1996. *Participation in Congress*. (New Haven, CT: Yale University Press).

Harris, Peter. 2018. "Why Trump Won't Retrench: The Militarist Redoubt in American Foreign Policy" *Political Science Quarterly* 133(4): 611-639

Harrsion, Sellig S. 2002. *Korean Endgame: A Strategy for Reunification and U.S. Disengagement*. (Princeton: Princeton University Press)

Hassner, Pierre and Gnesotto, Nicole. 2002. "The United States: the empire of force or the force of empire?" *Paris: European Union Institute for Security Studies*. 54: 5-49.

Hathaway, Robert M. and Tama, Jordan. 2004. "The U.S. Congress and North Korea During the Clinton Years: Talk Tough, Carry a Small Stick,"

Asian Survey 44(5): 711–33

Hero, Alfred O. 1965. The Southerner and World Affairs. (Baton Rouge: Louisiana State University Press)

Hess, Stephen. 1972. "Foreign Policy and Presidential Campaigns," *Foreign Policy* (8): 3–22

Hetherington, Marc J. and Nelson, Michael. 2003. "Anatomy of a Rally Effect: George W. Bush and the War on Terrorism," *PS: Political Science and Politics*, 36(1): 37–42.

Hillygus, D. Sunshine and Shields, Todd G. 2007. *The Persuadable Voter Wedge Issues in Presidential Campaign*s. (Princeton, NJ: Princeton University Press)

Hogan, Michael J. 1987. *The Marshall Plan: America, Britain, and the Reconstruction of Western Europe, 1947-1952*. (Cambridge: Cambridge University Press)

Holsti, Ole R. 1992. "Public Opinion and Foreign Policy: Challenges to the Almond–Lippmann Consensus," *International Studies Quarterly*, 36(4): 439–466

Howard, Peter. 2004. "Why Not Invade North Korea? Threats, Language Games, and U.S. Foreign Policy," *International Studies Quarterly* 48(4): 805–28

Howell, William G. 2003. *Power without Persuasion: The Politics of Direct Presidential Action.* (Princeton, NJ: Princeton University Press)

Howell, William G. and Terry M. Moe 2016. *Relic: How Our Constitution Undermines Effective Government- and Why We Need a More Powerful Presidency*. (New York: Basic Books)

Irwin, Douglas A. 1998. "Changes in U.S. Tariffs: The Role of Import Prices and Commercial Policies," *The American Economic Review* 88(4): 1015–1026

Jackson, David J and Engel, Steven T. 2003. "Friends Don't Let Friends Vote for Free Trade: The Dynamics of the Labor PAC Punishment Strategy over PNTR," *Political Research Quarterly* 56 : 441–448

Jackson, Van. 2019. *On the Brink: Trump, Kim and the Threat of Nuclear War*. (Cambridge: Cambridge University Press)

Jacobson, Gary C. 2003. "Partisan Polarization in Presidential Support: The Electoral," *Congress and the Presidency* 30(1): 1-36.

Jervis, Robert. 1978. "Cooperation under the Security Dilemma," *World Politics* 30(2): 167-214

Johnson, Robert David. 2006. *Congress and the Cold War.* (New York: Cambridge University Press)

Johnston, David Cay. 2018. *Its Even Worse Than You Think: What the Trump Administration Is Doing To America.* (New York: Simon and Schuster)

Judis, John. 2016. *The Populist Explosion: How the Great Recession Transformed American and European Politics.* (New York: Columbia Global Reports)

Kaempfer, William H. and Anton D. Lowenberg. 1988. "The Theory of International Economic Sanctions: A Public Choice Approach." *The American Economic Review* 78(4): 786-793.

Kagan, Robert. 2018. *The Jungle Grows Back: America and Our Imperiled World.* (New York, NY: Alfred A. Knopf)

Kang, David. 2010. "*The North Korea Challenge,*" *in* Joint U.S.-Korea Academic Studies, Navigating Turbulence in Northeast Asia: The Future of the U.S.-ROK Alliance. (Washington, D.C.: Korea Economic Institute)

Karol, David. 2007. "Does Constituency Size Affect Elected Officials' Trade Policy Preferences? *Journal of Politics* 69(2): 483-494

Kartman, Charles, Robert Carlin and Joel Wit. 2012. "Policy In Context: A History of KEDO, 1994-2006," *Center for International Security and Cooperation* (Stanford, CA: Stanford University)

Katznelson, Ira. and Shefter, Martin. 2002. *Shaped by war and trade: International Influences on American political development.* (Princeton, NJ: Princeton University Press)

Kernell, Samuel. 1986. *Going Public: New Strategies of Presidential Leadership.* (Washington DC: CQ Press)

Key, V. O. Jr. 1955. "A Theory of Critical Elections," *Journal of Politics* 17(1):3-18

____________. 1958. "Politics, Parties, and Pressure Groups." *National Civic Review* 47(6): 307.

______________. 1966. *The Responsible Electorate: Rationality in Presidential Voting, 1936–1960.* (Cambridge: Harvard University Press)

Knoblauch. William M. 2017. *Nuclear Freeze in a Cold War: The Reagan Administration, Cultural Activism, and the End of the Arms Race.* (Amherst: University of Massachusetts Press)

Knowles, Clayton, "2 Votes Block Korea Aid Bill; House Test a Blow to Truman," *The New York Times.* 1950 01. 20.

Krutz, Glen S. and Peake, Jeffrey S. 2009. *Treaty Politics and the Rise of Executive Agreements: International Commitments in a System of Shared Powers.* (Ann Arbor, MI: The University of Michigan Press).

Kupchan, Charles and Peter Trubowitz. 2007. "Dead Center: The Demise of Liberal Internationalism in the United States," *International Security* 32(2): 7–44

Kwon, Bo Ram. 2016. "The Conditions for Sanctions Success: A Comparison of the Iranian and North Korean Cases." *Korean Journal of Defense Analysis* 28(1): 139–161.

LaFeber, Walter. 1987. "The Constitution and United States Foreign Policy: An Interpretation," *Journal of American History* 74(3): 695–717

Laracey, Melvin. 2002. *Presidents and the People: The Partisan Story of Going Public.* (College Station, TX: Texas A&M University Press)

Lazarsfeld, Paul F., William N. McPhee Bernard R. Berelson. 1954. *Voting: Study of Opinion Formation in a Presidential Campaign.* (Chicago: University of Chicago Press)

Lee, Frances E. 2008. "Dividers, Not Uniters: Presidential Leadership and Senate, 1981–2004," *Journal of Politics* 70(4): 914–928

______________. 2009. *Beyond Ideology: Politics, Principles, and Partisanship in the U.S. Senate.* (Chicago: The University of Chicago Press)

Lee. Jongkon. 2018. "Network Ties and Congressional Delegation to US Federal Agencies" *Administration & Society* 50(6): 752–777

Lee, Karin and Miles, Adam. 2004. "North Korea on Capitol Hill," *Asian Perspective* 28(4): 185–207.

Lipset, Seymour Martin. 1996. *American Exceptionalism: A Double-Edged Sword.*

(New York: W. W. Norton & Company)

Lupia, Arthur and McCubbins, Matthew. 1998. *The Democratic Dilemma.* (Cambridge: Cambridge University Press)

MacKuen, Michael B. Erikson, Robert S. and Stimson, James A. 1989. "Macropartisanship," *The American Political Science Review* 83(4):1125–1142.

Mann, James, 2000. *About Face: A History of America's Curious Relationship with China, From Nixon to Clinton.* (New York: Vintage)

___________. 2004. *Rise of the Vulcans: The History of Bush's War Cabinet.* (New York: Penguin Books)

___________. 2008. *The China Fantasy: Why Capitalism Will Not Bring Democracy to China.* (New York: Penguin Books)

Mann, Thomas E. 1988. "The Permanent Minority Party in American Politics," *The Brookings Review* 6(1): 33–38.

Mansfield, Edward D. and Jack Snyder. 2002. "Democratic Transitions, Institutional Strength, and War," *International Organization*, 56(2): 297–337.

Martin, Curtis H. 2002. "Rewarding North Korea: Theoretical Perspectives on the 1994 Agreed Framework," *Journal of Peace Research* 39(1): 51–68

Martin, Lisa L. 1992. *Coercive Cooperation: Explaining Multilateral Economic Sanctions.* (Princeton: Princeton University Press)

____________. 2000. *Democratic Commitments: Legislatures and International Cooperation.* (Princeton: Princeton University Press)

Maurice, Duverger. 1951. *Les Parties Politiques.* (Paris: English translation)

Mayhew, David R. 1974. *Congress: The Electoral Connection.* (New Haven, CT: Yale University Press)

McCaskill, Nolan D. and Louis Nelson. "President Trump's First 100 Days: By the Numbers," *Politico*, April 29, 2017.

Mead, Walter Russell. 2002. *Special Providence: American Foreign Policy and How It Changed the World.* (New York, NY: Alfred A. Knopf)

Mellow, Nicole. 2008. *The State of Disunion: Regional Sources of Modern American Partisanship.* (Baltimore: Johns Hopkins University Press)

Meyer, David. 1990. *A Winter of Discontent: The Nuclear Freeze and American Politics*. (New York: Praeger)

Milbank, Dana. "There Is No Such Thing as a Trump Democrat," *The Washington Post*. 2017. 08. 04.

Miller, Michael E. "Nixon had an Enemies List. Now So Does Trump," *The Washington Post*. 2018. 08.19.

Mills, Curt. "U.S. Moves to Further Penalize North Korea," *The US News and World Report*. 2016. 06. 01.

Milner, Helen and Tingley, Dustin. 2015. *Sailing the Water's Edge: The Domestic Politics of American Foreign Policy*. (Princeton NJ: Princeton University Press)

Mink, Gwendolyn. 1986. *Old Labor and New Immigrants in American Political Development: Party and State,1875-1920*. (Ithaca, NY: Cornell University Press.)

Mintz, Alex and Hicks, Alexander. 1984. "Military Keynesianism in the United States, 1949−1976: Disaggregating Military Expenditures and Their Determination," *American Journal of Sociology* 90(2): 411−417.

Moe, Terry. 1985, "The Politicized Presidency," in John Chubb and Paul Peterson eds. *New Directions in American Politics*. (Washington, D.C.: Brookings Institution Press), 235−71

Morgenthau, Hans J, 1948. *Politics Among Nations* (New York: Alfred A. Knopf)

Mueller, John. 1973. *War, Presidents, and Public Opinion*. (New York: Wiley)

Mutz, Diana. 2006. *Hearing the Other Side: Deliberative Versus Participatory Democracy*. (Cambridge University Press)

Narizny, Kevin. 2003. "Both Guns and Butter, or Neither: Class Interests in the Political Economy of Rearmament," *American Political Science Review* 97(2): 203−220.

Neustadt, Richard E. 1960. *Presidential Power and the Modern Presidents*. (New York, NY: John Wiley and Sons)

Nelson, Michael. 2018. *Trump's First Year*. (Charlottesville: University of Virginia Press)

Newnham, Randall E. 2004. "Nukes for Sale Cheap? Purchasing Peace with North

Korea," *International Studies Perspectives* 5(2): 164–78

Nincic, Miroslav and Hinckley, Barbara. 1991. "Foreign Policy and theEvaluation of Presidential Candidates," *Journal of Conflict Resolution* 35(2): 333–355

Nincic, Miroslav. 2006. "The Logic of Positive Engagement: Dealing with Renegade Regimes," *International Studies Perspectives* 7(4): 321–41.

Nokken, Timothy P. 2003. "The Ideological Ends Against the Middle: House Roll Call Votes on Normal Trade Relation Status for China, 1990–2000," *Congress and the Presidency* 30: 153–170

Noland, Marcus. 1997. "Why North Korea Will Muddle Through," *Foreign Affairs* 76(4): 105–18

Oberdorfer, Don. 1998. *The Two Koreas: A Contemporary History*. (New York, NY: Addison Wesley)

O'Hanlon, Michael and Mochizuki, Mike M. 2003. *Crisis on the Korean Peninsula: How to Deal with a Nuclear North Korea*. (Washington, D.C.: Brookings Institution)

Pastor, Robert A. 1980. *Congress and the Politics of U.S. Foreign Economic Policy, 1929~1976*. (Berkeley: University of California Press)

Pape, Robert A. 1998. "Why Economic Sanctions Still Do Not Work," *International Security*. 23(1): 66–77.

Peters, Gerhard and John T. Woolley. 2017. "Executive Orders," *The American Presidency Project ed. Santa Barbara*, CA 1999–2017

Pollack, Jonathan D. 2003. "The United States, North Korea, and the End of the Agreed Framework," *Naval War College Review* (Summer): 11–49.

________________. 2011. *No Exit: North Korea, Nuclear Weapons, and International Security* (London: International Institute for Strategic Studies)

Polsby, Nelson. 2004. *How Congress Evolves*. (Oxford University Press)

Popkin, Samuel L. 1991. *The Reasoning Voter: Communication and Persuasion in Presidential Campaigns*. (Chicago: University of Chicago Press)

Preston, Andrew and Logevall, Fredrik. 2008. *Nixon in the World: American Foreign Relations, 1969-1977*. (London: Oxford University Press)

Rae, Nicol C. 1989. *The Decline and Fall of the Liberal Republicans. Cambridge*.

(London: Oxford University Press)

Riker, William H. 1962. *The Theory of Political Coalitions.* (New Haven, CT: Yale University Press)

Roberts, Jason M. and Steven S. Smith. 2003. "Procedural Contexts, Party Strategy, Conditional Party Voting in the U.S. House of Representative, 1971–2000," *American Journal of Political Science* 47: 305–317

Roehrig, Terence. and Wessel, Lara A. 2011. "Congress and US North Korean Relations: The Role of the Entrepreneur," *Asian Affairs: An American Review* 38(2): 89–108.

Rudalevige, Andrew. 2005. *The New Imperial Presidency: Renewing Presidential Power After Watergate* (Ann Arbor, MI: University of Michigan Press)

Sagan, Scott D. 2017. "The Korean Missile Crisis: Why Deterrence Is Still the Best Option," *Foreign Affairs* 96: 72–82

Schattschneider, Elmer E. 1960. *The Semi-sovereign People: A Realist's View of Democracy in America.* (Boston: Cengage Learning)

Schiller, Wendy J. 2000. *Partners and Rivals Representation in U.S. Senate Delegations.* (Princeton NJ: Princeton University Press)

Schlesinger, Arthur. 1973. *The Imperial Presidency.* (Boston: Houghton Mifflin Co)

Schultz, Kenneth A. 2017. "Perils of Polarization for U.S. Foreign Policy," *The Washington Quarterly* 40(4): 7–28

Schweller, Randall. 2008. *Unanswered Threats: Political Constraints on Balance of Power.* (Pricenton: Princeton University Press)

Seo, Jungkun. 2010. "Vote Switching on Foreign Policy in the U.S. House of Representatives," *American Politics Research,* 38(6): 1072–1101

____________. 2011a. "Wedge Issue Dynamics and Party Position Shifts: Chinese Exclusion Debates in the post–Reconstruction U.S. Congress, 1879–1882," *Party Politics,* 17(6): 823–847

____________. 2011b. "The Party Politics of Guns–versus–Butter in the post–Vietnam America," *Journal of American Studies* 45(2): 317–336

____________. 2013. "Who Takes North Korea Seriously? U.S. Congress and Policy Toward Pyongyang, 2009–2012," *Korean Journal of Defense*

Analysis 25(2): 191–209

____________. 2015a. "Agreements Without Commitments? The US Congress and the US–North Korea Agreed Framework, 1994–2002," *Korean Journal of Defense Analysis* 27(1): 107 – 122;

____________. 2015b. "Security Ties or Electoral Connections? The US Congress and the Korea–US Free Trade Agreement, 2007–2011," International Relations of the Asia–Pacific 15(2): 217–243

____________. 2017. "Strange Bedfellows and US China Policy in the Era of Polarized Politics," *Korean Journal of Defense Analysis* 29(1): 47–69

____________. 2019. "Is There a Pot of Gold at the End of the Rainbow?" *The Woodrow Wilson Center*, Mar 26, 2019.

Seo, Jungkun and Sean M. Theriault. 2012. "Moderate Caucuses in a Polarized US Congress," *Journal of Legislative Studies*, 18(2): 203–221.

Seo, Jungkun and Jin Min Chung. 2016. "Independent Voters in Political Contexts: A Comparative Study of the Presidential Elections in South Korea and the United States" 『미국학』 39(2): 175–210

Shapiro, Robert Y. and Page, Benjamin I. 1988. "Foreign Policy and the Rational Public," *Journal of Conflict Resolution* 32(2): 211–247

Shelley, Mack C. 1983. *The Permanent Majority: the Conservative Coalition in the United States Congress*. (Tuscaloosa: University of Alabama Press)

Shepsle, Kenneth A. 1992. "Congress Is a They, Not an It: Legislative Intent as Oxymoron," *International Review of Law and Economics* 12: 239–256

Shoch, James. 2001. *Trading Blows: Party Competition and U.S. Trade Policy in a Globalizing Era*. (Chapel Hill: University of North Carolina Press).

Sigal, Leon. 1998. *Disarming Strangers: Nuclear Diplomacy with North Korea*. (Princeton, NJ: Princeton University Press)

Sinclair, Barbara. 2006. *Party Wars: Polarization and the Politics of National Policy Making*. (Norman: The University of Oklahoma Press)

Skinner, Kiron K. Serhiy Kudelia, Bruce Bueno de Mesquita, and Condoleezza Rice, "Politics Starts at the Water's Edge," *The New York Times*. 2007. 09. 15.

Skowronek, Stephen. 1982. *Building a New American State*. (Cambridge: Cambridge

University Press)

_________________. 1997. *The Politics Presidents Make: Leadership from John Adams to Bill Clinton*. (Cambridge: Belknap Press)

_________________. 2011. *Presidential Leadership in Political Time: Reprise and Reappraisal*. (Lawrence: The University Press of Kansas)

Slaughter, Anne-Marie. 2007. *The idea that is America: Keeping faith with our values in a dangerous world*. (New York: Basic Books)

Snyder, Jack. 1991. *Myths of Empire: Domestic Politics and International Ambition* (Ithaca: Cornell University Press)

Snyder, James M. and Ting, Michael M. 2002. "An Informational Rationale for Political Parties," *American Journal of Political Science* 46(1): 90-110

Stolberg, Sheryl. "For Gingrich in Power, Pragmatism, not Purity," *The New York Times*. 2011. 12. 20.

Stonecash, Jeffrey M. Mark D. Brewer, and Mack D. Mariani. 2003, *Diverging Parties: Social Change, Realignment, and Party Polarization*. (Boulder: Westview Press)

Suri, Jeremi. 2017. *The Impossible Presidency: The Rise and Fall of America's Highest Office*. (New York: Basic Books)

Theriault, Sean M. 2008. *Party Polarization in Congress*. (New York: Cambridge University Press)

_________________. 2013. *The Gingrich Senators: The Roots of Partisan Warfare in Congress*. (Oxford: Oxford University Press)

Thucydides, 1954. M. I. Finley and Warner Rex ed. *History of the Peloponnesian War*. (New York: Penguin Classics)

Trubowitz, Peter. 1998. *Defining the National Interest: Conflict and Change in American Foreign Policy*. (Chicago: University of Chicago Press)

_________________. 2011. *Politics and Strategy: Partisan Ambition and American Statecraft*. (Princeton: Princeton University Press)

Trubowitz, Peter and Peter Harris. 2019. "The End of the American Century?: Slow Erosion of Domestic Sources of Usable Power," *International Affairs* 95(3): 619-639

Trubowitz, Peter and Jungkun Seo. 2012. "The China Card: Playing Politics with

Sino–American Relations," *Political Science Quarterly* 127(2): 189–211

Trubowitz, Peter, Peter Harris and Jungkun Seo. 2017. "Why Can't We Be Friends? Domestic Barriers to a US–China Grand Bargain," *Paper presented at the American Political Science Association Annual Conference*, September 2017, San Francisco, California.

Tsebelis, George. 1990. "Are Sanctions Effective? A Game–Theoretic Analysis." *Journal of Conflict Resolution*. 34(1): 3–28.

Tulis, Jeffrey K. 1987. *The Rhetorical Presidency*. (Princeton: Princeton University Press)

VanDoren, Peter M. 1990. "Can We Learn the Causes of Congressional Decisions from Roll Call Data?" *Legislative Studies Quarterly* 15(3): 311–40

Waltz, Kenneth N. 1979. Theory of International Politics. (Boston: Addison–Wesley)

__________________. 1996. Kenneth Waltz. 1996. "International Politics Is Not Foreign Policy," *Security Studies* 6: 54–55.

Washington, George. *Farewell Address of 1796*. (New York: New York Public Library, 1935)

Weissmann, Jordan. 2016. "Did Donald Trump Win the Election Because of Trade? A New Study Suggests It Helped," *Slate, December* 2 2016

Whang, Taehee. 2011. "Playing to the Home Crowd? Symbolic Use of Economic Sanctions in the State," *International Studies Quarterly* 55(3): 787–801

Wildavsky, Aaron. 1966. "The Two Presidencies," *Trans-Action* 4.

Williams, Joan C. 2017. *White Working Class: Overcoming Class Cluelessness in America* (Boston: Harvard Business Review Press)

Wolbrecht, Christina. 2000. *The Politics of Women's Rights: Parties, Positions, and Change*. (Princeton: Princeton University Press)

Wolfensberger, Donald R. 2018. *Changing Cultures in Congress: From Fair Play To Power Play*. (New York: Columbia University Press)

Woods, Jeff. 2004. *Black Struggle, Red Scare: Segregation and Anti-Communism in the South, 1948-1968*. (Baton Rouge: Louisiana State University Press)

Woon, Jonathan and Pope, Jeremy C. 2008. "Made in Congress? Testing the Electoral Implications of Party Ideological Brand Names," *Journal of*

Politics 70(3):823–836

Youssef, Nancy A. "Trump, After Boosting U.S. Military Budget, Says It Is Too High," *The Wall Street Journal*. 2018. 12. 03.

Zakaria, Fareed. 1999. *From Wealth to Power: The Unusual Origins of America's World Role* (Princeton: Princeton University Press)

Zelizer, Julian E. 2009. *Arsenal of Democracy: The Politics of National Security-From World War II to the War on Terrorism*. (New York: Basic Books).

______. 2012. *Governing America: The Revival of Political History*. (Princeton, NJ: Princeton University Press)

찾아보기

ㄹ

ㅅ

ㅇ